Götte
Götte
Hölscher
Keiser

Werteströme erfassen und dokumentieren

*Fallsituationen – Fachwissen –
Kompetenzentwicklung im Rechnungswesen*

Merkur
Verlag Rinteln

Wirtschaftswissenschaftliche Bücherei für Schule und Praxis
Begründet von Handelsschul-Direktor Dipl.-Hdl. Friedrich Hutkap †

Verfasser:
Anke Götte, Dipl.-Hdl.
Dirk Götte, Dipl.-Hdl.
Markus Hölscher, Dipl.-Hdl.
Matthias Keiser, Dipl.-Hdl.

Das Werk und seine Teile sind urheberrechtlich geschützt. Jede Nutzung in anderen als den gesetzlich zugelassenen Fällen bedarf der vorherigen schriftlichen Einwilligung des Verlages. Hinweis zu § 60a UrhG: Weder das Werk noch seine Teile dürfen ohne eine solche Einwilligung eingescannt und in ein Netzwerk eingestellt werden. Dies gilt auch für Intranets von Schulen und sonstigen Bildungseinrichtungen.

Umschlagfotos:
Bild links: Picture-Factory – Fotolia.com
Bild rechts unten: mooshny – Fotolia.com

* * * * *

2. Auflage 2020
© 2018 by Merkur Verlag Rinteln
Gesamtherstellung:
Merkur Verlag Rinteln Hutkap GmbH & Co. KG, 31735 Rinteln
E-Mail: info@merkur-verlag.de
lehrer-service@merkur-verlag.de
Internet: www.merkur-verlag.de

Merkur-Nr. 1031-02
ISBN 978-3-8120-1031-3

Vorwort

Prozess- und Kompetenzorientierung

Perspektivwechsel im betriebswirtschaftlichen Unterricht

Das Arbeitsheft ist in allen Bildungsgängen mit dem Schwerpunkt Wirtschaft und Verwaltung einsetzbar, in denen das **externe Rechnungswesen auf Basis der Industriebuchführung** (mit IKR) erlernt werden soll. Dies gilt sowohl für kaufmännische Ausbildungsberufe – insbesondere für Industriekaufleute – als auch für Bildungsgänge, die zur FH-Reife (z. B. Höhere Berufsfachschulen in NRW, Fachoberschulen) bzw. AH-Reife (z. B. Wirtschaftsgymnasium) führen.

Die **Verknüpfung von Handlungs- und Fachsystematik** erfolgt, indem die Themenkreise mithilfe exemplarischer, didaktisch reduzierter **Fallsituationen** und **Anwendungsaufgaben** erarbeitet werden. In den einleitenden Fallsituationen und in den Anwendungsaufgaben steht in der Regel das **Modellunternehmen BüKo OHG** im Vordergrund, ein Unternehmen, dessen Hauptgeschäftszweck die Herstellung und der Vertrieb von ergonomischen Büromöbeln sowie der Handel mit Konferenz- und Seminartechnik ist.

Ergänzt werden die Anwendungsaufgaben durch **vertiefende Aufgaben**. Bei diesen Aufgaben wird in der Regel Bezug auf drei **weitere Modellunternehmen** genommen, die sowohl untereinander als auch zusammen mit der BüKo OHG enge Geschäftsbeziehungen unterhalten. Mithilfe der vertiefenden Aufgaben können die Schülerinnen und Schüler ihre erworbenen **Kompetenzen festigen**. Sie ermöglichen zudem eine **binnendifferenzierte Vorgehensweise**. Um die Erarbeitung zu erleichtern, stehen für eine Vielzahl der vertiefenden Aufgaben **Blankovorlagen im PDF-Format** zur Verfügung. Diese können Sie über die Mediathek des Verlages (www.merkur-verlag.de, Code über Schnellsuche: „1031") problemlos herunterladen. Im Arbeitsheft sind diese Aufgaben mit dem Symbol DOWNLOAD gekennzeichnet.

Inhaltliche Grundlage für die Erarbeitung der Anwendungs- und vertiefenden Aufgaben bilden neben den Fallsituationen die **Info-Boxen**. Fachsystematische Zusammenhänge werden hier anschaulich erklärt. Die selbstständige Bearbeitung von Aufgaben ist dadurch möglich. Mithilfe von **Kann-Listen** erhalten die Lernenden zudem die Möglichkeit, ihren aktuellen Wissensstand zu reflektieren.

Wir freuen uns über konstruktive Kritik und Anregungen.

Das Autorenteam

Inhaltsverzeichnis

Die beteiligten Modellunternehmen	7
Inner- und außerbetriebliches Netzwerk	8
Übersicht der teilnehmenden Personen	8

1 Ein Rückblick: Die Entstehung der BüKo OHG ... 9

2 Aufgaben der Buchführung ... 13
2.1 Rechtsgrundlagen und Teilbereiche der Buchführung ... 13
2.2 Grundsätze ordnungsmäßiger Buchführung ... 19

3 Von der Inventur als Bestandsaufnahme zur Bilanz als modellhafte Abbildung eines Unternehmens ... 21
3.1 Die Inventur ... 21
3.2 Das Inventar ... 24
3.3 Die Bilanz ... 28
Kann-Liste: Grundlagen der Buchführung I ... 34
□ *gesetzliche Grundlagen*
□ *Inventur, Inventar, Bilanz*

4 Erfassung von Geschäftsfällen auf Bestandskonten ... 35
4.1 Werteveränderungen durch Geschäftsfälle ... 35
4.2 Auflösung der Bilanz in Bestandskonten ... 41
4.3 Das Eröffnungsbilanzkonto ... 52
Kann-Liste: Grundlagen der Buchführung II ... 54
□ *Werteveränderungen*
□ *Bestandskonten*

5 Der Erfolg im Industriebetrieb ... 55
5.1 Aufwendungen und Erträge verändern das Eigenkapital ... 55
5.2 Buchungen auf Erfolgskonten: Die theoretischen Grundlagen ... 59
5.3 Buchungen auf Erfolgskonten: Die praktische Umsetzung ... 63
Kann-Liste: Grundlagen der Buchführung III ... 72
□ *Erfolgskonten*

6 Der Zusammenhang zwischen Bestands- und Erfolgskonten ... 73

7 Der Industriekontenrahmen als Ordnungsprinzip für die Buchführung ... 74

8 Die Umsatzsteuer ... 82
8.1 Wie kommt der Staat zur Umsatzsteuer? ... 82
8.2 Vorsteuer und Umsatzsteuer bei der Beschaffung und beim Absatz ... 88
8.3 Behandlung von Umsatzsteuerzahllast und Vorsteuerüberhang zum Ende eines Geschäftsjahres ... 96
Kann-Liste: Grundlagen der Buchführung IV ... 101
□ *Umsatzsteuer*
□ *Vorsteuer*

9 Bestandsorientierte Erfassung des Materialverbrauchs ... 102
9.1 Laufende Erfassung des Materialverbrauchs unter Verwendung von Materialentnahmescheinen (Skontrationsmethode) ... 102
9.2 Erfassung des Materialverbrauchs unter Verwendung der Inventurmethode ... 104

10 Handelswaren und Vorprodukte ... 108

11 Aufwandsorientierte Buchungen und Erfassung des Materialverbrauchs **115**

12 Bestandsveränderungen an fertigen und unfertigen Erzeugnissen .. **126**
    Kann-Liste: **Grundlagen der Buchführung V** 140
    ☐ *Ermittlung des Materialverbrauchs*
    ☐ *Einsatz von Handelswaren*
    ☐ *aufwandsorientierte Buchungsmethode*
    ☐ *Bestandsveränderungen an fertigen und unfertigen Erzeugnissen*

13 Buchungen im Beschaffungsbereich **141**
    13.1 Rechnungseingang, Sofortrabatt, Liefererskonto und Bezugskosten 141
    13.2 Preisnachlässe aufgrund von Mängelrügen, Liefererboni und Rücksendungen 149
    13.3 Finanzierungsgewinn durch die Ausnutzung von Skonto 158
    Concept-Map: **Buchungen im Beschaffungsbereich** 161

14 Buchungen im Absatzbereich **162**
    Rechnungsausgang, Rücksendungen, nachträgliche Preisnachlässe, Frachtkosten und Vertriebsprovisionen 162
    Concept-Map: **Buchungen im Absatzbereich** 175

15 Buchungen in der Anlagenwirtschaft **176**
    15.1 Anschaffungskosten, planmäßige Abschreibung und Restwert 176
    15.2 Zeitanteilige Abschreibungen 188
    15.3 Außerplanmäßige Abschreibungen 196
    15.4 Anschaffungskosten und Minderung durch Skontoabzug 199
    15.5 Abgang bzw. Verkauf von Anlagevermögen 207
    15.6 Abschreibung nach Leistungseinheiten 215
    15.7 Geringwertige Wirtschaftsgüter (Exkurs) 218
    15.8 Aktivierungspflichtige Eigenleistungen (Exkurs) 220
    Concept-Map: **Abschreibungskreislauf** 221

16 Anzahlungen **222**
    16.1 Unterscheidung der Fälle 222
    16.2 Geleistete Anzahlungen auf Vorräte und erhaltene Anzahlungen auf Bestellungen 223

Hinweis zu den Reflexionen und Zusammenfassungen mithilfe einer Concept-Map **229**

Stichwortverzeichnis 230

Industriekontenrahmen (IKR) am Ende des Buches

Die beteiligten Modellunternehmen

BüKo OHG
Konferenz- & Seminartechnik

- **Geschäftssitz:** Kaiser-Wilhelm-Ring 10, 50877 Köln
- **Gesellschafter:** *Andreas Nolte*, geb. 27.08.1964 (Dipl.-Kaufmann) und *Thorsten Budtke*, geb. 25.10.1966 (Schreinermeister)
- **Geschäftszweck:** Herstellung/Vertrieb von ergonomischen Büromöbeln, Handel mit Konferenz- & Seminartechnik und Beratung bei Seminareinrichtung sowie Schulungen
- **Werkstoffe:**
  - *Rohstoffe:* Holzplatten, Polsterstoff (Stoffballen)
  - *Hilfsstoffe*: Scharniere, Garn, Schrauben, Muttern, Leim, Schaumstoff, Lacke
  - *Betriebsstoffe:* Schmiermittel, Schleifpapier
  - *Vorprodukte/Fremdbauteile:* Rückenlehnen, Sitzplatten, Sitzrahmen aus Holz, Stuhlbeine aus Holz, Aluminiumrohre
- **Produkte:**
  - Seminarstuhl Ergo Sim® in den Ausführungen Standard, Luxus sowie Sonderanfertigung
  - Seminarstuhl Ergo Klapp®
- **Handelswaren:** Flipcharts
- **Umsatz** ca. 1,3 Mio. Euro
- 14 Mitarbeiter (u.a. eine Auszubildende)

Lothar Lindemann KG
Textilausrüstung

- **Geschäftssitz:**
  Südstr. 58
  47803 Krefeld
- **Komplementär:**
  Lothar Lindemann
  (geb. 14.05.1949)
  Kommanditist:
  Günter Granitz
  (geb. 12.03.1950)
- **Geschäftszweck:**
  Herstellen, Färben, Veredeln von Jeansstoffen
- **Werkstoffe:**
  - *Rohstoffe:* Baumwolle, Rohwolle
  - *Hilfsstoffe:* Färbemittel, Farben
  - *Betriebsstoffe:* Schmiermittel
- **Produkte:** Stoffballen (z.B. Jeansstoff)
- **Umsatz:** 7,8 Mio. Euro
- 56 Mitarbeiter (davon 5 Auszubildende)

Color Chemie AG

- **Geschäftssitz:**
  Maarstraße 67
  50858 Köln
- **Umsatz** (Vorjahr):
  5,5 Mrd. Euro
- **Grundkapital:** 365 Mio. Euro
- **Mitarbeiterzahl:**
  4 700 Beschäftigte
  (davon 230 Auszubildende)
- **Produktionsstandorte:**
  Köln (Deutschland),
  Bitterfeld (Deutschland),
  Barcelona (Spanien),
  Porto (Portugal),
  New Orleans (USA) und
  (nicht konsolidiert) DowChem Coorp., Chicago (USA)
- Vertriebsniederlassungen in über 100 Ländern
- **Geschäftszweck:**
  Herstellen und Verkauf von umweltverträglichen Textilfarben, Textilhilfsmitteln (Reinigungs-/Lösungsmitteln) und Textilfasern
- **Werkstoffe:**
  - *Rohstoffe*: Harze, Polyurethan, Anilin
  - *Hilfsstoffe:* Titandioxid, Polymere
  - *Betriebsstoffe:* Schmiermittel
- **Produkte:** Farben, Farbstoffe
- **Vorstand:**
  Dr. Schmalenbach (Vorsitz),
  Dr. Lehr (Personal),
  Koppelmann (Beschaffung),
  Dr.-Ing. Elle (Produktion),
  Köhler (Absatz),
  Hax (Finanzen)

Öko-Tex GmbH

- **Geschäftssitz:**
  Steinmannweg 1
  49479 Ibbenbüren
- **Geschäftsführer:**
  Britta Steinmann
  geb. 11.11.1964
  (Modedesignerin),
  Nils Tanner
  geb. 01.05.1955
  (Dipl.-Kaufmann)
- **Geschäftszweck:**
  Herstellung und Verkauf von ökologischverträglicher Jeansbekleidung
- **Werkstoffe:**
  - *Rohstoffe:* Stoffballen (Jeans und andere)
  - *Hilfsstoffe:* Nähseide, Nähgarn, Knöpfe
  - *Betriebsstoffe:* Schmiermittel, Nadeln für Nähmaschinen
  - *Vorprodukte/Fremdbauteile:* vorgefertigte Stoffzuschnitte
- **Produkte:** (Jeans-)Hosen und Jacken, Röcke, ökologisch orientierte Arbeitskleidung
- **Handelswaren:** Gürtel
- **Stammkapital:** 3,5 Mio. EUR
- **Gesellschafter:**
  Klaus Steinmann
  (Stammeinlage: 2 Mio. Euro),
  Britta Steinmann
  (Stammeinlage: 400.000 Euro),
  Nils Tanner
  (Stammeinlage: 1,1 Mio. Euro)
- **Umsatz:** 53 Mio. Euro
- 520 Mitarbeiter (davon 30 Auszubildende)

Inner- und außerbetriebliches Netzwerk

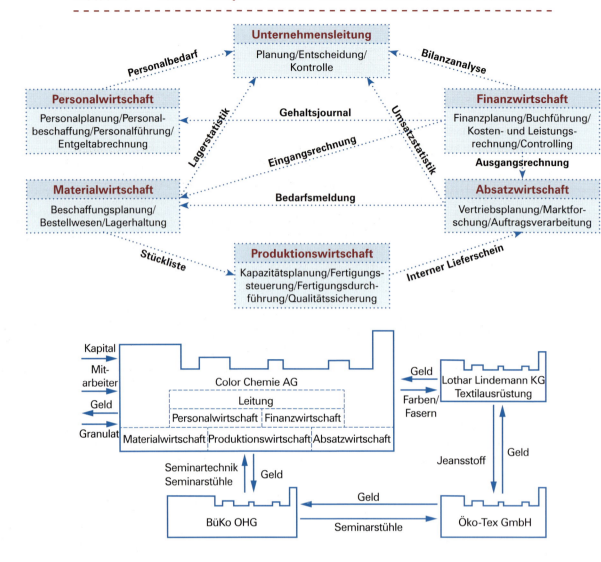

Übersicht der teilnehmenden Personen

BüKo OHG	
Person	**Funktion**
Thorsten Budtke	Technischer Geschäftsleiter
Andreas Nolte	Kaufmännischer Leiter
Volker Reiners	Einkaufsleiter
Carina Crämer	Auszubildende der Buchhaltung
Henrike Straub	Leiterin Rechnungswesen
Lothar Lindemann KG	
Person	**Funktion**
Lothar Lindemann	Gesellschafter (Komplementär)
Günter Granitz	Gesellschafter (Kommanditist)
Color Chemie AG	
Person	**Funktion**
Dr. Sigismund Schmalenbach	Vorstand
Harald Hax	Leiter Rechnungswesen (Finanzvorstand)
Annika Müller	Auszubildende
Öko-Tex GmbH	
Person	**Funktion**
Britta Steinmann	Geschäftsführerin
Nils Tanner	Geschäftsführer
Achim Ahlert	Buchhalter

1 Ein Rückblick: Die Entstehung der BüKo OHG

▶ **Fallsituation:** Wie alles begann …

Die BüKo OHG hat, wie eigentlich alle anderen Unternehmen auch, klein angefangen. Wir wollen an dieser Stelle einen kleinen Rückblick auf die Zeit wagen, in der unsere Geschichte ihren Anfang nahm.

Hierzu gehen wir drei Jahre zurück. Zu diesem Zeitpunkt betreibt der Schreinermeister Thorsten Budtke bereits seit mehr als zehn Jahren unter der Bezeichnung „art in furniture e. K." eine kleine Möbeltischlerei in Köln. In den letzten Jahren hat er sich darauf spezialisiert, auf Kundenwunsch Sitzmöbel und Tische herzustellen. Vor dem Hintergrund der zunehmenden Aufträge hat sich Herr Budtke in den vergangenen Wochen schon häufiger mit Expansionsgedanken beschäftigt. Alle zwei Monate nimmt er an einem Stammtisch teil, zu dem die Handwerker der Region eingeladen sind. In diesem Jahr findet der Stammtisch zwischen den Feiertagen am 28.12. statt. Auch hier berichtet er über seine Expansionspläne. Ihm direkt gegenüber sitzt Andreas Nolte, der sich in den vergangenen Jahren mit der Herstellung von Konferenz- und Seminartechnik einen Namen gemacht hat. Die beiden kommen ins Gespräch und führen eine lebhafte Unterhaltung über die Entwicklung ihrer Geschäftsfelder und über die Ideen, die ihre Branche in der Zukunft prägen könnten. Die Zeit ist vorangeschritten und die beiden wollen sich verabschieden. In diesem Moment macht Herr Nolte eine entscheidende Aussage: „Herr Budtke, ich glaube, die Lösung für unsere zahlreichen Ideen gefunden zu haben. Wir sollten uns zusammenschließen. Bei diesem gemeinsamen Potenzial werden wir sehr erfolgreich sein." Herr Budtke zögert ein wenig. „Darf ich nächste Woche bei Ihnen vorbeischauen?", fragt Herr Nolte. „Dann hat das neue Jahr gerade erst begonnen und in meinem Betrieb haben wir die Inventur erledigt. Wir können unser Gespräch dann gerne fortsetzen." Herr Budtke willigt ein.

Eine Woche später ist es dann so weit. Das neue Kalenderjahr hat gerade erst begonnen. Herr Nolte betritt das Büro von Herrn Budtke und ist erschrocken von dem Anblick, der sich ihm bietet. Der Schreibtisch versinkt in unzähligen Papierbergen, überall stapeln sich Ordner und Belege.

Herrn Budtke ist diese Situation sichtlich peinlich. „Wie läuft es mit der Inventur und Ihrem Jahresabschluss?", fragt Herr Nolte. „Inventur?", entgegnet Herr Budtke. „Irgendwie ist mir das Ganze hier über den Kopf gewachsen".

Herr Nolte ist studierter Diplomkaufmann und merkt sofort, dass hier dringende Hilfe erforderlich ist. Er bietet Herrn Budtke seine Hilfe an. Damit Herr Nolte einen weiterführenden Einblick bekommen kann, machen die beiden einen Rundgang durch den Betrieb.

1 Ein Rückblick: Die Entstehung der BüKo OHG

Während des Rundgangs erzählt Herr Budtke: „Also – die Produktionshalle mit dem Bürotrakt ist ja noch wunderbar in Schuss, 50.000,00 EUR ist die mindestens wert. Und dazu kommt noch einmal die Büroausstattung. Der Schreibtisch ist eine Sonderanfertigung, dessen Wert heute gut 500,00 EUR beträgt. Die drei Büroschränke sind neuwertig. Der Kaufpreis lag bei 300,00 EUR pro Schrank. Den Computer und die Telefonanlage habe ich erst vor wenigen Wochen gekauft. Der Kaufpreis lag bei 1.000,00 EUR bzw. 600,00 EUR. Allerdings zahle ich ja immer noch den Kredit für das Gebäude ab: 60.000,00 EUR habe ich derzeit noch bei der Deutschen Bank an Schulden offen. Mein Auslieferungsfahrzeug und der Anhänger sind zwar schon etwas älter, der Wert müsste heute aber noch bei rund 7.000,00 EUR bzw. 1.000,00 EUR liegen. Auf meine Maschinen habe ich immer schon großen Wert gelegt. Die Säge beispielsweise hat bestimmt noch einen Wert von 1.000,00 EUR. Der Wert der Schleifmaschine liegt bei 700,00 EUR, der Wert der beiden Bohrmaschinen zusammen bei 800,00 EUR. Und die Presse für die Verformung der Sitzflächen ist noch fast neu. 3.000,00 EUR hat sie gekostet.

> Folgende Mengen und Preise zu der Position „Kleinmaterial" sowie zu den Schmiermitteln und Schleifpapieren sind bekannt:
>
> 100 Pakete Schrauben zu je 7,00 EUR
> 20 Pakete Scharniere zu je 40,00 EUR
> 20 Pakete Garn zu je 12,00 EUR
> 13 Eimer Leim zu je 20,00 EUR
> 5 Eimer Schmiermittel zu je 30,00 EUR
> 14 Rollen Schleifpapier zu je 25,00 EUR

Und die eingelagerten Materialien und Fertigerzeugnisse erst: zwanzig verkaufsfertige Stühle vom Typ ST1 für insgesamt 1.200,00 EUR und 24 Tische vom Typ T1 für jeweils 100,00 EUR. Ach ja, und vom Typ T2 sind auch noch 10 Stück da – hier: Die kosten mich jeweils 80,00 EUR in der Herstellung. Einige Stühle und Tische sind noch nicht ganz fertig. Die hierfür benötigten Holzteile haben wir jedoch schon zugeschnitten. Hier hängt ein Zettel: 160 Stück. Ein Teil kostet 20,00 EUR. Dann noch die Materialbestände: Die Vorräte an Holzplatten (50 Stück) und Polsterstoffen (5 Ballen) für die Sitzflächen haben einen Gesamtwert von 5.000,00 EUR. Dieser Betrag setzt sich zusammen aus jeweils 70,00 EUR für die Holzplatten und 300,00 EUR je Stoffballen. Hinzu kommt Kleinmaterial wie Schrauben, Scharniere, Nähgarne und Leim für ca. 2.000,00 EUR. Ach ja, nicht zu vergessen: Ich habe in der letzten Woche noch Schmiermittel für die dringend anstehende Wartung der Maschinen und eine größere Menge Schleifpapier für die Behandlung der Holzoberflächen gekauft. Laut Rechnungen in einem Gesamtwert von 500,00 EUR.

Na ja, gut, unsere Lieferer wollen natürlich auch noch ein wenig Geld sehen: Der Stofflieferer Albers bekommt noch 4.000,00 EUR; die Firma Cäsar noch 800,00 EUR. Nicht zu vergessen die offene Eingangsrechnung der Firma Hartwig: 1.100,00 EUR sind noch zu begleichen. Aber auf der anderen Seite bekommen wir ja auch noch etwas: Das Ludwig-Meier-Berufskolleg zum Beispiel: Schon seit drei Monaten laufe ich hinter den 3.000,00 EUR für die Ausstattung der DV-Räume her, aber da ist ja keiner zuständig … Vom Unternehmer Neumann bekomme ich auch noch 1.000,00 EUR und vom Berthold auch noch einmal 2.500,00 EUR. Aber das wird sicher kein Problem werden. Auf der Bank habe ich übrigens auch noch etwas an Guthaben: Bei der Deutschen Bank sind es 10.000,00 EUR und bei der Sparkasse noch 5.000,00 EUR. Sogar Bargeld für die täglichen Ausgaben ist da: Noch einmal 800,00 EUR."

1 Ein Rückblick: Die Entstehung der BüKo OHG

Herr Nolte verfolgt aufmerksam die Ausführungen von Herrn Budtke. „Ich muss sagen, das alles hier ist klein, aber fein. Ich würde mich freuen, wenn wir unseren Gedanken der Zusammenlegung aus der letzten Woche fortsetzen können. Aber vorher müssen wir uns erst einmal Gedanken um Ihre Buchhaltung machen."

Anwendungsaufgaben

Bei dieser schwierigen Aufgabe sollen Sie die Herren Budtke und Nolte tatkräftig unterstützen. Aus dem obigen Dialog wurde ersichtlich, dass die Unterlagen des Herrn Budtke wahrscheinlich nicht der Ordnung entsprechen, die für ein Unternehmen eigentlich selbstverständlich sein soll.

1. Während des Betriebsrundgangs der Herren Budtke und Nolte wurde eine Vielzahl von Positionen benannt, die im weiteren Verlauf des Unterrichts eine bedeutende Rolle spielen werden. Erstellen Sie zunächst anhand der Informationen aus dem Betriebsrundgang eine Liste aller genannten Positionen in Staffelform. Eine Sortierung müssen Sie an dieser Stelle noch nicht vornehmen. Lassen Sie die letzten beiden Spalten vorerst außer Acht. M1

2. Informieren Sie sich anschließend in den zwei nachfolgenden Kapiteln (2 und 3) über die wesentlichen Instrumente der Buchführung.

M1

Menge	Bezeichnung	Einzelwert (in EUR)	Gesamtwert (in EUR)	Körperliche Inventur	Buchinventur
1	Produktionshalle		50.000,00		

1 Ein Rückblick: Die Entstehung der BüKo OHG

Menge	Bezeichnung	Einzelwert (in EUR)	Gesamtwert (in EUR)	Körperliche Inventur	Buch-inventur

2 Aufgaben der Buchführung

2.1 Rechtsgrundlagen und Teilbereiche der Buchführung

▶ **Fallsituation:** Chaos bei Herrn Budtke? Warum Buchführung?

Herr Budtke und Herr Nolte treffen sich zur Fortsetzung ihres Gesprächs. Als Profi in Sachen Organisation versucht Herr Nolte, ein wenig Licht ins Dunkel der organisatorischen Abläufe bei Herrn Budtke zu bringen.

Herr Nolte: Dann wollen wir mal schauen, wie wir das Ganze nun wieder in Ordnung bringen können. Schauen Sie bitte einmal auf die nachfolgende Abbildung. Ich habe Ihnen hier modellhaft die täglichen Abläufe in einem Unternehmen aufgezeichnet. Ich denke, dass auch Sie sich hier mit Ihrem Unternehmen wiederfinden können.

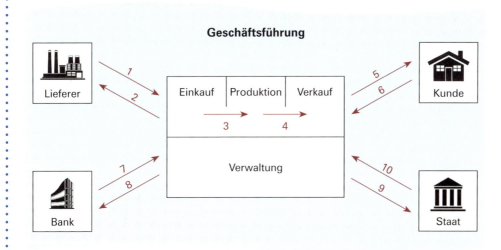

Herr Budtke: Ganz korrekt ist der Fluss der Güter aber nicht dargestellt, da die eingekauften Materialien zunächst im Eingangslager gelagert werden.

Ähnliches kann ich auch für den Verkauf sagen. Die fertigen Produkte, bspw. die Stühle, werden vor der Auslieferung im Ausgangslager gelagert.

Herr Nolte: Das mag schon sein. Es geht hier eher um eine Übersicht. Wir müssen uns allerdings mit wichtigeren Dingen beschäftigen, nämlich mit der Überlegung, ob und wenn ja, wie wir unsere Betriebe zusammenlegen und an welchen Stellen wir eventuell noch investieren können. Vorausgesetzt, wir entscheiden uns für eine gemeinsame Zukunft, dann darf uns allerdings kein Fehler bei den Investitionen unterlaufen. In der Buchführung wird alles erfasst, was sich auf das Vermögen und die Schulden auswirkt. Außerdem lässt sich erkennen, ob wir Gewinn oder Verlust gemacht haben. Diese Aufzeichnungen schreibt uns schon der Gesetzgeber vor. Aus unserer Kosten- und Leistungsrechnung erfahren wir, welche Kosten für die Herstellung der fertigen Erzeugnisse anfallen und welchen Preis wir folglich fordern müssen. Unsere Statistik bereitet die Zahlen aus der Buchführung und der Kosten- und Leistungsrechnung auf und stellt Entwicklungen in Tabellen und Grafiken dar.

2 Aufgaben der Buchführung

Herr Budtke: Oh, da haben wir ja noch eine Menge zu erledigen. Trotzdem freue ich mich auf eine gemeinsame Zusammenarbeit.

Herr Nolte: Na ja, bei mir habe ich diese Aufgaben bereits erledigt. Und nach unserem Zusammenschluss kümmere ich mich gerne um diese Dinge. Das sind ja schon wichtige Unterlagen, worauf wir unsere weitere Planung aufbauen können. Wir müssen dann sicherlich unsere Zukunftserwartungen mit einbauen und werden vernünftige Planungsunterlagen haben. Die Entwicklung der erforderlichen Planungsrechnung übernehme ich dann ebenfalls. Nun aber erst einmal ans Werk …

Anwendungsaufgaben

1. Erläutern Sie die in der Abbildung auf S. 13 dargestellten Beziehungen innerhalb des Unternehmens und mit dem Unternehmensumfeld. M1
2. Nennen Sie schriftliche Belege, die durch die dargestellten Beziehungen anfallen können. M1

M1

Beziehungen	Erläuterung (Aufgabe 1)	Beispiele für Belege (Aufgabe 2)
1 und 2		
3 und 4		
5 und 6		
7 und 8		
9 und 10		

2 Aufgaben der Buchführung

3. Erörtern Sie die Notwendigkeit der Aufzeichnungen aller geschäftlichen Vorgänge, die sich aus diesen Beziehungen ergeben.

_____
_____
_____

4. Überlegen Sie, wer Interesse an den Aufzeichnungen eines Unternehmens haben könnte.

Interessengruppen

5. Nennen Sie die vier Bereiche der Abteilung Rechnungswesen, die aus dem o. g. Gespräch erkennbar geworden sind und erläutern Sie ihre Aufgaben.

Bereiche des Rechnungswesens			

Aufgabe

6. Erläutern Sie die gesetzliche Verpflichtung eines Unternehmens zur Führung von Büchern mithilfe der folgenden Informationen. M2

_____
_____
_____
_____

2 Aufgaben der Buchführung

 Auszüge aus dem Handelsgesetzbuch (HGB) und der Abgabenordnung (AO)

§ 238 Abs. 1 HGB

Jeder Kaufmann ist verpflichtet, Bücher zu führen und in diesen seine Handelsgeschäfte und die Lage seines Vermögens nach den Grundsätzen ordnungsmäßiger Buchführung ersichtlich zu machen. Die Buchführung muss so beschaffen sein, dass sie einem sachverständigen Dritten innerhalb angemessener Zeit einen Überblick über die Geschäftsfälle und über die Lage des Unternehmens vermitteln kann. Die Geschäftsfälle müssen sich in ihrer Entstehung und Abwicklung verfolgen lassen.

§ 1 HGB Istkaufmann

(1) Kaufmann im Sinne dieses Gesetzbuchs ist, wer ein Handelsgewerbe betreibt.

(2) Handelsgewerbe ist jeder Gewerbebetrieb, es sei denn, dass das Unternehmen nach Art oder Umfang einen in kaufmännischer Weise eingerichteten Geschäftsbetrieb nicht erfordert.

§ 140 AO Buchführungs- und Aufzeichnungspflichten nach anderen Gesetzen

Wer nach anderen Gesetzen als den Steuergesetzen Bücher und Aufzeichnungen zu führen hat, die für die Besteuerung von Bedeutung sind, hat die Verpflichtungen, die ihm nach den anderen Gesetzen obliegen, auch für die Besteuerung zu erfüllen.

§ 141 AO Buchführungspflicht bestimmter Steuerpflichtiger

(1) Gewerbliche Unternehmer ..., die nach den Feststellungen der Finanzbehörde für den einzelnen Betrieb

1. Umsätze [...] von mehr als 600.000,00 EUR im Kalenderjahr oder

[...]

4. einen Gewinn aus Gewerbebetrieb von mehr als 60.000,00 EUR im Wirtschaftsjahr [...] gehabt haben, sind auch dann verpflichtet, für diesen Betrieb Bücher zu führen und auf Grund jährlicher Bestandsaufnahmen Abschlüsse zu machen, wenn sich eine Buchführungspflicht nicht aus § 140 ergibt.

 **INFO-BOX**

▶ Funktionen des Rechnungswesens

Funktionen und Teilbereiche des Rechnungswesens

Das Rechnungswesen muss das gesamte Unternehmensgeschehen erfassen, überwachen und auswerten. Die Aufgaben und Ziele des Rechnungswesens lassen sich wie folgt beschreiben:

Dokumentationsfunktion

- Zeitlich und sachlich geordnete Aufzeichnung aller Geschäftsfälle aufgrund von Belegen, die die Vermögenswerte, das Eigen- und Fremdkapital sowie den Jahreserfolg (Gewinn oder Verlust) des Unternehmens verändern.

Kontrollfunktion

- Ausgestaltung des Rechnungswesens zu einem aussagefähigen Informations- und Kontrollsystem, das der Unternehmensleitung jederzeit eine Überwachung der Wirtschaftlichkeit der betrieblichen Prozesse sowie der Zahlungsfähigkeit (Liquidität) des Unternehmens ermöglicht.

Dispositionsfunktion

- Bereitstellung des aufbereiteten Zahlenmaterials als Grundlage für alle Planungen und Entscheidungen, z. B. über Investitionen, Märkte, Produktsortimente u. a.

2 Aufgaben der Buchführung

Rechenschaftslegungs- und Informationsfunktion

- Aufgrund gesetzlicher Vorschriften jährliche Rechenschaftslegung und Information der Unternehmenseigner, der Finanzbehörde und evtl. der Gläubiger (Kreditgeber) über die Vermögens-, Schulden- und Erfolgslage des Unternehmens. Dies geschieht in der Regel durch den Jahresabschluss.

Die Verschiedenheit der Aufgaben erfordert eine Aufteilung des Rechnungswesens:

▶ Teilbereiche des Rechnungswesens

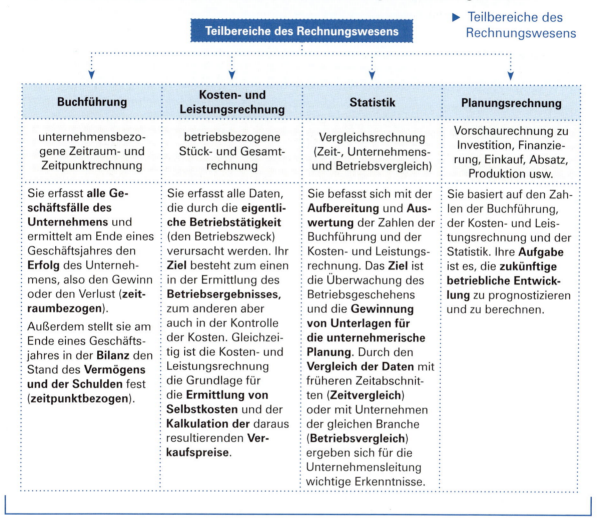

Anwendungsaufgaben

7. Überprüfen Sie die gesetzliche Buchführungspflicht für die folgenden Fälle:

a) Herr Budtke ist nicht im Handelsregister eingetragen und betreibt sein Unternehmen mit nur einem Mitarbeiter. Im letzten Jahr konnte er bei einem Umsatz von 250.000,00 EUR einen Gewinn in Höhe von 28.000,00 EUR erzielen.

Buchführungs-pflicht	☐ ja ☐ nein	Begründung:

2 Aufgaben der Buchführung

b) Herr Budtke ist zwar nicht im Handelsregister eingetragen, aber er beschäftigt mittlerweile 5 Mitarbeiter und erzielt bei einem Umsatz von 750.000,00 EUR einen Gewinn von 80.000,00 EUR.

Buchführungs-pflicht	☐ ja ☐ nein	**Begründung:**

c) Herr Budtke und Herr Nolte gründen zusammen die BüKo OHG, eine Firma zur Herstellung ergonomischer Seminarstühle. Sie haben mittlerweile 10 Mitarbeiter, was organisatorische Umstrukturierungen erforderte. Im ersten Jahr konnten sie bei einem Umsatz von 210.000,00 EUR nur einen Gewinn von 20.000,00 EUR erzielen. Das Unternehmen ist im Handelsregister eingetragen.

Buchführungs-pflicht	☐ ja ☐ nein	**Begründung:**

8. Ordnen Sie die folgenden Tätigkeiten den 4 Bereichen (Buchführung, Kosten- und Leistungsrechnung, Planungsrechnung bzw. Statistik) des Rechnungswesens zu:

	Buch-führung	Kosten- und Leistungs-rechnung	Planungs-rechnung	Statistik
a) Kalkulieren eines Preises für den Seminarstuhl Ergo Sim®				
b) Feststellen des Vermögens zu einem bestimmten Zeitpunkt				
c) Auswerten von Unterlagen der Buchführung und deren Veranschaulichung				
d) Feststellen des Gewinns bzw. Verlustes einer Periode				
e) Ermitteln von Zukunftsgrößen im Unternehmen, z. B. einer gewünschten Verkaufsmenge				
f) Kontrollieren der Fertigungskosten				

2 Aufgaben der Buchführung

2.2 Grundsätze ordnungsmäßiger Buchführung

▶ **Fallsituation:** In welchem Umfang entstehen Verpflichtungen zur Ausgestaltung der Buchführung?

Nachdem die gesetzlichen Bestimmungen und die Teilbereiche der Buchführung geklärt sind, fragt sich Herr Budtke, ob die gesetzlichen Regelungen auch Einfluss auf die Ausgestaltung der Buchführung haben können. Bislang hatte er seine Belege lediglich in einem großen Ordner abgeheftet.

Herr Nolte hat auch hierzu wieder einige Informationen, die er Herrn Budtke gerne aushändigt. Insbesondere der § 238 HGB beinhaltet einige weitere Verpflichtungen, die auf den ersten Blick nicht zu erkennen sind. Aus den gesetzlichen Bestimmungen einerseits, aber auch aus den sich stetig verändernden Anforderungen der Praxis andererseits heraus haben sich die sogenannten **GoB – die Grundsätze ordnungsmäßiger Buchführung** – entwickelt. Im Wesentlichen lassen sich die folgenden abgeleiteten Grundsätze nennen:

▶ GoB (Grundsätze ordnungsmäßiger Buchführung)

INFO-BOX

Grundsätze ordnungsmäßiger Buchführung

Beachten Sie:
An dieser Stelle tauchen bereits erste Begriffe auf, die Ihnen noch unbekannt sind. Eine Erläuterung dieser Begriffe erfolgt im Kapitel 3.2.

1. **Grundsatz der Vollständigkeit und Verrechnungsverbot**
   Alle Geschäftsfälle sind lückenlos aufzuzeichnen. Nach § 246 HGB hat der Jahresabschluss sämtliche Vermögensgegenstände, Schulden, [...] Aufwendungen und Erträge zu enthalten. Posten der Aktivseite dürfen nicht mit Posten der Passivseite und Aufwendungen nicht mit Erträgen verrechnet werden.

2. **Grundsatz der materiellen Richtigkeit**
   Alle Aufzeichnungen müssen sachlich richtig vorgenommen werden.

3. **Grundsatz der Zeitgerechtigkeit**
   Buchungen müssen zeitnah erfolgen und Kasseneinnahmen und -ausgaben sind täglich zu erfassen.

4. **Grundsatz der Bilanzklarheit**
   Bücher sind geordnet und übersichtlich zu führen.

5. **Grundsatz der Nachprüfbarkeit**
   Ein sachverständiger Dritter muss in angemessener Zeit in der Lage sein, die Buchführung nachzuprüfen.

Auszüge aus dem HGB

§ 257 HGB Aufbewahrung von Unterlagen, Aufbewahrungsfristen

(1) Jeder Kaufmann ist verpflichtet, die folgenden Unterlagen geordnet aufzubewahren:
  1. Handelsbücher, Inventare, Eröffnungsbilanzen, Jahresabschlüsse, [...] sowie die zu ihrem Verständnis erforderlichen Arbeitsanweisungen und sonstigen Organisationsunterlagen,
  2. die empfangenen Handelsbriefe,
  3. Wiedergaben der abgesandten Handelsbriefe,
  4. Belege für Buchungen in den von ihm nach § 238 Abs. 1 zu führenden Büchern (Buchungsbelege).

[...]

(4) Die in Absatz 1 Nr. 1 + 4 aufgeführten Unterlagen sind zehn Jahre und die sonstigen in Absatz 1 aufgeführten Unterlagen sechs Jahre aufzubewahren.

(5) Die Aufbewahrungspflicht beginnt mit dem Schluss des Kalenderjahrs, in dem die letzte Eintragung in das Handelsbuch gemacht [...] worden ist.

2 Aufgaben der Buchführung

Anwendungsaufgaben

1. In welchem Fall liegt ein Verstoß gegen die GoB vor?

		Verstoß	kein Verstoß	Begründung
a)	Eine Eingangsrechnung ging verloren. Es wurde vom Lieferer eine Ersatzrechnung angefordert.			
b)	Zur Vereinfachung werden Zinsaufwendungen und Zinserträge miteinander verrechnet.			
c)	Um Platz zu sparen, wird der eingehende Schriftverkehr in den PC eingescannt und auf einem (externen) Server gespeichert. Ein Ausdruck ist jederzeit möglich.			
d)	In der Buchführung werden Abkürzungen benutzt, die einem betriebsinternen Schema entsprechen.			

2. Die BüKo OHG stellt die Bilanz und die GuV[1] für das Geschäftsjahr 2020 am 31.12.2020 auf. Die handelsrechtliche Aufbewahrungspflicht endet

a) am 31.12.2024 ☐   d) am 31.12.2028 ☐

b) am 31.12.2025 ☐   e) am 31.12.2030 ☐

c) am 31.12.2026 ☐

3. Die Lothar Lindemann KG stellt die Bilanz und die GuV für das Geschäftsjahr 2020 am 10.01.2021 auf. Die handelsrechtliche Aufbewahrungsfrist endet

a) am 31.12.2028 ☐   d) am 31.12.2031 ☐

b) am 31.12.2029 ☐   e) am 31.12.2032 ☐

c) am 31.12.2030 ☐

4. Stellen Sie fest, welche Aufbewahrungsfristen in folgenden Fällen bestehen.

	Unterlagen	Aufbewahrungspflicht in Jahren
a)	Handelskorrespondenz, z.B. Angebote	
b)	Inventar	
c)	Buchungsbelege, z.B. Quittungen	
d)	Bilanzen	

---
1 Gewinn- und Verlust-Rechnung.

3 Von der Inventur als Bestandsaufnahme zur Bilanz als modellhafte Abbildung eines Unternehmens

3.1 Die Inventur

▶ Inventur

▶ **Fallsituation**

Nachdem Herr Nolte dem Herrn Budtke die Teilbereiche und die Notwendigkeit der Buchführung aufgezeigt hat, folgen weitere wichtige Schritte, die dazu beitragen werden, dass in das Unternehmen von Herrn Budtke die erforderliche Ordnung einzieht.

Herr Budtke: Herr Nolte, ich denke, ich bin nun auf dem richtigen Weg. Der gemeinsame Rundgang durch meinen Betrieb hat mir verdeutlicht, wie viele und vor allem welche verschiedenen Gegenstände sich in meinem Besitz befinden. Hinzu kommen noch die Verpflichtungen und auch Ansprüche Dritten gegenüber.

Herr Nolte: In gewisser Weise haben wir mit diesem Rundgang schon das nächste wichtige Instrument der Buchführung in die Hand genommen. Es handelt sich um die Inventur. Hierzu habe ich Ihnen das Informationsmaterial M1 und M2 mitgebracht, aus dem ersichtlich wird, worum es sich letztlich handelt und worauf zu achten ist.

Herr Budtke: Okay, ich habe verstanden. Zu einem Punkt habe ich jedoch noch eine Frage: Geschäftsjahr, Kalenderjahr, 12 Monate …? Wo ist hier genau der Zusammenhang?

Herr Nolte: Das Geschäftsjahr eines Unternehmens beträgt immer 12 Monate. In der Regel sind Kalenderjahr und Geschäftsjahr deckungsgleich, beginnen also am 01.01. eines Jahres und enden am 31.12. eines Jahres. Es gibt jedoch auch Unternehmen, die von dieser Regelung abweichen und bspw. das Geschäftsjahr am 01.10. beginnen und am 30.09. enden lassen. Dies ist meistens dann der Fall, wenn die Geschäftstätigkeit des Unternehmens saisonalen Einflüssen unterliegt.

Aus der Inventur heraus wird das sog. Inventar erstellt (siehe Kapitel 3.2).

3 Von der Inventur als Bestandsaufnahme zur Bilanz als modellhafte Abbildung eines Unternehmens

Informationen zur Inventur

Nach § 240 HGB sowie §§ 140, 141 AO ist der Kaufmann verpflichtet, **Vermögen und Schulden** seines Unternehmens festzustellen. Die hierfür erforderliche Tätigkeit nennt man **Inventur** (lat. invenire = vorfinden).

Man unterscheidet hierbei **3 Inventuranlässe**:
- bei **Gründung** oder Übernahme eines Unternehmens,
- am **Ende eines jeden Geschäftsjahres**, wobei das Geschäftsjahr nur auf die Dauer von 12 Monaten festgelegt ist, also nicht mit dem Kalenderjahr deckungsgleich sein muss,
- bei **Auflösung** oder **Veräußerung** eines Unternehmens.

Die **Inventur** – auch **Bestandsaufnahme** genannt – erstreckt sich auf **alle Vermögensteile und alle Schulden** des Unternehmens. Diese werden jeweils **einzeln** nach ihrer **Art** (Bezeichnung), **Menge** (Stückzahl, Gewicht, Länge u.a.) und **Wert** (in EUR) zu einem bestimmten Zeitpunkt (Stichtag) erfasst.

Inventur ist die mengen- und wertmäßige Bestandsaufnahme aller Vermögensteile und Schulden eines Unternehmens zu einem bestimmten Zeitpunkt.

Das Ziel der Inventur ist die Kontrolle und der Abgleich zwischen den Soll- und den Ist-Beständen. Eventuell auftretende Abweichungen werden als Inventurdifferenzen bezeichnet, deren Ursachen es zu analysieren gilt.

Arten der Inventur

körperliche Inventur	Buchinventur
Dies ist die **mengen- und wertmäßige** Bestandsaufnahme.	Dies ist die **nur wertmäßige** Bestandsaufnahme.
Die **körperliche Inventur** ist die **mengenmäßige Aufnahme** aller körperlichen (d.h. greifbaren) Vermögensgegenstände, wie z.B. technische Anlagen und Maschinen, Fahrzeuge, Betriebs- und Geschäftsausstattung, Bestände an Werkstoffen und Erzeugnissen und Bargeld, durch **Zählen, Messen, Wiegen** und notfalls durch **Schätzen mit nachfolgender Bewertung** der Mengen in Euro.	Die **Buchinventur** erstreckt sich auf alle **nicht körperlichen** (d.h. nicht greifbaren) Vermögensteile und Schulden. Forderungen, Bankguthaben sowie alle Arten von Schulden (z.B. Bankdarlehen) sind **wertmäßig** mittels der buchhalterischen **Aufzeichnungen und Belege** (z.B. Kontoauszüge) festzustellen und nachzuweisen. Im Rahmen dieser **buchmäßigen Bestandsaufnahme** werden häufig auch **Saldenbestätigungen** bei Kunden und Lieferern eingeholt.

3 Von der Inventur als Bestandsaufnahme zur Bilanz als modellhafte Abbildung eines Unternehmens

ℹ️ INFO-BOX

Inventurvereinfachungsverfahren

Die Bestandsaufnahme der Vorräte an Werkstoffen, Erzeugnissen und Waren ist in der Regel mit hohem Arbeitsaufwand verbunden. Daher erlaubt der Gesetzgeber bei der Erfassung der Lagervorräte folgende **Vereinfachung der Inventur**:

Inventurvereinfachungsverfahren

Stichtagsinventur	Verlegte Inventur	Permanente Inventur	Stichprobeninventur
zeitnahe körperliche Bestandsaufnahme	vor- bzw. nachverlegte körperliche Bestandsaufnahme	laufende Inventur anhand der Lagerkartei	mithilfe mathematisch-statistischer Methoden
Die **mengenmäßige** Bestandsaufnahme der Vorräte muss nicht am Abschlussstichtag erfolgen. Sie muss aber **zeitnah** innerhalb einer **Frist von 10 Tagen vor oder nach dem Abschlussstichtag** durchgeführt werden. Zugänge und Abgänge zwischen dem Aufnahmetag und dem Abschlussstichtag werden anhand von Belegen **mengen- und wertmäßig** auf den Stichtag **fortgeschrieben bzw. zurückgerechnet**. Der **Nachteil** ist darin zu sehen, dass sie einen hohen Arbeitsaufwand mit sich führt, der oft Betriebsunterbrechungen zur Folge hat.	Die **vor- bzw. nachverlegte Inventur** stellt gegenüber der Stichtagsinventur bereits eine wesentliche Erleichterung dar. Die **körperliche** Bestandsaufnahme erfolgt an einem beliebigen Tag innerhalb der letzten **3 Monate vor oder der ersten 2 Monate nach dem Abschlussstichtag**. Die einzelnen Artikel dürfen zu unterschiedlichen Zeitpunkten aufgenommen werden. Der am Tag der Inventur ermittelte Bestand wird **nur wertmäßig (nicht mengenmäßig!)** auf den Abschlussstichtag fortgeschrieben oder zurückgerechnet.	Die permanente Inventur ermöglicht es, den am Abschlussstichtag vorhandenen Bestand des Vorratsvermögens nach Art, Menge und Wert auch ohne gleichzeitige körperliche Bestandsaufnahme festzustellen. Der Bestand kann in diesem Falle nach Art und Menge der Lagerkartei entnommen werden. Für jeden einzelnen Artikel werden alle Mengenbewegungen (Zu- und Abgänge) laufend buchmäßig erfasst. **In jedem Geschäftsjahr muss mindestens einmal (der Zeitpunkt ist beliebig) durch körperliche Bestandsaufnahme geprüft werden, ob der in der Lagerkartei ausgewiesene Bestand (Soll-Bestand) mit dem tatsächlich vorhandenen Bestand (Ist-Bestand) übereinstimmt.**	Der Lagerbestand kann auch mithilfe **anerkannter** mathematisch-statistischer Verfahren (z.B. Mittelwertschätzung) aufgrund von **Stichproben** ermittelt werden. Dabei werden die als **Stichproben** ausgewählten Lagerpositionen zunächst körperlich aufgenommen und bewertet. Das **Stichprobenergebnis** wird sodann auf den Gesamtinventurwert der Lagervorräte **hochgerechnet**.

Anwendungsaufgabe

Mit dem Ende dieses Kapitels haben Sie die wesentlichen Eigenschaften und Merkmale der Inventur kennengelernt. Bevor Sie sich nun mit dem Kapitel 3.2 beschäftigen, kehren Sie noch einmal zum Arbeitsauftrag 1 aus Kapitel 1 zurück (S. 11) und notieren Sie neben Ihren aufgelisteten Positionen die jeweilige Art der Inventur. Entscheiden Sie also, ob die Bestandsaufnahme der jeweiligen Position in Form der körperlichen Inventur oder der Buchinventur erfolgte.

3 Von der Inventur als Bestandsaufnahme zur Bilanz als modellhafte Abbildung eines Unternehmens

3.2 Das Inventar

▶ **Fallsituation**

▶ Inventar

Ablauf, Arten und Vereinfachungsverfahren der Inventur stellen nun kein Hindernis mehr dar. Die wesentlichen Grundzüge sind geklärt, sodass der nächste Schritt vorgenommen werden kann. Herr Nolte hat einige Informationen zum Inventar mitgebracht.

INFO-BOX

Informationen zum Inventar

Die durch die Inventur ermittelten **Werte der einzelnen Vermögensposten und Schulden** werden in einem besonderen Verzeichnis – **dem Inventar** – zusammengefasst.

Das Inventar ist ein lückenloses Verzeichnis aller Vermögenswerte und Schulden nach Art, Menge und Wert. Das Inventar wird in drei Teile untergliedert:

Inventar
A. Vermögen
 I. Anlagevermögen
 II. Umlaufvermögen
B. Schulden
C. Ermittlung des Reinvermögens (Eigenkapital)

Inventur

Inventar

A. Vermögen	B. Schulden	C. Reinvermögen = Eigenkapital
Unter **Vermögen** versteht man alle Werte, die dem Unternehmen gehören.	**Schulden** sind Zahlungen, die noch zu leisten sind. Sie werden auch als **Verbindlichkeiten** bezeichnet und stellen das im Unternehmen arbeitende **Fremdkapital** dar.	Das **Eigenkapital oder Reinvermögen** des Unternehmens ergibt sich, indem man die Schulden vom Vermögen abzieht.
Das **Vermögen** gliedert sich in • **Anlagevermögen (AV)** und • **Umlaufvermögen (UV)**.	Die **Schulden** gliedern sich in • **langfristige Schulden** und • **kurzfristige Schulden**.	Summe des Vermögens – Summe der Schulden = **Eigenkapital (Reinvermögen)**
Anordnung nach dem **Prinzip der steigenden Liquidität**.	**Anordnung** nach dem **Prinzip der Fälligkeit**.	

Merke:
Inventur = Bestandsaufnahme
Inventar = Bestandsverzeichnis
Das Inventar ist Grundlage eines ordnungsgemäßen Jahresabschlusses.

3 Von der Inventur als Bestandsaufnahme zur Bilanz als modellhafte Abbildung eines Unternehmens

Erläuterungen

Das **Anlagevermögen (AV)** bildet die **Grundlage der Betriebsbereitschaft,** d. h. der eigentlichen Betriebstätigkeit. Daher gehören dazu alle Vermögensposten, die dem Unternehmen **langfristig** dienen:

- Grundstücke und Bauten (Gebäude)
- technische Anlagen und Maschinen
- Fuhrpark
- Betriebs- und Geschäftsausstattung = BGA (z. B. Werkstatt- und Büroeinrichtung)
- Lizenzen
- Beteiligungen an anderen Unternehmen

▶ Anlagevermögen

Das **Umlaufvermögen (UV)** umfasst alle Vermögensposten, die sich **kurzfristig** in ihrer Höhe verändern, da sie häufig umgeschlagen werden. Waren werden eingekauft und dann weiterverkauft. Geschieht dies mit einem Zahlungsziel (z. B. „Rechnungsbetrag zahlbar in 30 Tagen"), entstehen im Unternehmen Forderungen aus Lieferungen und Leistungen. Dies sind also Gelder, die wir noch von unseren Kunden bekommen. Zum Umlaufvermögen gehören die folgenden Posten:

- Werkstoffe (Roh-, Hilfs- und Betriebsstoffe)[1]
- fertige und unfertige Erzeugnisse
- Forderungen aus Lieferungen und Leistungen
- Bankguthaben
- Kassenbestand (d. h. Bargeld)

▶ Umlaufvermögen

Die **Vermögensposten** werden im Inventar **nach steigender Liquidität** geordnet, also danach, wie schnell sie in Geld umgesetzt werden können. Daher werden zu Beginn die Vermögenswerte aufgelistet, die sich nur schwer in Geld umwandeln lassen, wie z. B. Grundstücke. Am Ende der Auflistung erscheinen die Geldmittel, über die man jederzeit verfügen kann, wie z. B. der Kassenbestand.

Die **Schulden bzw. Verbindlichkeiten** stellen das im Unternehmen arbeitende **Fremdkapital** dar.

Zu den **langfristigen Schulden bzw. Verbindlichkeiten** gehören die folgenden Positionen:

- Hypothekenschulden
- Verbindlichkeiten gegenüber Kreditinstituten

▶ Schulden bzw. Verbindlichkeiten

Die **kurzfristigen Schulden bzw. Verbindlichkeiten** beinhalten hingegen die folgenden Positionen:

- kurzfristige Bankschulden (z. B. aus sog. Kontokorrentkrediten)
- Liefererschulden (d. h. Verbindlichkeiten aus Lieferungen und Leistungen): Dies ist das Gegenstück zu der Vermögensposition „Forderungen aus Lieferungen und Leistungen".
- Mietschulden usw.

Die **Schulden bzw. Verbindlichkeiten** werden im Inventar nach dem **Prinzip der Fälligkeit bzw. der Dringlichkeit** geordnet. Somit stehen zu Beginn die langfristigen Schulden, wie z. B. Hypotheken und Darlehen, und am Ende diejenigen, die kurzfristig bezahlt werden müssen, wie z. B. Schulden gegenüber unseren Lieferern.

Das **Eigenkapital** wird rechnerisch ermittelt, um darzustellen, welcher Anteil des Vermögens **„aus eigener Tasche" finanziert** wurde. Daraus ist jedoch nicht ersichtlich, um welche Vermögensgegenstände es sich dabei im Einzelnen handelt.

▶ Eigenkapital

---

[1] **Rohstoffe** gehen in das Erzeugnis ein und stellen den Hauptbestandteil eines Erzeugnisses dar (beispielsweise das Holz bei einem Schrank). **Hilfsstoffe** gehen ebenfalls in das Erzeugnis ein, sie werden jedoch als Nebenbestandteile geführt (beispielsweise der Leim, der verwendet wird). **Betriebsstoffe** (beispielsweise Schmieröle) gehen nicht in das Erzeugnis ein. Sie werden aber benötigt, um z. B. Maschinen nutzen zu können.

3 Von der Inventur als Bestandsaufnahme zur Bilanz als modellhafte Abbildung eines Unternehmens

 **INFO-BOX**

Schematischer Aufbau des Inventars

Das Inventar fasst die Ergebnisse der Inventur noch einmal zusammen und komprimiert diese Ergebnisse zu Gruppen. Auch ist es möglich, dass bei einzelnen Positionen auf die Inhalte der Inventurlisten verwiesen wird. Für die Darstellung des Inventars existiert keine gesetzliche Vorschrift. Die nachfolgende Übersicht zeigt eine exemplarische Darstellung des Inventars.

Inventar	Einzelbeträge in EUR	Gesamtbeträge in EUR
A. Vermögen		
I. Anlagevermögen (AV)		
1. Grundstücke, Gebäude		
2. Maschinen		
3. Fuhrpark		
4. Betriebs- und Geschäftsausstattung (BGA)		Das Vermögen wird nach dem Prinzip der steigenden Liquidität geordnet, d.h., dass langfristig gebundene Vermögensgegenstände vor kurzfristig gebundenen genannt werden.
II. Umlaufvermögen (UV)		Folgende Fragestellung ergibt sich:
1. Rohstoffe		Wie schnell können die Vermögensteile in Geld umgewandelt werden?
2. Hilfsstoffe		
3. Betriebsstoffe		
4. Unfertige Erzeugnisse		
5. Fertige Erzeugnisse		
6. Forderungen a. LL[1]		
7. Bankguthaben		
8. Kasse		
Summe des Vermögens		
B. Schulden		
I. Langfristige Schulden		Die Schulden werden nach dem Prinzip der Fälligkeit gegliedert, d.h., dass langfristig zur Verfügung stehendes Fremdkapital vor kurzfristig zur Verfügung stehendem Fremdkapital steht.
1. Hypothekenschulden		
2. Verbindlichkeiten gegenüber Kreditinstituten		Folgende Fragestellung ergibt sich:
II. Kurzfristige Schulden		Wann müssen die Verbindlichkeiten spätestens zurückgezahlt werden?
1. Verbindlichkeiten a. LL[1]		
2. Sonstige Verbindlichkeiten		
Summe der Schulden		
C. Reinvermögen = Eigenkapital (EK)		
Vermögenswerte		Das Reinvermögen ist der Teil des Vermögens, der nicht mit Schulden belastet ist.
− Schulden		
= Reinvermögen (Eigenkapital)		

Anwendungsaufgabe

Aufbauend auf Ihren Ergebnissen aus der Inventur (S. 11f.) können Sie nun den nächsten Schritt gehen: Erstellen Sie das Inventar des Herrn Budtke. Orientieren Sie sich dazu an dem o.g. Grundschema eines Inventars.

---

1 a. LL = aus Lieferungen und Leistungen.

3 Von der Inventur als Bestandsaufnahme zur Bilanz als modellhafte Abbildung eines Unternehmens

Inventar der „art in furniture" (Budtke)	Einzelbeträge in EUR	Gesamtbeträge in EUR
A. Vermögen		
I.		
1.		
2.		
3.		
4.		
II.		
1.		
2.		
3.		
4.		
5.		
6.		
7.		
8.		
Summe des Vermögens		

Inventar der „art in furniture" (Budtke)	Einzelbeträge in EUR	Gesamtbeträge in EUR
B. Schulden		
I.		
1.		
II.		
1.		
Summe der Schulden		
C. Reinvermögen = Eigenkapital (EK)		
= Reinvermögen (Eigenkapital)		

3.3 Die Bilanz

▶ **Fallsituation**

▶ Bilanz

Die Begrifflichkeiten und der Aufbau eines Inventars sind Ihnen nun bekannt. **Das Inventar ist eine ausführliche Aufstellung** der einzelnen Vermögensteile und Schulden **nach Art, Menge und Wert**. Aber: Durch die Auflistung der verschiedenen Positionen **verliert es erheblich an Übersichtlichkeit**.

 INFO-BOX

§ 242 HGB verlangt daher neben der regelmäßigen Aufstellung des Inventars noch eine **kurz gefasste Übersicht**. In dieser kurz gefassten Übersicht – **der Bilanz** – wird **das Vermögen dem Eigenkapital und den Schulden (Fremdkapital) in Kontenform gegenübergestellt**. Diese Kontenform hat das Aussehen eines großen „T".

Der Begriff der „Bilanz" entstammt dem italienischen „bilancia", Balkenwaage. Auf der einen Seite der Waage hängt die Waagschale, die die Positionen auf der **Aktivseite der Bilanz** darstellt. Auf der anderen Seite hängt die Waagschale, die die Positionen der **Passivseite der Bilanz** darstellt. Beide Seiten sind immer gleich schwer, denn die **Bilanzsumme** muss auf der Aktivseite und auf der Passivseite gleich hoch sein. Man spricht in diesem Falle von einer ausgeglichenen Bilanz.

▶ Bilanzsumme

Es muss beachtet werden, dass die einzelnen Positionen nicht mehr mengenmäßig, sondern nur noch wertmäßig mit ihren **Gesamtwerten** aufgeführt werden. Auf der linken Seite stehen die Vermögenswerte, d. h. das Anlage- und das Umlaufvermögen. Auf der rechten Seite stehen die Kapitalwerte, d. h. die Schulden und das Eigenkapital. **Die gesamte linke Seite nennt man Aktiva und die gesamte rechte Seite Passiva**. Die Anordnungen erfolgen wie im Inventar: Das Vermögen nach dem Prinzip der steigenden Liquidität und die Schulden nach dem Prinzip der Fälligkeit. Das Eigenkapital wird allerdings auf der rechten Seite nach oben gesetzt, da davon auszugehen ist, dass es dem Unternehmen am längsten zur Verfügung steht.

Der Inhaber bzw. der Geschäftsführer des Unternehmens muss die Bilanz mit Ort und Datum unterschreiben.

3 Von der Inventur als Bestandsaufnahme zur Bilanz als modellhafte Abbildung eines Unternehmens

Die vereinfachte Bilanz hat demnach folgendes Aussehen (Beträge wurden an dieser Stelle noch nicht eingetragen):

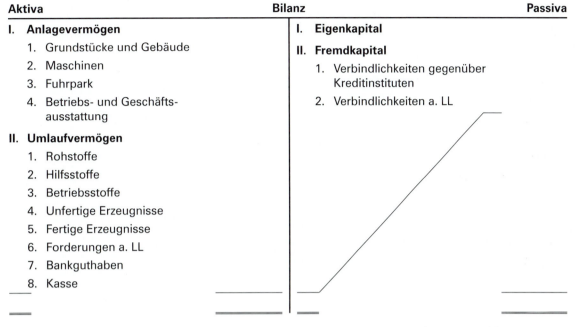

Gez. Thorsten Budtke, 31.01.20..

Reduziert man diese Positionen der Bilanz auf ihre Grundstruktur, so ergibt sich folgende Kurzform:

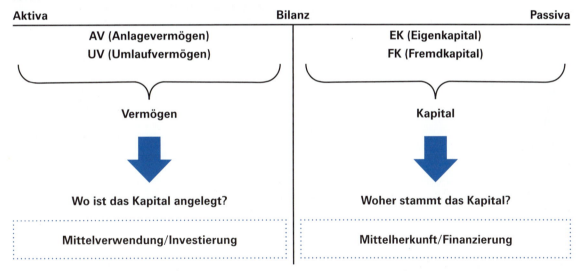

Die Bilanzgleichung

Die Bilanz kann im Sinne einer Balkenwaage verstanden werden, bei der beide Seiten gleich schwer sind, d.h. wertmäßig gleiche Gesamtsummen ausweisen. Aus dieser Tatsache ergibt sich die sogenannte Bilanzgleichung:

$$\textbf{Vermögen} \text{ (AV + UV)} = \textbf{Kapital} \text{ (EK + FK)}$$
$$\text{EK} = \text{Vermögen} - \text{FK}$$
$$\text{FK} = \text{Vermögen} - \text{EK}$$

3 Von der Inventur als Bestandsaufnahme zur Bilanz als modellhafte Abbildung eines Unternehmens

Anwendungsaufgaben

1. Ergänzen Sie zunächst den u. g. Lückentext zu den Merkmalen der Bilanz.

Füllwörter:
- Aktiva
- das Inventar
- die Kapitalherkunft
- die Mittelverwendung
- Fälligkeit
- Passiva
- Passiva
- steigenden Flüssigkeit
- T-Kontos
- Vermögen

Grundlage für die Erstellung der Bilanz ist _____. Die Darstellung der Bilanz erfolgt in Form eines _____. Die Vermögenswerte nennt man _____, die Kapitalwerte _____.

Die Vermögensposten werden nach dem Prinzip der _____ _____ geordnet, die Kapitalposten hingegen nach dem Prinzip der _____. Die Passivseite gibt Auskunft über _____, die Aktivseite weist dagegen _____ aus. Beide Seiten der Bilanz müssen stets ausgeglichen sein. Daher lässt sich mithilfe der o. g. Grundstruktur die Bilanzgleichung ableiten.

Diese lautet: Aktiva = _____ oder _____ = Kapital.

2. Nehmen Sie anschließend noch einmal das von Ihnen aufgestellte Inventar aus dem Arbeitsauftrag des Kapitels 3.2 zur Hand. Erstellen Sie nun auf Grundlage der zuvor erhaltenen Informationen die Bilanz des Herrn Budtke zum 31. 12. 20..

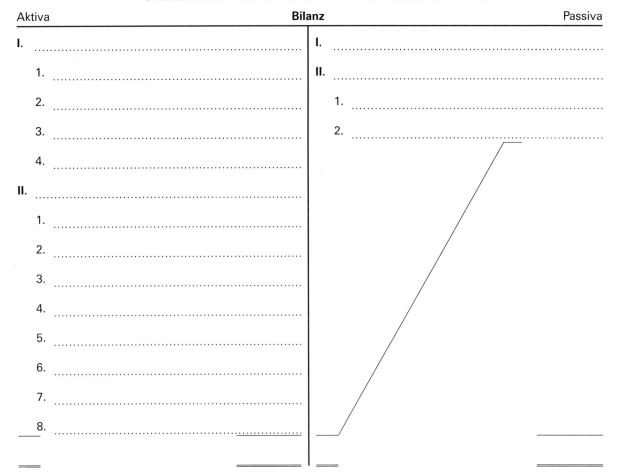

Gez. Thorsten Budtke, 31.01.20..

3 Von der Inventur als Bestandsaufnahme zur Bilanz als modellhafte Abbildung eines Unternehmens

Vertiefende Aufgaben

1. Die Lothar Lindemann KG zeichnet zum 31. Dezember eines Jahres die folgende Bestandsaufnahme auf:

Bezeichnung	Einzelpreis	Gesamtwert
1 Grundstück		280.000,00 EUR
1 Werkshalle		290.000,00 EUR
1 Lagerhalle		30.000,00 EUR
5 Webautomaten Standard	220.000,00 EUR	
4 Webautomaten Komfort	510.000,00 EUR	
5 Lkw		110.000,00 EUR
10 Büroschränke	2.500,00 EUR	
10 Bürostühle	300,00 EUR	
1 EDV-System		202.000,00 EUR
55.000 kg Baumwolle	5,00 EUR	
Färbemittel		110.000,00 EUR
3.180 Ballen Jeansstoff	180,00 EUR	
Bankguthaben		34.000,00 EUR
Kassenbestand		290,00 EUR
Forderung an die Öko-Tex GmbH		118.000,00 EUR
Forderung an die Fa. Scholz		65.000,00 EUR
sonstige offenstehende Rechnungen		510.000,00 EUR
Verbindlichkeiten geg. der Sparkasse (Darlehen)		1.335.000,00 EUR
Verbindlichkeiten an Fa. Albers		66.350,00 EUR
Verbindlichkeiten an Fa. Berthold		98.700,00 EUR
sonstige offenstehende Liefererrechnungen		420.000,00 EUR

Vervollständigen Sie aus o.g. Angaben das Inventar und ordnen Sie die einzelnen Vermögensgegenstände bzw. Schuldenpositionen nach Anlagevermögen, Umlaufvermögen und langfristigen bzw. kurzfristigen Schulden. Ermitteln Sie das vorhandene Eigenkapital und stellen Sie eine vereinfachte Bilanz auf.

2. Die Öko-Tex GmbH, die insbesondere Jeanshosen und -jacken herstellt, hält am Jahresende folgende Bestände fest:

Bezeichnung	Einzelpreis	Gesamtwert
1 Grundstück		830.000,00 EUR
1 Produktionshalle		550.000,00 EUR
1 Lagerhalle		320.000,00 EUR
30 Zuschneidemaschinen	65.000,00 EUR	
150 Nähmaschinen	12.000,00 EUR	
250 Spezialnähmaschinen	23.000,00 EUR	
5 Fahrzeuge	30.000,00 EUR	
20 Büroschränke	1.500,00 EUR	
1 EDV-System		302.000,00 EUR
3.000 Ballen Stoff	210,00 EUR	s. Anmerkung
1.000 Pakete Nähseide	83,00 EUR	
Nadeln für Nähmaschinen		120,00 EUR
fertige Hosen und Jacken lt. Liste		421.000,00 EUR
Forderung an Fa. Grobi		179.000,00 EUR
Forderung an Fa. Scholz		188.000,00 EUR
Bankguthaben		165.000,00 EUR
gezählter Kassenbestand		1.280,00 EUR
Darlehen bei der Deutschen Bank		8.890.000,00 EUR
Schulden an Fa. Reiter		63.500,00 EUR
Schulden an Fa. Habi		117.800,00 EUR
sonstige offenstehende Liefererrechnungen		320.000,00 EUR

3 Von der Inventur als Bestandsaufnahme zur Bilanz als modellhafte Abbildung eines Unternehmens

Die Stoffballen wurden bereits am 20.11. erfasst. Bis zum 31.12. wurde noch ein Zugang in Höhe von 8.300,00 EUR und ein Abgang in Höhe von 4.000,00 EUR vermerkt.

a) Erstellen Sie aus o.g. Angaben ein geordnetes Inventar und leiten Sie daraus die Bilanz ab. Ermitteln Sie das Eigenkapital.

b) Stellen Sie fest, welches Inventurvereinfachungsverfahren bei den Stoffballen angewendet wurde.

3. Die BüKo OHG hat zum Jahresende des laufenden Jahres die folgenden Bestände ermittelt:

Menge	Bezeichnung	Einzelwert	Gesamtwert
	Liste 1: Lt. Anlagenkartei		
1	Grundstück		100.000,00 EUR
1	Gebäude		360.000,00 EUR
1	Hobelmaschine		48.000,00 EUR
1	Säge		25.000,00 EUR
1	Schleifmaschine		77.000,00 EUR
1	Presse		83.000,00 EUR
4	Bohrmaschinen	480,00 EUR	
1	Pkw		12.000,00 EUR
2	Schreibtische	1.900,00 EUR	
1	EDV-System		30.540,00 EUR
	Liste 2: Rohstoffliste		
100	Platten Holz	153,00 EUR	
20	Ballen Polsterstoff blau	312,00 EUR	
10	Ballen Polsterstoff gemustert	318,00 EUR	
	Liste 3: Hilfstoffe		
80	Pakete Scharniere	40,20 EUR	
30	Pakete Garn	12,30 EUR	
50	Pakete Schrauben	7,15 EUR	
10	Eimer Leim	19,70 EUR	
	Liste 4: Betriebsstoffe		
3	Eimer Schmiermittel für Maschinen	31,00 EUR	
15	Rollen Schleifpapier	26,00 EUR	
	Liste 5: Fertige Erzeugnisse		
50	Seminarstühle Ergo Sim® Standard	175,80 EUR	
70	Seminarstühle Ergo Sim® Luxus	203,10 EUR	
20	Seminarstühle Ergo Sim® Sonderanfertigung	273,80 EUR	
	Liste 6: Unfertige Erzeugnisse		
80	Zugeschnittene Teile	59,00 EUR	
	Liste 7: Offene Posten unserer Kunden		
	Rechnung Nr. 471		3.580,00 EUR
	Rechnung Nr. 472		2.640,00 EUR
	Rechnung Nr. 473		12.600,00 EUR
	Rechnung Nr. 474		24.800,00 EUR
	Liste 8: Offene Posten unserer Lieferer		
	Stofflieferung		16.200,00 EUR
	Stofflieferung		45.800,00 EUR
	Zubehörlieferung		680,00 EUR
	Stofflieferung		7.380,00 EUR
	Liste 9: Finanzmittel		
	Kassenbestand am 31.12.		1.120,00 EUR
	Guthaben bei der Deutschen Bank		32.000,00 EUR
	Darlehen bei der Deutschen Bank		640.000,00 EUR

3 Von der Inventur als Bestandsaufnahme zur Bilanz als modellhafte Abbildung eines Unternehmens

    a) Ermitteln Sie die noch fehlenden Werte und stellen Sie das Inventar in geordneter Form auf.

    b) Stellen Sie aus den vollständigen Werten des Inventars der BüKo OHG die entsprechende Bilanz auf.

4. Bearbeiten Sie die folgenden Aufgaben:

    a) Unterscheiden Sie die gesetzlich möglichen Inventurvereinfachungsverfahren nach dem Zeitpunkt der Durchführung.

    b) Ermitteln Sie, welcher Betrag in EUR für die folgenden gezählten Hilfsstoffe im Inventar erfasst werden muss.

eingekaufte Menge	Bezeichnung	Gesamtwert des Einkaufs	gezählter Bestand	Wert des Bestandes
400 Pakete	Scharniere	16.200,00 EUR	180 Pakete	
250 Pakete	Garn	2.950,00 EUR	40 Pakete	
1.500 Stück	Polsterknöpfe	180,00 EUR	470 Stück	
280 Pakete	Nägel	2.268,00 EUR	80 Pakete	

    c) Erklären Sie den Unterschied zwischen Anlage- und Umlaufvermögen.

    d) Erklären Sie die Unterschiede zwischen Roh-, Hilfs- und Betriebsstoffen. Nennen Sie Beispiele für die Modellunternehmen BüKo OHG, Lothar Lindemann KG und Öko-Tex GmbH.

5. Ordnen Sie zu:

    ① = Anlagevermögen   ③ = langfristiges Fremdkapital

    ② = Umlaufvermögen   ④ = kurzfristiges Fremdkapital

	Zuordnung Positionen	
a)	Darlehensbestand zum Bilanzstichtag	
b)	Hobelmaschine der BüKo OHG	
c)	Seminarstuhl Ergo Sim® der BüKo OHG	
d)	offenstehende Liefererrechnung	
e)	Nähmaschine der Öko-Tex GmbH	
f)	Stoffballen auf Lager der Öko-Tex GmbH	
g)	offenstehende Kundenrechnung	
h)	Schmiermittel für die Maschinen der Lindemann KG	
i)	Pkw	
j)	Kassenbestand der Lindemann KG	

3 Von der Inventur als Bestandsaufnahme zur Bilanz als modellhafte Abbildung eines Unternehmens

Kompetenzcheck

▶ **Kann-Liste:** Grundlagen der Buchführung I
- ☐ gesetzliche Grundlagen
- ☐ Inventur, Inventar, Bilanz

Ich kann …	Information	Aufgaben	Eigene Kompetenzeinschätzung
die Funktionen des Rechnungswesens nennen und erklären.	Kapitel 2.1	S. 14, Nr. 1–2 S. 15, Nr. 3–4	
die Teilbereiche des Rechnungswesens nennen und erklären.	Kapitel 2.1	S. 15, Nr. 5 S. 18, Nr. 8	
die Buchführungspflicht erläutern und die entsprechenden Gesetzesgrundlagen nennen.	Kapitel 2.1	S. 15, Nr. 6 S. 17, Nr. 7	
die Grundsätze ordnungsmäßiger Buchführung nennen und erklären.	Kapitel 2.2	S. 20, Nr. 1–4	
definieren, was man unter dem Begriff Inventur versteht, und die drei Anlässe für eine Inventur nennen.	Kapitel 3.1	eigene Aufzeichnungen	
die Arten der Inventur voneinander abgrenzen.	Kapitel 3.1	eigene Aufzeichnungen	
die vier Inventurvereinfachungsverfahren nennen und erklären.	Kapitel 3.1	S. 33, Nr. 4	
den chronologischen und inhaltlichen Zusammenhang zwischen Inventur, Inventar und Bilanz beschreiben.	Kapitel 3.1, 3.2, 3.3	S. 31, Nr. 1–2 S. 32, Nr. 3	
das Anlagevermögen vom Umlaufvermögen unterscheiden und entsprechende Beispiele nennen.	Kapitel 3.2, 3.3	S. 33, Nr. 4–5	
die verschiedenen Werkstoffe in einem Unternehmen unterscheiden und Beispiele nennen.	Kapitel 3.2	S. 33, Nr. 4	
… eigene Ergänzungen			

Wissen

Fertigkeiten Sozialkompetenz

Selbstständigkeit

4 Erfassung von Geschäftsfällen auf Bestandskonten

4.1 Werteveränderungen durch Geschäftsfälle

▶ **Fallsituation:** Was tun, wenn Bestände sich verändern?

Wir befinden uns im Hier und Jetzt. Thorsten Budtke und Andreas Nolte haben vor zwei Jahren ihren Gedanken einer gemeinsamen unternehmerischen Zukunft in die Tat umgesetzt. Entstanden ist die **BüKo OHG**. Aufgrund seiner Ausbildung und Erfahrung ist Herr Nolte für den kaufmännischen und organisatorischen Teil verantwortlich, Herr Budtke als versierter Schreinermeister hat seinen Aufgabenbereich in der Modellentwicklung und der Organisation der technischen Abläufe gefunden.

Das Unternehmen fertigt mit seinen 14 Mitarbeitern Konferenz- und Seminartechnik. Hierzu wurde die Entscheidung getroffen, ergonomisch geformte Seminarstühle herzustellen, die unter den Bezeichnungen Ergo Klapp® sowie Ergo Sim® auf dem Markt angeboten werden.

Der Absatz der ergonomischen Seminarstühle Ergo Sim® boomt. Das Unternehmen möchte seine Produktion ausweiten und dazu eine neue Produktionshalle bauen. Zur Finanzierung dieses Neubaus ist ein Kredit der Hausbank in Höhe von 900.000,00 EUR erforderlich.

Die Hausbank ist bereit, der BüKo OHG den Kredit zu gewähren, wenn der Anteil des Eigenkapitals am Gesamtvermögen 35 % beträgt, was in etwa dem Durchschnittswert der Möbelbranche entspricht.

Carina Crämer hat im Vorjahr eine Ausbildung zur Industriekauffrau begonnen und ist derzeit in der Buchhaltung der BüKo OHG eingesetzt. Frau Straub ist die Leiterin des Rechnungswesens. Sie bittet Carina zu einem Gespräch, in dem die nächsten Arbeitsschritte besprochen werden sollen.

Frau Straub:	Hallo Carina, es freut mich, dass Sie sich so gut bei uns eingelebt haben.
Carina:	Danke, Frau Straub. Ich fühle mich sehr wohl im Unternehmen und freue mich auf die nächsten Aufgaben.
Frau Straub:	Heute ist der 31.01. und wir müssen uns dringend um die Erstellung unseres Jahresabschlusses kümmern. Die Bilanz der BüKo OHG haben wir bereits erstellt. Sie hat zum Bilanz- bzw. Abschlussstichtag 31.12.20.. folgendes Aussehen:

Aktiva	Bilanz der BüKo OHG zum 31.12.20..		Passiva
I. Anlagevermögen		**I. Eigenkapital**	159.155,00
1. Grundst. u. Geb.	500.000,00	**II. Fremdkapital**	
2. Maschinen	180.000,00	1. Verb. geg. KI[1]	680.000,00
3. Fuhrpark	55.000,00	2. Verb. a. LL	62.250,00
4. BGA	34.600,00		
II. Umlaufvermögen			
1. Rohstoffe	24.600,00		
2. Hilfsstoffe	4.110,00		
3. Betriebsstoffe	465,00		
4. Unfertige Erzeugnisse	4.800,00		
5. Fertige Erzeugnisse	29.440,00		
6. Forderungen a. LL	37.550,00		
7. Bankguthaben	30.000,00		
8. Kasse	840,00		
	901.405,00[2]		901.405,00[2]

gez. Andreas Nolte   *Thorsten Budtke, 31.01.20..*

---
[1] Verbindlichkeiten gegenüber Kreditinstituten.
[2] Dieser Betrag wird als Bilanzsumme bezeichnet.

4 Erfassung von Geschäftsfällen auf Bestandskonten

Diese Bilanz stellt ein Ergebnis zu einem bestimmten Tag dar, vergleichbar mit einem Foto, das die Bestände der einzelnen Positionen am Abschlussstichtag zeigt. Ähnlich wie beim Fußball kann ein Ergebnis aber nur dann erzielt werden, wenn vorher ein Geschehen stattgefunden hat. Beim Fußball ist es das Spiel, das insgesamt 90 Minuten dauert. Bei einem Unternehmen ist es das abgelaufene Geschäftsjahr, in dem zahlreiche sogenannte **Geschäftsfälle** stattgefunden haben, die letztlich zu diesem Bilanzergebnis führten. Diese Geschäftsfälle beruhen auf dem täglichen Geschäftsbetrieb eines Unternehmens. Kontakte zu Lieferern und Kunden, zu Banken und dem Staat, aber letztlich auch die Produktionsprozesse im Unternehmen sorgen mehrmals täglich für Veränderungen der Werte unserer Bilanz. Diese ständigen Veränderungen zu erfassen, soll Ihre nächste Aufgabe sein.

Ich habe Ihnen vier Fälle mitgebracht, die Ihnen diese Veränderungen exemplarisch deutlich machen sollen. Es ist Ihre Aufgabe, diese Fälle zu bearbeiten. Dazu finden Sie nachfolgend einige Informationen zu den möglichen Wertveränderungen sowie eine Struktur, die Ihnen die Lösung dieser Aufgabe erleichtern soll.

Aber beachten Sie bitte: Es kommt nun ein hoher Schreibaufwand auf uns zu. Daher wollen wir für die Erarbeitung dieses Themas den Umfang der Bilanz ein wenig reduzieren. Diese „kleine" Bilanz hat folgendes Aussehen:

Ausgangsbilanz

Aktiva	Bilanz		Passiva
Maschinen	10.000,00	Eigenkapital	12.000,00
Rohstoffe	20.000,00	Verbindlichkeiten g. KI	25.000,00
Bank	15.000,00	Verbindlichkeiten a. LL	8.000,00
	45.000,00		45.000,00

Carina: Ich kenne diese Vorgehensweise aus dem VWL-Unterricht. Auch dort wird oft der Umfang reduziert, damit die Sachverhalte einfacher dargestellt werden können.

Frau Straub: Genau. Auch wir wollen – wie schon vorhin erwähnt – reduzieren. Dennoch werden wir damit alle Möglichkeiten der Veränderung kennenlernen. Wir werden uns die folgenden vier Fälle anschauen. Doch bevor Sie sich an die Bearbeitung dieser Fälle machen, sollten Sie sich mit den Hinweisen zu den Wertveränderungen in der Bilanz vertraut machen.

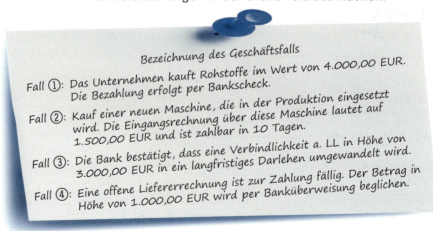

Bezeichnung des Geschäftsfalls

Fall ①: Das Unternehmen kauft Rohstoffe im Wert von 4.000,00 EUR. Die Bezahlung erfolgt per Bankscheck.

Fall ②: Kauf einer neuen Maschine, die in der Produktion eingesetzt wird. Die Eingangsrechnung über diese Maschine lautet auf 1.500,00 EUR und ist zahlbar in 10 Tagen.

Fall ③: Die Bank bestätigt, dass eine Verbindlichkeit a. LL in Höhe von 3.000,00 EUR in ein langfristiges Darlehen umgewandelt wird.

Fall ④: Eine offene Liefererrechnung ist zur Zahlung fällig. Der Betrag in Höhe von 1.000,00 EUR wird per Banküberweisung beglichen.

4 Erfassung von Geschäftsfällen auf Bestandskonten

 **INFO-BOX**

Wertveränderungen in der Bilanz

Sie erinnern sich: Der Begriff „Bilanz" kommt von dem italienischen „bilancia", Balkenwaage. Auf der einen Seite der Waage hängt die Waagschale, die die Positionen auf der Aktivseite der Bilanz darstellt. Auf der anderen Seite hängt die Waagschale, die die Positionen der Passivseite der Bilanz darstellt. Beide Seiten sind also immer gleich schwer, denn die Bilanzsumme ist ja auf der Aktivseite und auf der Passivseite gleich hoch. Jeder Geschäftsfall berührt immer beide Waagschalen. Dabei kann es vorkommen, dass zwei Positionen auf der Aktivseite berührt werden oder dass zwei Positionen auf der Passivseite berührt werden oder dass jeweils eine Position auf der Aktiv- und auf der Passivseite betroffen ist. Die hierfür gebräuchlichen Bezeichnungen lauten wie folgt:

Bezeichnung	Merkmal	Auswirkung auf die Bilanzsumme
Aktivtausch	Beide berührten Positionen befinden sich auf der Aktivseite der Bilanz. Es findet ein Tauschvorgang zwischen diesen beiden Positionen statt.	Die Bilanzsumme verändert sich nicht.
Passivtausch	Beide berührten Positionen befinden sich auf der Passivseite der Bilanz. Es findet ein Tauschvorgang zwischen diesen beiden Positionen statt.	Die Bilanzsumme verändert sich nicht.
Aktiv-Passiv-Mehrung	Eine der berührten Positionen befindet sich auf der Aktivseite, die andere Position befindet sich auf der Passivseite der Bilanz. Der Wert beider Positionen steigt um denselben Betrag.	Die Bilanzsumme steigt.
Aktiv-Passiv-Minderung	Eine der berührten Positionen befindet sich auf der Aktivseite, die andere Position befindet sich auf der Passivseite der Bilanz. Der Wert beider Positionen sinkt um denselben Betrag.	Die Bilanzsumme sinkt.

▶ Aktivtausch

▶ Passivtausch

▶ Aktiv-Passiv-Mehrung

▶ Aktiv-Passiv-Minderung

Anwendungsaufgaben

1. Bearbeiten Sie die in der Fallsituation genannten Geschäftsfälle ① bis ④. Nehmen Sie hierzu zunächst die nachfolgende Tabelle zur Hilfe, die für den ersten Geschäftsfall bereits mit Angaben gefüllt ist.

   Vervollständigen Sie die Tabelle, indem Sie für die übrigen drei Geschäftsfälle nach den folgenden **fünf Grundschritten** vorgehen.

   ▶ Stellen Sie fest, welche Bilanzpositionen durch den Geschäftsfall betroffen sind.

   ▶ Legen Sie fest, ob es sich hierbei um Aktiv- oder um Passivpositionen der Bilanz handelt.

   ▶ Stellen Sie fest, ob die betroffenen Bilanzpositionen gemehrt (+) oder gemindert (−) werden.

   ▶ Beschreiben Sie die Auswirkungen des Geschäftsfalls auf die Bilanzsumme.

   ▶ Entscheiden Sie, welche Art der Bilanzveränderung jeweils vorliegt.

4 Erfassung von Geschäftsfällen auf Bestandskonten

Fall	betroffene Bilanzpositionen	Aktiv- oder Passivposten?	Veränderung in EUR	Auswirkung auf die Bilanzsumme	Art der Bilanzveränderung
①	Rohstoffe Bank	Aktiv Aktiv	+ 4.000,00 − 4.000,00	Keine	Aktivtausch
②	Maschinen Verbindlichkeit a. LL	aktiv Passiv	+1500 +1500	+1500 keine	Aktiv-... Passiv-Mehrung
③	Verbindlichkeit a. LL Verbindlichkeit g. Kl	Passiv Passiv	−3000 +3000	keine	Passivtausch
④	Verb. a. LL Bank	Passiv Aktiv	−1000 −1000	−1000	Passiv-Aktiv Minderung

2. Erstellen Sie – ausgehend von der in der Fallsituation vorgegebenen Ausgangsbilanz („kleine" Bilanz) – zu jedem in der Fallsituation genannten Geschäftsfall eine neue Bilanz, die auf der jeweils vorherigen Bilanz aufbaut. Kennzeichnen Sie die veränderten Bilanzpositionen farblich.

Aktiva	Bilanz nach Fall ①		Passiva
Maschinen	10.000	Eigenkapital	12.000
Rohstoffe	16.000	Verbindlichkeiten g. Kl	25.000
Bank	15.000	Verbindlichkeiten a. LL	8.000
	45.000		45.000

Aktiva	Bilanz nach Fall ②		Passiva
Maschinen	11.500	Eigenkapital	12.000
Rohstoffe	24.000	Verbindlichkeiten g. Kl	25.000
Bank	9.500	Verbindlichkeiten a. LL	9.500
	46.500		46.500

Aktiva	Bilanz nach Fall ③		Passiva
Maschinen	11.500	Eigenkapital	12.000
Rohstoffe	24.000	Verbindlichkeiten g. Kl	28.000
Bank	11.000	Verbindlichkeiten a. LL	6.500
	46.500		46.500

Aktiva	Bilanz nach Fall ④		Passiva
Maschinen	11.500	Eigenkapital	12.000
Rohstoffe	24.000	Verbindlichkeiten g. Kl	28.000
Bank	10.000	Verbindlichkeiten a. LL	5.500
	45.500		45.500

3. Überprüfen Sie anhand der Bilanz der BüKo OHG zum 31.12.20.. (siehe S. 35), ob das Eigenkapital 35 % des Gesamtvermögens ausmacht, sodass die Finanzierung der neuen Produktionshalle durch die Hausbank gesichert ist. Diskutieren Sie das weitere Vorgehen.

EK Quote: 17 %

(EK · 100 / Gesamtvermögen)

Das weitere Vorgehen könnte wie folgt aussehen. Die Gesellschafter geben der OHG ein Darlehen, oder erhöhen ihr Eigenkapital.

Vertiefende Aufgaben

1. Es liegen folgende Inventurbestände vor:

Fuhrpark	12.000,00 EUR	Eigenkaptial	? EUR
Forderungen a. LL	30.000,00 EUR	Verbindlichk. g. KI	15.000,00 EUR
Kasse	6.000,00 EUR	Verbindlichk. a. LL	9.000,00 EUR
Bank	18.000,00 EUR		

   a) Erstellen Sie auf Grundlage dieser Inventurbestände die Bilanz und ermitteln Sie die Höhe des Eigenkapitals.

   b) Erstellen Sie nach jedem der genannten Geschäftsfälle eine neue Bilanz. Gehen Sie dabei wieder entsprechend den o. g. fünf Grundschritten (siehe Anwendungsaufgabe 1 auf S. 37) vor.

   Geschäftsfälle:
   1. Kauf eines gebrauchten Pkw im Wert von 5.000,00 EUR auf Rechnung. Das Zahlungsziel beträgt 14 Tage.
   2. Ein Kunde begleicht eine offene Rechnung in Höhe von 3.000,00 EUR gegen Barzahlung.
   3. Ausgleich einer offenen Liefererrechnung in Höhe von 1.000,00 EUR per Banküberweisung.
   4. Teilrückzahlung des Darlehens in Höhe von 2.000,00 EUR per Banküberweisung.
   5. Verkauf eines gebrauchten Kfz-Anhängers im Wert von 500,00 EUR. Der Käufer verpflichtet sich, die Rechnung innerhalb von 10 Tagen zu bezahlen.

2. Diese Aufgabe bezieht sich auf die (nicht reduzierte) Bilanz der BüKo OHG zum 31.12.20.. (siehe S. 35). Es liegen folgende Geschäftsfälle vor:
   1. Herr Budtke kauft eine neue Nähmaschine im Wert von 6.000,00 EUR. Die Bezahlung erfolgt per Bankscheck.
   2. Herr Budtke kauft bei der Lothar Lindemann KG Stoffballen, die für die Polsterung der Stühle benötigt werden. Die Eingangsrechnung über diesen Einkauf lautet auf 1.550,00 EUR und ist zahlbar in 10 Tagen.
   3. Die BüKo OHG begleicht die noch offene Eingangsrechnung des Stofflieferers Hartwig. Der Betrag in Höhe von 2.500,00 EUR wird vom Bankkonto überwiesen.
   4. Die Sparkasse wandelt eine Verbindlichkeit aus Lieferungen und Leistungen in Höhe von 10.000,00 EUR in ein langfristiges Bankdarlehen um.

   Erstellen Sie nach jedem der genannten Geschäftsfälle eine neue Bilanz. Gehen Sie dabei wieder entsprechend den o. g. Grundschritten vor.

4 Erfassung von Geschäftsfällen auf Bestandskonten

3. Sie bekommen die ersten Belege auf Ihren Schreibtisch, die Geschäftsfälle in der BüKo OHG darstellen.

a) Erläutern Sie, welche betrieblichen Situationen die Belege zu den Vorgängen 1 bis 4 widerspiegeln.

b) Erstellen Sie nach o.g. Muster eine Tabelle, in der Sie feststellen,
- welche Bilanzpositionen durch den jeweiligen Vorgang berührt werden,
- ob es sich hierbei um Aktiv- oder Passivpositionen der Bilanz handelt,
- ob die betroffenen Bilanzpositionen gemehrt (+) oder gemindert (−) werden,
- welche Auswirkungen der Geschäftsfall auf die Bilanzsumme hat und
- welche Art der Bilanzveränderung vorliegt.

Belege zur Aufgabe 3:

Vorgang 1:

Erklärung: Soll-Umsatz bei der Bank bedeutet eine Belastung des Kontos und Haben-Umsatz eine Gutschrift.

Kontoauszug				Sparkasse Köln	S K
Konto-Nr.	Datum	Aus.-Nr.	Blatt	Buch.tag	Umsatz
12345678	02.01.	1	1	02.01.	
(Vorgang 1) Scheck-Nr. 234 für Kauf einer Nähmaschine					6.000,00 S
BüKo OHG Kaiser-Wilhelm-Ring 10 50877 Köln				Alter Saldo	H 30.000,00 EUR
BIC: COLSDE33 IBAN: DE66 3705 0198 0012 3456 78				Neuer Saldo	H 24.000,00 EUR

Vorgänge 2 und 3:

Kontoauszug				Sparkasse Köln	S K
Konto-Nr.	Datum	Aus.-Nr.	Blatt	Buch.tag	Umsatz
12345678	03.01.	2	1	03.01.	
(Vorgang 2) Gutschrift vom Kunden Neumann zwecks Zahlung unserer Ausgangsrechnung					3.600,00 H
(Vorgang 3) Lastschrift zwecks Zahlung der Rechnung an Lieferer Hartwig					2.500,00 S
BüKo OHG Kaiser-Wilhelm-Ring 10 50877 Köln				Alter Saldo	H 24.000,00 EUR
BIC: COLSDE33 IBAN: DE66 3705 0198 0012 3456 78				Neuer Saldo	H 25.100,00 EUR

Vorgang 4:

Lothar Lindemann KG ♦ Südstr. 58 ♦ 47803 Krefeld

♦ LL ♦ Textilausrüstung

BüKo OHG
Kaiser-Wilhelm-Ring 10
50877 Köln

RECHNUNG über die Lieferung Datum: 05.01.20..

Menge	Bezeichnung	Einzelpreis	Gesamtpreis
500 m	Polsterstoff uni in blau	3,10 EUR	1.550,00 EUR

Zahlbar innerhalb von 10 Tagen ab Rechnungsdatum.

4 Erfassung von Geschäftsfällen auf Bestandskonten

4.2 Auflösung der Bilanz in Bestandskonten

▶ **Fallsituation:** **Zu viele Geschäftsfälle!**

Nachdem Carina Crämer die zuvor gestellten Aufgaben erledigt hat, überlegt sie, wie viele Geschäftsfälle in einem Jahr anfallen können. War der Arbeitsaufwand bei einer kleinen bzw. reduzierten Ausgangsbilanz noch überschaubar, musste sie jedoch bei den Veränderungen der umfangreicheren Bilanz (vgl. „Vertiefende Aufgabe 2" aus dem vorherigen Kapitel) feststellen, dass es nicht vernünftig sein kann, die Geschäftsfälle auf diese Weise zu erfassen.

Anwendungsaufgabe

Diskutieren Sie die praktische Umsetzung dieser Vorgehensweise bei einer Vielzahl von Belegen, die in den täglichen Geschäftssituationen anfallen können.

Carina:	Frau Straub, ich stelle mir die Frage, ob es nicht zu aufwendig ist, nach jedem Geschäftsfall eine neue Bilanz zu erstellen.
Frau Straub:	Sie haben recht! In der täglichen Praxis wäre diese Arbeit wahrscheinlich überhaupt nicht zu leisten. Es existiert eine andere Vorgehensweise, die wir uns nun anschauen werden. Damit wir nicht nach jedem Geschäftsfall eine neue Bilanz erstellen müssen, zerlegen wir die Ausgangsbilanz in kleinere Einzelansichten. Wir sprechen hier von den sogenannten Konten, wegen ihres Aussehens auch T-Konten genannt. Das Aussehen eines solchen Kontos entspricht übrigens dem einer Bilanz.
Carina:	Und mithilfe dieser Einzelansichten kann ich dann die verschiedenen Fälle abbilden und feststellen, wie sich die Werte der Bilanzpositionen verändern?
Frau Straub:	Ja, denn für jede Bilanzposition wird ein eigenes Konto eingerichtet. Analog zu den Bezeichnungen in der Bilanz, Aktiva und Passiva, spricht man dann von den Aktivkonten und den Passivkonten. Die Seiten dieser Konten werden mit SOLL und HABEN gekennzeichnet.
	Auf diesen Konten lassen sich dann jeweils Anfangsbestände, Wertmehrungen, Wertminderungen und letztlich auch der Schlussbestand eintragen. Anschließend müssen Sie die Konten dann noch abschließen und den Schlussbestand in die sogenannte Schlussbilanz übertragen.
Carina:	In den vorherigen Übungen haben wir nach jedem Geschäftsfall eine neue Bilanz erstellt. Diese von Ihnen angesprochene Schlussbilanz stellt dann quasi das Endergebnis meiner Wertveränderungen dar?
Frau Straub:	So ist es. Ein kleiner Zwischenschritt ist jedoch noch erforderlich. Da wir es zwischenzeitlich mit den Konten zu tun haben, werden die Endbestände zunächst auch in ein Konto, dem sogenannten Schlussbilanzkonto (abgekürzt: SBK) übertragen. Daraus wird dann anschließend die Schlussbilanz erstellt. Selbstverständlich dürfen wir nicht vergessen, dass vorher die Inventur durchgeführt werden muss. Werfen Sie doch bitte einen Blick auf die Informationen, die ich Ihnen hierzu mitgebracht habe.

▶ Aktivkonten
▶ Passivkonten

▶ Schlussbilanzkonto

4 Erfassung von Geschäftsfällen auf Bestandskonten

INFO-BOX

▶ Bestands-
konten

Buchen auf Bestandskonten

Die Buchführung soll aktuelle Monats- und Quartalsergebnisse liefern, die zur Kontrolle oder Planung benötigt werden. Außerdem stellt sie die Zahlen für den Geschäftsjahresabschluss (die Schlussbilanz) bereit. Auch im Bereich der Buchführung existiert eine Vielzahl von gesetzlichen Bestimmungen, die es einzuhalten gilt. So bspw. die GoB (die Grundsätze ordnungsmäßiger Buchführung), die außenstehenden Fachleuten die Möglichkeit eröffnen sollen, sich einen schnellen Einblick in die wirtschaftliche Situation eines Unternehmens zu verschaffen (vgl. Kapitel 2).

Insbesondere aus dem Grundsatz der Vollständigkeit ergibt sich die Notwendigkeit, **alle** Geschäftsfälle **zeitnah** festzuhalten. Es wäre sehr umständlich, hierfür bei jedem Geschäftsfall eine neue Bilanz aufzustellen. Aus diesem Grunde geht man im Laufe eines Geschäftsjahres folgendermaßen vor:

Schritt 1: Übernahme der Anfangsbestände aus der Anfangs- bzw. Eröffnungsbilanz – Eröffnung der Bestandskonten

Aus der sogenannten Anfangs- oder Eröffnungsbilanz zu Beginn des Geschäftsjahres eröffnet man für jede Bilanzposition ein eigenes T-Konto. In das jeweilige Konto wird zunächst der Anfangsbestand der unterschiedlichen Positionen übernommen. Entsprechend den beiden Seiten einer Bilanz geschieht dies für Aktiv- bzw. Passivkonten unterschiedlich: Bei Aktivkonten wird der Anfangsbestand (AB) im SOLL (= links), bei Passivkonten im HABEN (= rechts) eingetragen:

Aktiva	Eröffnungsbilanz		Passiva
Maschinen	10.000,00	Eigenkapital	12.000,00
Rohstoffe	20.000,00	Verbindl. g. KI	25.000,00
Bank	15.000,00	Verbindl. a. LL	8.000,00
	45.000,00		45.000,00

Übernahme der Anfangsbestände .... Übernahme der Anfangsbestände

Aktivkonten, z. B.

Soll	Maschinen	Haben
AB 10.000,00		

Passivkonten, z. B.

Soll	Eigenkapital	Haben
		AB 12.000,00

Schritt 2: Veränderungen auf den Bestandskonten buchen

Im Laufe des Geschäftsjahres wird jetzt jeder Geschäftsfall auf den sogenannten Bestandskonten (= Aktiv- und Passivkonten) festgehalten. Hierzu muss man (wie bisher) zunächst einmal erkennen, welche Bilanzpositionen (= jetzt: Konten) angesprochen werden. Danach kann man dann Mehrungen und/oder Minderungen festhalten. Wichtig ist, dass jeder Geschäftsfall entsprechend den vier möglichen Wertveränderungen jeweils eine SOLL-Buchung und auch eine HABEN-Buchung aufweist. Dies geschieht nach folgendem Muster:

Soll	**Aktivkonten**	Haben	Soll	**Passivkonten**	Haben
Anfangsbestand		**Minderungen**	**Minderungen**		Anfangsbestand
Mehrungen		Schlussbestand	Schlussbestand		**Mehrungen**

Prägen Sie sich dieses Schema gut ein!

Schritt 3: Abschluss der Bestandskonten

Sobald der Schlussbestand eines Kontos ermittelt ist, wird dieser auf das Schlussbilanzkonto übertragen. Dabei ergibt sich der Schlussbestand aus einer einfachen Rechenregel:

Anfangsbestand + Mehrungen − Minderungen = Schlussbestand

Vorgehensweise zum Abschluss von Bestandskonten

Wie auch bei der Bilanz muss jedes Konto wertmäßig ausgeglichen sein. Dies soll exemplarisch an jeweils einem Aktiv- und einem Passivkonto dargestellt werden:

▶ Kontensumme

Soll	**Aktivkonten**		Haben
Anfangsbestand	500,00	**Minderungen**	100,00
Mehrungen	200,00	Schlussbestand	③ 600,00
	① 700,00		② 700,00

Soll	**Passivkonten**		Haben
Minderungen	100,00	Anfangsbestand	700,00
Schlussbestand	③ 800,00	**Mehrungen**	200,00
	② 900,00		① 900,00

Soll	**Schlussbilanzkonto**		Haben
Schlussbestand des Aktivkontos	④ 600,00	Schlussbestand des Passivkontos	④ 800,00

① Summe der wertmäßig größeren Kontoseite ermitteln. Es handelt sich hierbei übrigens um die sogenannte Kontensumme (analog zur Bilanzsumme).

② Diese Summe auf die andere Seite des Kontos übertragen.

③ Den Saldo auf der kleineren Seite des Kontos ermitteln. Dies ist dann aufgrund der o. g. Rechenregel der Schlussbestand.

④ Schlussbestand in das Schlussbilanzkonto überführen.

▶ **Fortsetzung der Fallsituation:** Der Buchungssatz oder „Wie Buchhalter miteinander reden!"

Ergänzend zu dem o. g. Gespräch mit Frau Straub wird noch ein weiterer Schritt besprochen. Frau Straub erinnert noch einmal an die zahlreichen Belege, die in einem Unternehmen täglich anfallen. **„Keine Buchung ohne Beleg!"**, so lässt Frau Straub verlauten. Carina denkt sich: „Diesen Satz habe ich doch schon des Öfteren gehört …" Carina fragt bei Frau Straub nach, was dieser Satz bedeutet. Frau Straub antwortet: **„Die Richtigkeit und Vollständigkeit der Buchungen lässt sich anhand der Belege nachweisen."** Das findet auch Carina logisch, da sie in den vergangenen Tagen damit beschäftigt war, alle Belege (z. B. Eingangsrechnungen, Ausgangsrechnungen, Kontoauszüge) fein säuberlich abzuheften.

Im Verlauf des Gesprächs stellt Frau Straub fest, dass sich in den vergangenen Tagen irgendwo in der Buchführung ein Fehler eingeschlichen haben muss. Aber wo? Carina bietet ihre Hilfe an und geht alle Belege noch einmal durch, aber der Fehler lässt sich nicht finden.

Keine Buchung ohne Beleg!

4 Erfassung von Geschäftsfällen auf Bestandskonten

Wahrscheinlich ist der Fehler auch schon früher entstanden. Aber wie soll sie den jetzt finden? Sie kann die Belege, die sie bereits abgeheftet hat, nicht mehr eindeutig zuordnen. Dafür sind es einfach zu viele. Völlig verzweifelt wendet sie sich an Frau Straub. Diese meint dazu: „Wir haben uns bislang ein wichtiges Instrument der Buchführung noch nicht angeschaut, das Journal." Carina ist nun noch verwirrter ... **„Journal? Was ist denn das?"** Frau Straub antwortet: „Das ist das Buch, in das alle Geschäftsfälle eingetragen werden, bevor sie gebucht werden. Sie stehen dort alle in zeitlicher Reihenfolge untereinander. Anhand dieser Eintragungen lassen sich die Belege zuordnen und auch die Geschäftsfälle rekonstruieren."

Carina verdreht die Augen: „So etwas kenne ich nun wirklich noch nicht." Frau Straub ist wie immer hilfsbereit, sie muss jedoch schnell zu einem wichtigen Termin mit der Geschäftsleitung.

Am Tag darauf schickt Frau Straub ihr per E-Mail folgende Informationen:

▶ Buchungssatz

▶ Grundbuch

▶ Hauptbuch

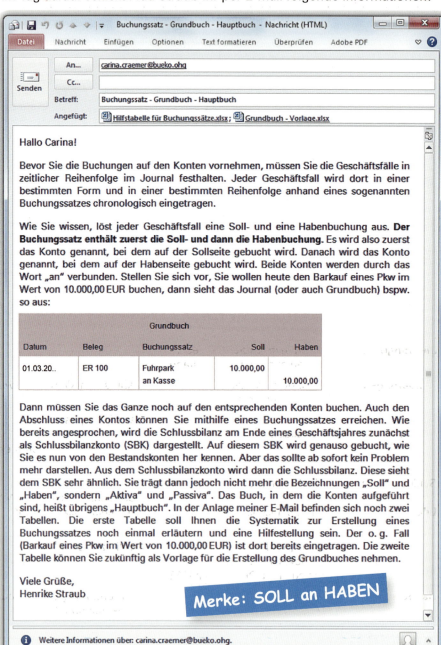

Hallo Carina!

Bevor Sie die Buchungen auf den Konten vornehmen, müssen Sie die Geschäftsfälle in zeitlicher Reihenfolge im Journal festhalten. Jeder Geschäftsfall wird dort in einer bestimmten Form und in einer bestimmten Reihenfolge anhand eines sogenannten Buchungssatzes chronologisch eingetragen.

Wie Sie wissen, löst jeder Geschäftsfall eine Soll- und eine Habenbuchung aus. **Der Buchungssatz enthält zuerst die Soll- und dann die Habenbuchung.** Es wird also zuerst das Konto genannt, bei dem auf der Sollseite gebucht wird. Danach wird das Konto genannt, bei dem auf der Habenseite gebucht wird. Beide Konten werden durch das Wort „an" verbunden. Stellen Sie sich vor, Sie wollen heute den Barkauf eines Pkw im Wert von 10.000,00 EUR buchen, dann sieht das Journal (oder auch Grundbuch) bspw. so aus:

		Grundbuch		
Datum	Beleg	Buchungssatz	Soll	Haben
01.03.20..	ER 100	Fuhrpark	10.000,00	
		an Kasse		10.000,00

Dann müssen Sie das Ganze noch auf den entsprechenden Konten buchen. Auch den Abschluss eines Kontos können Sie mithilfe eines Buchungssatzes erreichen. Wie bereits angesprochen, wird die Schlussbilanz am Ende eines Geschäftsjahres zunächst als Schlussbilanzkonto (SBK) dargestellt. Auf diesem SBK wird genauso gebucht, wie Sie es nun von den Bestandskonten her kennen. Aber das sollte ab sofort kein Problem mehr darstellen. Aus dem Schlussbilanzkonto wird dann die Schlussbilanz. Diese sieht dem SBK sehr ähnlich. Sie trägt dann jedoch nicht mehr die Bezeichnungen „Soll" und „Haben", sondern „Aktiva" und „Passiva". Das Buch, in dem die Konten aufgeführt sind, heißt übrigens „Hauptbuch". In der Anlage meiner E-Mail befinden sich noch zwei Tabellen. Die erste Tabelle soll Ihnen die Systematik zur Erstellung eines Buchungssatzes noch einmal erläutern und eine Hilfestellung sein. Der o. g. Fall (Barkauf eines Pkw im Wert von 10.000,00 EUR) ist dort bereits eingetragen. Die zweite Tabelle können Sie zukünftig als Vorlage für die Erstellung des Grundbuches nehmen.

Viele Grüße,
Henrike Straub

Merke: SOLL an HABEN

Der erste E-Mail-Anhang, der Ihnen eine Hilfe bei der Erstellung der Buchungssätze sein soll, hat folgendes Aussehen:

Nr.	Betroffene Konten	Aktiv-konto	Passiv-konto	Meh-rung	Minde-rung	Buchung im Soll	Buchung im Haben
①	Kasse	X			X		10.000,00
	Fuhrpark	X		X		10.000,00	

MUSTER

Der zweite E-Mail-Anhang, der Ihnen eine Hilfe bei der Erstellung der Buchungssätze sein soll, hat folgendes Aussehen:

Grundbuch			
Nr.	Buchungssatz	Soll	Haben

MUSTER

INFO-BOX

Erläuterung wichtiger Begriffe	
Anfangs-/ Eröffnungsbilanz	Die Bilanz zu Beginn eines Geschäftsjahres wird als Anfangs- bzw. Eröffnungsbilanz bezeichnet. Diese wird mit den Werten der Schlussbilanz aus dem vorherigen Geschäftsjahr aufgestellt.
Der Anfangsbestand ...	entspricht dem Wert der jeweiligen Bilanzposition zu Beginn eines Geschäftsjahres. Er wird aus der Anfangs- bzw. Eröffnungsbilanz übernommen und in das betreffende Bestandskonto übernommen. Dabei ist er identisch mit dem Schlussbestand einer jeweiligen Position zum Ende des vorherigen Geschäftsjahres.
Mehrungen ...	erhöhen im Laufe des Geschäftsjahres den Wert der jeweiligen Bilanzposition bzw. des entsprechenden Bestandskontos.
Minderungen ...	verringern im Laufe des Geschäftsjahres den Wert der jeweiligen Bilanzposition bzw. des entsprechenden Bestandskontos.
Der Schlussbestand ...	entspricht dem Wert der jeweiligen Bilanzposition bzw. des entsprechenden Bestandskontos am Ende des jeweiligen Geschäftsjahres. Er wird in das Schlussbilanzkonto und somit auch in die Schlussbilanz übernommen und ist dann gleichzeitig der Wert des Anfangsbestands des Folgejahres.
Schlussbilanz bzw. Schlussbilanzkonto	Die Schlussbestände der jeweiligen Bilanzpositionen bzw. der entsprechenden Bestandskonten werden zunächst in das Schlussbilanzkonto übernommen. Aus diesem Schlussbilanzkonto wird dann die Schlussbilanz erstellt.
Grundbuch	Im Grundbuch (auch Journal genannt) werden alle Geschäftsfälle in chronologischer (zeitlicher) Reihenfolge erfasst. Hierzu notieren wir die fortlaufende Nummer des jeweiligen Geschäftsfalls sowie den Buchungssatz mit Angabe der Buchungsbeträge im SOLL und im HABEN.
Hauptbuch	Das Hauptbuch beinhaltet neben der Eröffnungsbilanz und den verschiedenen Bestandskonten auch das Schlussbilanzkonto und die Schlussbilanz.

4 Erfassung von Geschäftsfällen auf Bestandskonten

Anwendungsaufgabe

Basierend auf dem Einführungsbeispiel aus Kapitel 4.1 (S. 36) sollen Sie sich die Thematik des Buchens auf Bestandskonten eigenständig erarbeiten. Hierzu ziehen Sie die identischen Geschäftsfälle noch einmal heran. Nun jedoch mit dem Unterschied, dass nicht nach jedem Geschäftsfall eine neue Bilanz erstellt, sondern das Endergebnis in Form der Schlussbilanz dargestellt wird. Sie werden feststellen, dass dieses Ergebnis (die Schlussbilanz) identisch mit dem Ergebnis (der Bilanz nach Fall ④) aus dem Einführungsbeispiel aus Kapitel 4.1 sein wird.

a) Richten Sie für jede Bilanzposition ein eigenes Konto ein, indem Sie das Konto benennen und den Anfangsbestand (AB) in Anlehnung an obiges Schema eintragen.

b) Erfassen Sie die Geschäftsfälle ①–④ auf den eingerichteten Konten. Hinweis: Vor jeder Buchung auf dem Konto sind die Ziffern des Geschäftsfalls sowie das Gegenkonto einzutragen. Hierbei handelt es sich um das Konto, das zusätzlich betroffen ist.

c) Erstellen Sie zu jedem Geschäftsfall den dazugehörigen Buchungssatz und tragen Sie diesen in das Grundbuch ein. Verwenden Sie zur Erstellung der Buchungssätze die Hilfstabelle.

d) Ermitteln Sie für jedes Konto den neuen Schlussbestand (Saldo) und stellen Sie aus den ermittelten Schlussbeständen das Schlussbilanzkonto und daraus abgeleitet auch die Schlussbilanz auf.

Aktiva	Bilanz der Büko OHG		Passiva
Maschinen	10.000,00	Eigenkapital	12.000,00
Rohstoffe	20.000,00	Verbindlichkeiten g. KI	25.000,00
Bank	15.000,00	Verbindlichkeiten a. LL	8.000,00
	45.000,00		45.000,00

Im Laufe des Geschäftsjahres sind die folgenden Geschäftsfälle zu erfassen:

①	Kauf von Rohstoffen gegen Bankscheck	4.000,00 EUR
②	Kauf einer Maschine mit einem Zahlungsziel von 10 Tagen	1.500,00 EUR
③	Umwandlung einer Verbindlichkeit a. LL in ein Bankdarlehen	3.000,00 EUR
④	Zahlung einer offenen Liefererrechnung per Banküberweisung	1.000,00 EUR

S	Maschinen		H
AB	10.000		
Ver.a.LL.	1.500	SB	11.500
	21.500		11.500

S	Rohstoffe		H
AB	20.000,-		
Bank	4.000	SB	24.000
	24.000		24.000

S	Bank		H
AB	15.000	Roh.	4.000
		④	1.000
		SB	10.000
	15.000		15.000

S	Eigenkapital		H
SB	12.000	AB	12.000
	12.000		12.000

S	Ver. g. Kl.		H
		AB	25.000
SB	28.000	③	3.000
	28.000		28.000

S	Ver. a. LL.		H
③	3.000	AB	8.000
④	1.000		
SB	7.500	Ma.	1.500
	10.500		10.500

Soll	Schlussbilanzkonto zum 31.12.20..		Haben
	~~(durchgestrichen)~~		

Aktiva	Schlussbilanz zum 31.12.20..		Passiva
Maschinen	11.500,-	EK	12.000,-
Rohstoffe	24.000,-	Verg. Kl.	28.000,-
Bank	10.000,-	Ver. a. LL.	5.500
	45.500,-		45.500,-

Hilfstabelle:

Nr.	Betroffene Konten	Aktiv-konto	Passiv-konto	Meh-rung	Minde-rung	Buchung im Soll	Buchung im Haben
①	Rohstoffe	X		X		4000,-	
	Bank	X			X		4000,-
②	Maschinen	X		X		1.500,-	
	Ver. a. LL.		X	X			1.500,-
③	Ver. g. Kl.		X	X			3.000,-
	Ver. a. LL.		X		X	3.000,-	
④	Bank	X			X		1.000,-
	Ver. a. LL.		X		X	1.000,-	

Grundbuch			
Nr.	Buchungssatz	Soll	Haben
①	Rohstoffe an	4.000,-	
	Bank		4.000,-
②	Maschinen an	1.500,-	
	Ver. a. LL.		1.500,-
③	Ver. a. LL.	3.000,-	
	an Ver. g. Kl.		3.000,-
④	Ver. a. LL.	1.000,-	
	an Bank		1.000,-

4 Erfassung von Geschäftsfällen auf Bestandskonten

Grundbuch			
Nr.	Buchungssatz	Soll	Haben
⑤	Abschluss des Kontos _____ :		
⑥	Abschluss des Kontos _____ :		
⑦	Abschluss des Kontos _____ :		
⑧	Abschluss des Kontos _____ :		
⑨	Abschluss des Kontos _____ :		
⑩	Abschluss des Kontos _____ :		

Vertiefende Aufgaben

1. Führen Sie für die BüKo OHG nur das Kassenkonto (ohne Gegenbuchung). Gehen Sie dabei von einem Anfangsbestand von 1.500,00 EUR aus und berücksichtigen Sie die folgenden Geschäftsfälle:

Datum	Geschäftsfall
02. Februar	Kunde zahlt unsere Ausgangsrechnung über 450,00 EUR in bar.
05. Februar	Wir kaufen eine Rechenmaschine für 150,00 EUR in bar.
05. Februar	Wir kaufen Hilfsstoffe für 45,00 EUR in bar.
10. Februar	Wir verkaufen eine Maschine im Wert von 1.000,00 EUR in bar.
18. Februar	Wir entnehmen 1.400,00 EUR aus der Kasse, um es auf unser Bankkonto einzuzahlen.
20. Februar	Wir begleichen eine Liefererrechnung über 220,00 EUR in bar.

2. Führen Sie für die BüKo OHG nur das Konto Verbindlichkeiten aus Lieferungen und Leistungen (ohne Gegenbuchung), wenn Sie am 1. Februar einen Anfangsbestand von 61.500,00 EUR ermittelt haben und die folgenden Geschäftsfälle zu verzeichnen sind:

Datum	Geschäftsfall
03. Februar	Wir erhalten eine Eingangsrechnung über 2.300,00 EUR für einen Rohstoffeinkauf.
06. Februar	Wir erhalten eine Eingangsrechnung über 270,00 EUR für einen Hilfsstoffeinkauf.
10. Februar	Wir bezahlen die Eingangsrechnung über 2.300,00 EUR durch Überweisung per Bank.

4 Erfassung von Geschäftsfällen auf Bestandskonten

3. Sie erhalten einen Darlehensauszug der Sparkasse Köln für das aufgenommene Darlehen:

Darlehensauszug				Sparkasse Köln	S K
Konto-Nr.	Datum	Aus.-Nr.	Blatt		Umsatz
123456898	31.12.	1	1		Jahresauszug
31. März Rückzahlung Darlehen					10.000,00 H
30. Juni Rückzahlung Darlehen					10.000,00 H
30. September Rückzahlung Darlehen					10.000,00 H
31. Dezember Rückzahlung Darlehen					10.000,00 H
BüKo OHG Kaiser-Wilhelm-Ring 10 50877 Köln BIC: COLSDE33 IBAN: DE66 3705 0198 0123 4568 98				Alter Saldo S 690.000,00 EUR Neuer Saldo S 650.000,00 EUR	

Führen Sie das Konto Darlehen (Verbindlichkeiten g. KI) in der Buchhaltung ohne Gegenbuchung.

4. Sie arbeiten in der Öko-Tex GmbH, die Jeanshosen herstellt. Ihnen liegen die folgenden Daten vor:

Durch Inventur zum 31.12.20.. wurden die folgenden Werte ermittelt, die nun als Anfangsbestände verwendet werden:

Grundstücke + Gebäude 2.000.000,00 EUR; Maschinen 9.200.000,00 EUR; Betriebs- und Geschäftsausstattung 382.000,00 EUR; Rohstoffe 167.300,00 EUR; Forderungen a. LL 187.500,00 EUR; Kassenbestand 10.000,00 EUR; Bank 65.000,00 EUR; Darlehensschulden gegenüber der Hausbank (Verbindlichkeiten geg. KI.) 8.890.000,00 EUR; Verbindlichkeiten a. LL 520.000,00 EUR; Eigenkapital ?;

Im Verlaufe des Jahres kommt es zu den folgenden Geschäftsfällen:

Nr.	Geschäftsfälle
①	Die Öko-Tex GmbH kauft Stoffballen im Wert von 5.000,00 EUR auf Ziel ein und erhält die Eingangsrechnung.
②	Die Öko-Tex GmbH verkauft eine gebrauchte Nähmaschine und erhält einen Bankscheck in Höhe von 6.000,00 EUR.
③	Ein Kunde zahlt die Ausgangsrechnung Nr. 30 über 10.000,00 EUR per Banküberweisung.
④	Die Öko-Tex GmbH überweist an einen Lieferer die fällige Eingangsrechnung Nr. 103 über 12.000,00 EUR.
⑤	Die Öko-Tex GmbH kauft gegen Barzahlung ein PC-System im Wert von 3.000,00 EUR.
⑥	Die Öko-Tex GmbH tilgt ein Darlehen durch Banküberweisung über 5.000,00 EUR.
⑦	Der Geschäftsführer entnimmt aus der Kasse einen Betrag von 300,00 EUR und zahlt ihn auf das Bankkonto ein.
⑧	Ein Kunde zahlt die fällige Ausgangsrechnung Nr. 55 über 600,00 EUR. Hierzu erfolgt eine Banküberweisung (400,00 EUR), der Rest erfolgt in bar.
⑨	Die Öko-Tex GmbH nimmt ein neues Darlehen auf. Der Darlehensbetrag in Höhe von 4.000,00 EUR wird auf dem Bankkonto gutgeschrieben.
⑩	Die Öko-Tex GmbH kauft einen Zuschneideapparat im Wert von 3.000,00 EUR. Die Bezahlung erfolgt direkt per Banküberweisung.

a) Ermitteln Sie das Eigenkapital zum 31.12.20.., erstellen Sie die Eröffnungsbilanz zum 01.01. des Folgejahres und richten Sie für jeden aufgeführten Bestand ein Konto ein.

b) Bilden Sie die Buchungssätze für die Geschäftsfälle im Grundbuch.

c) Buchen Sie die Geschäftsfälle im Hauptbuch.

d) Buchen Sie die Schlussbestände über das SBK.

4 Erfassung von Geschäftsfällen auf Bestandskonten

5. Die Lothar Lindemann KG weist zum 01.01.20.. die folgende Eröffnungsbilanz auf:

Aktiva	Eröffnungsbilanz der Lothar Lindemann KG zum 01.01.20..			Passiva
I. Anlagevermögen		I. Eigenkapital		?
1. Grundst. u. Geb.	590.000,00	II. Fremdkapital		
2. Maschinen	3.240.000,00	1. Verb. geg. KI		1.355.000,00
3. BGA	240.000,00	2. Verb. a. LL		585.050,00
II. Umlaufvermögen				
1. Rohstoffe	275.000,00			
2. Hilfsstoffe	100.000,00			
3. Betriebsstoffe	7.000,00			
4. Unfertige Erzeugnisse	2.000,00			
5. Fertige Erzeugnisse	572.400,00			
6. Forderungen a. LL	693.000,00			
7. Bankguthaben	34.000,00			
8. Kasse	1.290,00			

Geschäftsfälle des Folgejahres:

Nr.	Geschäftsfälle	Betrag
①	Sie erhalten eine Eingangsrechnung (ER) über den Zieleinkauf von Hilfsstoffen.	1.700,00 EUR
②	Sie erhalten eine Quittung als Beleg für die Zahlung einer noch offenen Liefererrechnung in bar.	500,00 EUR
③	Ein Kunde begleicht eine noch offene Rechnung in bar.	3.400,00 EUR
④	Sie tätigen eine Banküberweisung zwecks Tilgung der Darlehensschuld.	1.000,00 EUR
⑤	Nicht mehr benötigte Bürotische aus dem Personalbüro werden gegen Barzahlung verkauft.	2.500,00 EUR
⑥	Sie stellen einen Beleg über die Entnahme eines Betrages aus der Kasse zwecks Einzahlung auf das Bankkonto aus.	5.000,00 EUR
⑦	Sie erhalten eine Eingangsrechnung über den Kauf eines Firmen-Pkw. Zahlbar innerhalb von 5 Tagen.	22.000,00 EUR

a) Ermitteln Sie die Bilanzsumme und die Höhe des Eigenkapitals zum 01.01.20..

b) Übernehmen Sie die Anfangsbestände, führen Sie das Grundbuch und buchen Sie die Geschäftsfälle im Hauptbuch.

c) Schließen Sie die Konten über das Schlussbilanzkonto ab.

6. Am Ende eines Monats liegt bei der Öko-Tex GmbH das folgende Grundbuch vor:

Nr.	Belegart	Buchungssatz	Soll	Haben
①	ER	Rohstoffe an Verbindlichkeiten a. LL	5.000,00 EUR	5.000,00 EUR
②	Bankauszug	Bank an Forderungen a. LL	1.200,00 EUR	1.200,00 EUR
③	Bankauszug	Bank an Kasse	500,00 EUR	500,00 EUR
④	Bankauszug	Verbindlichkeiten a. LL an Bank	2.100,00 EUR	2.100,00 EUR
⑤	ER	Maschinen an Verbindlichkeiten a. LL	10.000,00 EUR	10.000,00 EUR
⑥	Quittung	Kasse an Forderungen a. LL	420,00 EUR	420,00 EUR
⑦	Quittung	Kasse an Betriebs- und Geschäftsausstattung	2.500,00 EUR	2.500,00 EUR
⑧	Quittung	Hilfsstoffe an Kasse	85,00 EUR	85,00 EUR
⑨	Bankauszug	Bank an Verbindlichkeiten g. KI	12.000,00 EUR	12.000,00 EUR

Formulieren Sie zu den obigen Buchungssätzen die dazugehörigen Geschäftsfälle.

7. Sie arbeiten in der BüKo OHG. Es liegen Ihnen die folgenden Geschäftsfälle vor, die Sie nur im Grundbuch erfassen sollen:
   a) Eingang einer Rechnung über den Kauf von Rohstoffen im Wert von 2.000,00 EUR. Die Rechnung ist zahlbar innerhalb von 10 Tagen ab Rechnungsdatum.
   b) Kauf eines Schreibtisches für das Büro der Arbeitsvorbereitung im Wert von 1.250,00 EUR. Die Zahlung erfolgt per Bankscheck.
   c) Verkauf einer nicht mehr benötigten Maschine im Wert von 12.000,00 EUR. Es wird eine Ausgangsrechnung mit einem Zahlungsziel von 14 Tagen erstellt.
   d) Bareinkauf von Hilfsstoffen im Wert von 259,00 EUR.
   e) Ein Kunde bezahlt die noch offene Ausgangsrechnung Nr. 123 über 14.670,00 EUR per Banküberweisung.
   f) Bezahlung einer noch offenen Liefererrechnung über 5.800,00 EUR per Banküberweisung.
   g) Die BüKo OHG kauft ein Grundstück für 100.000,00 EUR. Die Bezahlung erfolgt mit Bankscheck.
   h) Kauf von Betriebsstoffen im Wert von 460,00 EUR. Hierzu erhält die BüKo OHG eine Eingangsrechnung mit einem Zahlungsziel von 10 Tagen.
   i) Die BüKo OHG nimmt ein Darlehen über 80.000,00 EUR auf, das auf dem Bankkonto gutgeschrieben wird.
   j) Herr Nolte entnimmt 200,00 EUR aus der Kasse und zahlt den Betrag auf das Bankkonto ein.

8. Es liegt Ihnen der folgende Bankauszug der BüKo OHG vor:

Kontoauszug				Sparkasse Köln	S K
Konto-Nr.	Datum	Aus.-Nr.	Blatt	Buch.tag	Umsatz
12345678	03.05.	2	1	03.05.	
Büromöbelhandel Exclusiv Rg. Nr. 432					6.000,00 H
Süd-Holzwerke Rg. Nr. 56/55 (TAN Nr. 123455)					2.300,00 S
Bareinzahlung (aus Kasse)					500,00 H
Scheck Nr. 987 (Anlagenbau Ösmit für Hobelmaschine)					12.000,00 S
BüKo OHG Kaiser-Wilhelm-Ring 10 50877 Köln BIC: COLSDE33 IBAN: DE66 3705 0198 0012 3456 78				Alter Saldo H 30.000,00 EUR Neuer Saldo H 22.200,00 EUR	

Buchen Sie die einzelnen Geschäftsfälle im Grundbuch und führen Sie das Konto Bank im Hauptbuch.

9. Kennzeichnen Sie die nachfolgenden Geschäftsfälle mit einer
   ① wenn dadurch die Bilanzsumme verringert wird,
   ② wenn dadurch die Bilanzsumme vergrößert wird,
   ③ wenn die Bilanzsumme unverändert bleibt.

a)	Barkauf eines kombinierten Kopier- und Faxgerätes	3
b)	Rohstoffeinkauf gegen Bankscheck	3
c)	Abbuchung einer fälligen Kreditrate vom Bankkonto	1
d)	Bezahlung einer fälligen Ausgangsrechnung durch Banküberweisung	1
e)	Banküberweisung der noch offenen Rohstoffrechnung	3
f)	Auszahlung eines Darlehens auf das Bankkonto	2

4 Erfassung von Geschäftsfällen auf Bestandskonten

4.3 Das Eröffnungsbilanzkonto

▶ **Fallsituation:** Lässt sich jeder Geschäftsfall buchen?

Frau Straub ist mit den Lernfortschritten ihrer Auszubildenden Carina sehr zufrieden. Nachdem das Buchen auf Bestandskonten geübt wurde, möchte Frau Straub noch eine Besonderheit der Buchungssystematik klären.

Carina: Hallo Frau Straub! Nun habe ich festgestellt, dass jeder Geschäftsfall eines Jahres per Buchung dargestellt werden kann. Sogar der Abschluss der Aktiv- und Passivkonten lässt sich mit einem Buchungssatz erfassen. Ich habe aber noch eine Frage: Wenn sich der Abschluss eines Bestandskontos mit einem Buchungssatz erfassen lässt, wie geht man dann bei der Eröffnung der Bestandskonten vor? Bisher haben wir die Anfangsbestände ja eigentlich nur aus der Eröffnungsbilanz übernommen und in das jeweilige Konto eingetragen.

Frau Straub: Auch die Übernahme der Anfangsbestände auf den Bestandskonten kann gebucht werden. Da wir in diesem Falle ein Gegenkonto benötigen, wendet man einen kleinen Trick an. Sie erinnern sich an die Vorgehensweise beim Abschluss der Bestandskonten?

Carina: Ja, die Schlussbestände werden auf das Schlussbilanzkonto gebucht, anschließend wird aus dem Schlussbilanzkonto die Schlussbilanz abgeleitet. Ich musste dazu nur die Bezeichnungen SOLL und HABEN gegen AKTIVA und PASSIVA austauschen.

Frau Straub: So ähnlich verfährt man auch bei der Buchung der Anfangsbestände: Das entsprechende Konto, das sich aus der Eröffnungsbilanz ableiten lässt, trägt die Bezeichnung „Eröffnungsbilanzkonto" (**EBK**). Der Trick besteht darin, dass nicht nur die Bezeichnungen AKTIVA und PASSIVA gegen SOLL und HABEN getauscht werden, sondern dass auch die Bilanzpositionen der beiden Seiten komplett vertauscht werden. Dies ist erforderlich, um die Eintragung der Anfangsbestände mit einem Buchungssatz darstellen zu können. Werfen Sie doch mal einen Blick auf die folgende Darstellung:

▶ Eröffnungs-
bilanzkonto

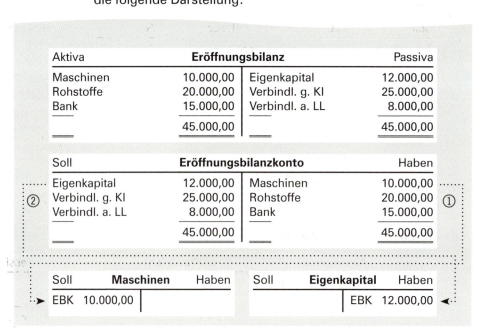

Grundbuch			
Nr.	Buchungssatz	Soll	Haben
①	Maschinen an EBK	10.000,00	10.000,00
②	EBK an Eigenkapital	12.000,00	12.000,00

INFO-BOX

Von der Eröffnungsbilanz zur Schlussbilanz

Für die Bilanzkonten leitet sich die folgende Struktur ab:

Aktiva	Eröffnungsbilanz*	Passiva
Anlagevermögen Umlaufvermögen		Eigenkapital Fremdkapital
Summe Aktiva		Summe Passiva

* Die Werte entsprechen den Werten der Schlussbilanz des Vorjahres!

Buchungen:

Soll	Eröffnungsbilanzkonto	Haben
Anfangsbestände Passivkonten		Anfangsbestände Aktivkonten
Summe Soll		Summe Haben

Soll	Aktivkonto	Haben		Soll	Passivkonto	Haben
Anfangsbestand Mehrungen		Minderungen Schlussbestand		Minderungen Schlussbestand		Anfangsbestand Mehrungen
Summe Soll		Summe Haben		Summe Soll		Summe Haben

Soll	Schlussbilanzkonto	Haben
Schlussbestände Aktivkonten		Schlussbestände Passivkonten
Summe Soll		Summe Haben

daraus abgeleitet (vereinfacht):

Aktiva	Schlussbilanz	Passiva
Anlagevermögen Umlaufvermögen		Eigenkapital Fremdkapital
Summe Aktiva		Summe Passiva

4 Erfassung von Geschäftsfällen auf Bestandskonten

Kompetenzcheck

▶ **Kann-Liste:** Grundlagen der Buchführung II

☐ Werteveränderungen
☐ Bestandskonten

Ich kann ...	Information	Aufgaben	Eigene Kompetenzeinschätzung
die Werteveränderungen in der Bilanz erkennen und die Auswirkung auf die Bilanzsumme erläutern.	Kapitel 4.1 Kapitel 4.2	S. 37, Nr. 1 S. 39, Nr. 1, 2 S. 40, Nr. 3 S. 51, Nr. 9	
den Unterschied zwischen Aktiv- und Passivkonten erklären.	Kapitel 4.2	S. 46	
Anfangsbestand, Mehrungen und Minderungen sowie Schlussbestände auf Aktiv- und Passivkonten buchen.	Kapitel 4.2	S. 46 S. 49, Nr. 4 S. 50, Nr. 5	
aus einem Geschäftsfall einen Buchungssatz ableiten.	Kapitel 4.2	S. 46 S. 49, Nr. 4 S. 50, Nr. 5 S. 51, Nr. 7	
das Grundbuch vom Hauptbuch unterscheiden.	Kapitel 4.2	S. 46 S. 49, Nr. 4 S. 50, Nr. 5	
den Zusammenhang zwischen der Eröffnungsbilanz und dem Eröffnungsbilanzkonto darstellen.	Kapitel 4.3	eigene Aufzeichnungen	
... eigene Ergänzungen			

Wissen

Fertigkeiten   Sozialkompetenz

Selbstständigkeit

5 Der Erfolg im Industriebetrieb

5.1 Aufwendungen und Erträge verändern das Eigenkapital

▶ **Fallsituation:** Erzielt die BüKo OHG überhaupt Gewinn?

Da die BüKo OHG weiterhin ihr Unternehmen ausweiten möchte und sich gezwungen sieht zu investieren, muss sie entsprechende Gewinne erzielen. Die Buchhaltung soll auch hier Hilfestellung leisten.

Carina: Hallo Frau Straub, mir stellt sich eine bedeutende Frage: Bislang haben wir verschiedene Geschäftsfälle behandelt, bei denen sich alle erdenklichen Bilanzpositionen verändert haben. Nur eine Position ist bislang unverändert geblieben, das Eigenkapital!

Frau Straub: Ich stimme Ihnen zu! Es war wichtig, dass Sie zunächst die Buchungen auf den Bestandskonten kennenlernen und beherrschen. Aber ich stelle fest: Dies ist nun der Fall und wir können mit dem nächsten Thema beginnen.

Ein Unternehmen kann dauerhaft nur am Markt bestehen, wenn es Gewinne erzielt. Lassen Sie uns dieses neue Thema zunächst wieder an einem einfachen Beispiel erläutern. Es liegen die folgende Bilanz sowie dazugehörige Belege M1 vor. Beachten Sie bitte: Diese Bilanz enthält keinerlei Maschinen oder sonstige Positionen, die auf eine Produktion schließen lassen ...

Aktiva	Eröffnungsbilanz		Passiva
Rohstoffe	4.000,00	Eigenkapital	35.200,00
Forderungen a. LL	8.000,00	Verbindlichkeiten a. LL	2.000,00
Bank	25.200,00		
	37.200,00		37.200,00

Carina: ... Entschuldigen Sie bitte, wenn ich unterbreche, aber ich habe verstanden ... Es ist wieder mit dem VWL-Unterricht vergleichbar: Wir reduzieren, um die Sachverhalte besser zu verstehen!

Frau Straub: Prima, dann warten die nachfolgenden Arbeitsaufträge auf ihre Erledigung.

Anwendungsaufgaben

1. Die Vorgänge Nr. 1 bis Nr. 5 M1 stellen einen Prozess im Unternehmen der BüKo OHG dar. Erläutern Sie diesen Prozess möglichst genau und vervollständigen Sie die Übersicht M2.

Prozessbeschreibung: *Ausgangspunkt des Prozesses ist ein Auftrag über die Produktion von 50 Seminarstühlen.* Daraufhin werden Rohstoffe für einen Preis von 17.500,- € gekauft. Aus dem Lager wird das benötigte Holz entnommen und in der Produktion fertiggestellt. Nebenbei werden Mitarbeiter und die anfallenden Kosten bezahlt.

5 Der Erfolg im Industriebetrieb

M1 Folgende Belege sind zu beachten:

▶ Vorgang 2

▶ Vorgänge 3 + 4

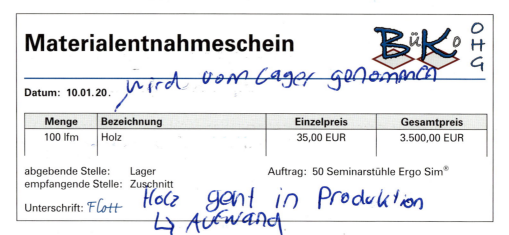

▶ Vorgang 5

1 lfm = laufende Meter.

5 Der Erfolg im Industriebetrieb

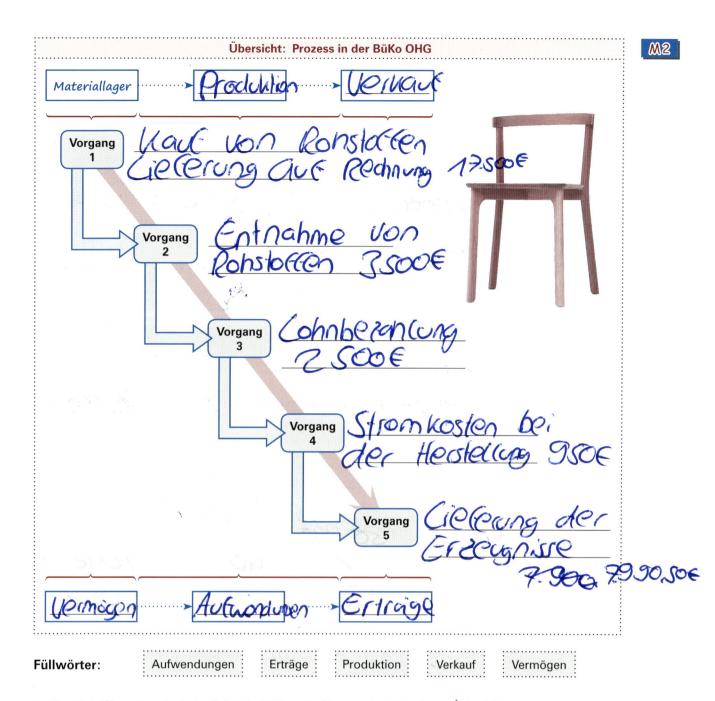

Übersicht: Prozess in der BüKo OHG

Materiallager ····· Produktion ····· Verkauf

Vorgang 1: Kauf von Rohstoffen Lieferung auf Rechnung 17.500€

Vorgang 2: Entnahme von Rohstoffen 3.500€

Vorgang 3: Lohnberechnung 2.500€

Vorgang 4: Stromkosten bei der Herstellung 950€

Vorgang 5: Lieferung der Erzeugnisse 7.900 7.990,50€

Vermögen ····· Aufwendungen ····· Erträge

Füllwörter: Aufwendungen | Erträge | Produktion | Verkauf | Vermögen

2. Ermitteln Sie rechnerisch den Erfolg in EUR und in Prozent der Selbstkosten[1] der BüKo OHG. Nutzen Sie das folgende (vereinfachte) Kalkulationsschema.

Bezeichnung	für Gesamtauftrag in EUR	Prozent	pro Seminarstuhl in EUR
Rohstoffverbrauch	3.500 €		70 €
+ Fertigungslöhne	2.500 €		50 €
+ Energiekosten	950 €		19 €
= Selbstkosten ≙ 100%	6.948 50€		139 €
+ Gewinn ≙ x%	1.042,50 €	15%	20,85 €
= Umsatzerlöse (Verkaufswert)	7.992,50 €		159,85 €

[1] **Selbstkosten** sind alle Kosten, die durch die betriebliche Leistungserstellung und -verwertung entstanden sind. In unserer vereinfachten Darstellung bleiben u. a. die sogenannten Gemeinkosten für die Verwaltung und den Vertrieb (sogenannte Handlungskosten) außer Acht.

5 Der Erfolg im Industriebetrieb

3. Stellen Sie die Veränderungen der Bilanzpositionen dar, indem Sie mithilfe der folgenden Tabelle die Werte der jeweiligen Positionen zu Beginn und zum Ende des Geschäftsjahres ermitteln. An dieser Stelle müssen noch keine Buchungen vorgenommen werden. Die Anfangsbestände entnehmen Sie der Bilanz auf S. 55

	Bestände zu Beginn	Mehrungen	Minderungen	Bestände zum Schluss
A: Vermögen:				
I: Umlaufvermögen				
Rohstoffe	4 000 €	17.500 €	3.500 €	18.000,-
Forderungen a. LL	8000 €	7.992,50 €	/	15.992,50 €
Bank	25.000 €	/	3.450 €	24.750 €
B: Schulden:				
Verbindlichkeiten a. LL	2.000 €	17.500 €	/	19.500 €
C: Eigenkapital	35.200 €	1.042,50 €	/	36.242,50 €

4. Stellen Sie fest, auf welches der oben angegebenen Bestandskonten sich der Gesamterfolg auswirken müsste. Stellen Sie dieses Konto am Ende der Periode dar. Hinweis: Ermitteln Sie das Eigenkapital als Saldo aus Vermögen minus Schulden.

```
S              Eigenkapital                H
SB     36.242,50 €  | AB      35.200 €
                    | GV       1.042,50 €
       _____  | _____
       36.242,50 €  | 36.242,50 €
```

Der Gesamterfolg (hier: **Gewinn**) verändert (hier: ver**mehrt**) das **Eigenkapital** des Unternehmens.

5. Stellen Sie am Ende auch die Bilanz mit den veränderten Werten auf.

Aktiva	Schlussbilanz		Passiva
Roh	17.000 €	EK	36.242,50 €
Ford. a LL	15.992,50 €	Vb. a LL	19.500 €
Bank	24.750 €		
	55.742,50 €		55.742,50 €

▶ **Beachte: Die Fortsetzung der Aufgaben erfolgt im Kapitel 5.3.**

5.2 Buchungen auf Erfolgskonten: Die theoretischen Grundlagen

X Lesen

▶ **Fallsituation:** Wie lässt sich der Erfolg eines Geschäftsprozesses mithilfe von Konten darstellen?

Nachdem Carina die ersten Aufgaben lösen konnte und dabei festgestellt hat, dass ein Gewinn zu einer Erhöhung bzw. Mehrung des Eigenkapitals führt, schließt sich nun der nächste Schritt an. Hierzu bittet Frau Straub erneut zum Gespräch.

Frau Straub: Hallo Carina, Sie haben festgestellt, dass ein Gewinn, der aus einem Geschäftsprozess heraus erzeugt wird, zu einer Mehrung unseres Eigenkapitals führt. Andersherum besteht leider ebenfalls eine Variante der Erfolgsauswirkung, doch diese wollen wir uns erst später anschauen …

Sie haben nun mit recht einfachen Mitteln das Ergebnis ermittelt. Auch hier besteht wiederum die Möglichkeit der Darstellung auf entsprechenden Konten. Hierzu werden wir das Eingangsbeispiel erneut heranziehen.

Carina: Okay, ich mache mir dann schon einmal Gedanken über die Konten, die wir benötigen.

Frau Straub: Lesen Sie dazu bitte auch in den Info-Materialien.

INFO-BOX

▶ Erfolg
▶ Gewinn
▶ Verlust

Aufwendungen und Erträge als Unterkonten des Eigenkapitals

Alle bisher betrachteten Geschäftsfälle haben die Bilanzpositionen des Anlage- und Umlaufvermögens sowie des Fremdkapitals (der Schulden) wertmäßig verändert. Das Eigenkapital jedoch unterlag keiner Veränderung.

Zur Produktion von verkaufsfertigen Erzeugnissen setzen Unternehmen Werkstoffe (Roh-, Hilfs- und Betriebsstoffe), Maschinen und Arbeitskräfte ein. Im Prinzip findet durch den Einsatz dieser Produktionsfaktoren ein **Werteabfluss** statt, der durch den Verkauf **(Wertezufluss)** der genannten fertigen Erzeugnisse ausgeglichen oder besser übertroffen werden soll. Im letzteren Falle entsteht ein Gewinn, der die Wettbewerbsfähigkeit des Unternehmens sichern kann.

Im Kapitel 5.1 wurde ein Gewinn in Höhe von 1.042,50 EUR erzielt, der in gleicher Höhe für eine Mehrung des Eigenkapitals sorgte. Analog hierzu liegt die Vermutung nahe, dass ein Verlust dazu führen kann, den Wert/die Höhe des Eigenkapitals zu senken. Hieraus lässt sich feststellen, dass der Erfolg eines Unternehmens eine positive, aber auch eine negative Ausprägung aufweist:

Die „zwei Gesichter" des Erfolges

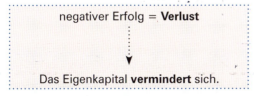

Der Erfolg (Gewinn oder Verlust) entsteht durch Gegenüberstellung der gesamten Werteabflüsse und der gesamten Wertezuflüsse. Sind die Werteabflüsse größer als die Wertezuflüsse, liegt ein Verlust vor. Im umgekehrten Falle, wenn die Wertezuflüsse größer als die Werteabflüsse sind, entsteht folglich ein Gewinn.

5 Der Erfolg im Industriebetrieb

Aus dieser Erkenntnis lässt sich wiederum ableiten, dass ein **Werteabfluss** isoliert betrachtet bereits zu einer **Minderung des Eigenkapitals** führt und dass ein **Wertezufluss** zu einer **Mehrung des Eigenkapitals** führt.

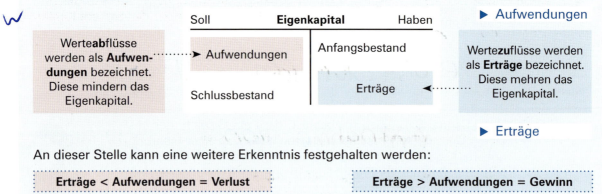

An dieser Stelle kann eine weitere Erkenntnis festgehalten werden:

| Erträge < Aufwendungen = Verlust | Erträge > Aufwendungen = Gewinn |

Es bleibt zu klären, worum es sich bei den Aufwendungen und Erträgen handelt, bzw. an welcher Stelle sie im Produktionsablauf eines Unternehmens zu finden sind:

Werteabflüsse = Aufwendungen	Wertezuflüsse = Erträge
entstehen durch den Einsatz der Produktionsfaktoren im betrieblichen Produktionsprozess.	entstehen durch das Erbringen betrieblicher Leistungen (i. d. R. Güter oder Dienstleistungen) am Absatzmarkt.
▶ Sie mindern das Eigenkapital des Unternehmens.	▶ Sie mehren das Eigenkapital des Unternehmens.
• Aufwendungen für Rohstoffe, Hilfsstoffe und Betriebsstoffe • Zahlung von Löhnen und Gehältern und Sozialversicherungsbeiträgen für die Entlohnung von Arbeitskräften • Aufwendungen für Büromaterial (Papier, Stifte, Toner für den Drucker, Einsatz des Telefons o. ä.) • Beiträge zu Versicherungen (Kfz-Versicherung, Gebäudeversicherungen u. a.) • Zahlung von Zinsen für die Inanspruchnahme von Bankdarlehen • Betriebliche Steuern (insbesondere die Gewerbesteuer) • Aufwendungen für Miete betrieblich genutzter Gebäude oder Flächen • Aufwendungen für Werbemittel • Aufwendungen für Provisionszahlungen • Aufwendungen für die Instandhaltung bzw. Instandsetzung der Maschinen, BGA und Gebäude • Abnutzung von Maschinen, Gebäuden und Kraftfahrzeugen • Aufwendungen für Energie (Wasser, Heizung) • …	• Erträge durch den Verkauf von fertigen Erzeugnissen oder Handelswaren (sie werden fortan als Umsatzerlöse bezeichnet) • Erträge durch das Erbringen von Dienstleistungen (z. B. erhaltene Provisionserträge) • Erträge aus Zinsen, die durch angelegtes Kapital (z. B. Bankguthaben) entstehen. • Erlöse aus Vermietung von Gebäuden oder Flächen, die momentan nicht betrieblich genutzt werden. • …

Die Liste der Aufwendungen und Erträge ist lang und an dieser Stelle sicherlich noch nicht vollständig dargestellt. Sie sollen jedoch erkennen, dass eine grundlegende Unterscheidung besteht und dass bestimmte Posten sowohl als Aufwendungen als auch als Erträge entstehen können. Zu nennen sind hier bspw. die Positionen Zinsaufwendungen und Zinserträge, Provisionsaufwendungen und Provisionserträge oder Mietaufwendungen und Mieterträge. Sie dürfen jedoch nicht miteinander verrechnet werden.

5 Der Erfolg im Industriebetrieb

Teil 1: Die Einführung der Erfolgskonten

Aufwendungen mindern das Eigenkapital, Erträge mehren das Eigenkapital eines Unternehmens. Wenn nun jedoch jeder dieser möglichen Vorgänge direkt auf dem Eigenkapitalkonto gebucht wird, geht die Übersichtlichkeit verloren. Aus diesem Grunde werden weitere Konten herangezogen: **die Erfolgskonten!**

▶ Erfolgskonten

▶ Aufwandskonten

▶ Ertragskonten

Diese **Erfolgskonten** unterteilen sich entsprechend den o. g. **Werteabflüssen** und **Wertezuflüssen** in **Aufwandskonten** und in **Ertragskonten**. Da sie sich in dieser Funktion direkt auf das Eigenkapital auswirken, werden sie auch als Unterkonten des Eigenkapitals bezeichnet. **Die Buchungssystematik** der Erfolgskonten orientiert sich dabei an der Systematik des Eigenkapitalkontos. Sie erinnern sich: Das **Eigenkapitalkonto** ist ein **passives Bestandskonto**. Auf der Haben-Seite befinden sich der Anfangsbestand und die Mehrungen, auf der Soll-Seite befinden sich die Minderungen und der Schlussbestand.

Soll	Eigenkapital	Haben
Aufwandskonten		**Ertragskonten**
S Löhne und Gehälter H		S Umsatzerlöse H
Aufwand …		Ertrag …
S Zinsaufwendungen H		S Zinserträge H
Aufwand …		Ertrag …

Berücksichtigen Sie hierbei als grundsätzliche Buchungsregel:

> Auf Aufwandskonten wird im **SOLL** gebucht. Sie haben keinen Anfangsbestand.

> Auf Ertragskonten wird im **HABEN** gebucht. Sie haben keinen Anfangsbestand.

Teil 2: Die Einführung des GuV-Kontos als Abschlusskonto der Erfolgskonten

Unterkonten unterliegen der Eigenschaft, dass sie über das dazugehörige Haupt- bzw. Oberkonto abgeschlossen werden. Für unsere Erfolgskonten würde dies bedeuten, dass sowohl die Aufwands- als auch die Ertragskonten am Ende eines Geschäftsjahres über das Eigenkapitalkonto abgeschlossen werden müssen.

▶ GuV-Konto

5 Der Erfolg im Industriebetrieb

Obwohl wir mit der Einführung der Erfolgskonten der Gefahr der Unübersichtlichkeit bereits einen Schritt entgegengetreten sind, ist bis zur restlosen Beseitigung dieser Gefahr noch ein weiterer Schritt erforderlich: **die Einführung des Gewinn-und-Verlust-Kontos (kurz: GuV-Konto)**.

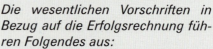

Beachten Sie:
Der Abschluss von Erfolgskonten erfolgt nach dem Muster, das Sie bereits von den Bestandskonten kennen.

Die Verpflichtung zur Einführung dieses GuV-Kontos entsteht auf Grundlage des nebenstehenden Paragrafen 242 Abs. 2 HGB. Am Ende eines Geschäftsjahres werden die Salden der Aufwendungen und Erträge in dem GuV-Konto zusammengefasst gegenübergestellt. Die Soll-Seite des GuV-Kontos sammelt hierzu alle Aufwendungen, die Haben-Seite des GuV-Kontos alle Erträge des abgelaufenen Geschäftsjahres. Daraus lässt sich anschließend der Erfolg (Gewinn oder Verlust) des Geschäftsjahres ermitteln.

Da in der Konsequenz **auch das GuV-Konto ein Unterkonto des Eigenkapitalkontos ist**, muss der Abschluss des GuV-Kontos hierüber erfolgen. Schematisch lässt sich dieser Zusammenhang wie folgt darstellen:

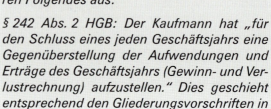

Auszüge aus dem HGB:

Die wesentlichen Vorschriften in Bezug auf die Erfolgsrechnung führen Folgendes aus:

§ 242 Abs. 2 HGB: Der Kaufmann hat „für den Schluss eines jeden Geschäftsjahrs eine Gegenüberstellung der Aufwendungen und Erträge des Geschäftsjahrs (Gewinn- und Verlustrechnung) aufzustellen." Dies geschieht entsprechend den Gliederungsvorschriften in § 275 HGB.

§ 243 Abs. 2 HGB: Der Jahresabschluss „muss klar und übersichtlich sein."

§ 246 Abs. 2 HGB: „Aufwendungen dürfen nicht mit Erträgen verrechnet werden."

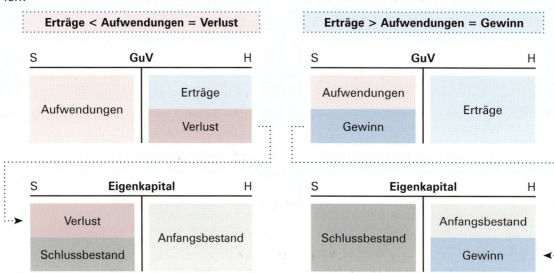

Es bleibt an dieser Stelle die Frage nach der praktischen Umsetzung. Beachten Sie dazu das nachfolgende Kapitel.

5.3 Buchungen auf Erfolgskonten: Die praktische Umsetzung

▶ **Fortsetzung der Fallsituation aus Kapitel 5.1**

Carina Crämer hat die zahlreichen Informationen zu den Erfolgskonten und deren Zusammenhang mit dem GuV-Konto sowie dem Eigenkapitalkonto gelesen. Es folgt die praktische Umsetzung dieser Erkenntnisse mit vollständiger Darstellung aller erforderlichen Konten. Vorab jedoch sollen Sie zur Vertiefung des soeben Erlernten die Anwendungsaufgaben 6 und 7 bearbeiten. Die Aufgaben 8 und 9 schließen sich an.

Fortsetzung der Anwendungsaufgaben aus Kapitel 5.1

6. Diskutieren Sie die Konsequenzen für die Buchhaltung, die sich aufgrund der soeben erhaltenen Informationen ergeben.

_____

_____

_____

_____

7. Erläutern Sie die Begriffe Aufwand und Ertrag. Stellen Sie dar, wie sich ein Aufwand und wie ein Ertrag auf die in Aufgabenstellung 3 dargestellte Bilanzposition (siehe S. 58) auswirken!

_____

_____

_____

_____

8. Buchen Sie die Anfangsbestände und die Vorgänge 1 bis 5 aus Kapitel 5.1 (siehe S. 55 ff.) im Grund- und Hauptbuch und ermitteln Sie den Erfolg des Unternehmens. Verfolgen Sie hierzu das folgende Gespräch zwischen Carina Crämer und Frau Straub sowie die nachfolgenden Vordrucke und Hinweise von Frau Straub. Sie werden Schritt für Schritt wichtige Informationen zur praktischen Umsetzung der verschiedenen Vorgänge erhalten. Die erforderlichen Konten finden Sie auf den S. 68 f.

9. Stellen Sie das Schlussbilanzkonto und die Schlussbilanz auf.

Frau Straub: Hallo Carina, wie versprochen folgt nun die Darstellung unseres Ausgangsfalles unter Zuhilfenahme aller erforderlichen Konten. Wir werden uns die Abfolge der erforderlichen Schritte gemeinsam anschauen und überlegen, wie jeweils zu verfahren bzw. zu buchen ist. Mitgebracht habe ich die Struktur der Konten, die wir benötigen.

Carina: Okay, dies wird ein vollständiger Geschäftsgang mit Eröffnungsbilanz, Eröffnungsbilanzkonto, Bestands- und Erfolgskonten und letztlich dem GuV-Konto, dem SBK und der Schlussbilanz. Und Vordrucke für das Grundbuch sehe ich auch schon.

Frau Straub: Zunächst sollten Sie die Eröffnungsbilanz und das Eröffnungsbilanzkonto erstellen. Die weiteren Schritte habe ich Ihnen am Ende der folgenden Übersicht zusammengefasst.

5 Der Erfolg im Industriebetrieb

Benötigte Kontenstruktur (→ siehe Vorlagen auf S. 68 f.)	
Eröffnungsbilanz	
Eröffnungsbilanzkonto	
Bestandskonten	**Erfolgskonten**
Rohstoffe	Aufwendungen für Rohstoffe
Forderungen a. LL	Aufwendungen für Betriebsstoffe
Bank	Löhne
Verbindlichkeiten a. LL	Umsatzerlöse für eigene Erzeugnisse
Eigenkapital	Gewinn-und-Verlust-Konto
Schlussbilanzkonto	
Schlussbilanz	

Schritte 1 bis 5: Eröffnungsbilanz – Eröffnungsbilanzkonto – Anfangsbestände

Erstellen Sie zunächst die Eröffnungsbilanz und das Eröffnungsbilanzkonto. Nehmen Sie anschließend die Buchungen für die Erfassung der Anfangsbestände vor. Die entsprechenden Buchungssätze dürfen natürlich nicht fehlen und müssen in das Grundbuch eingetragen werden.

Grundbuch			
Nr.	Buchungssatz	Soll	Haben
Eröffnung der Bestandskonten/Buchen der Anfangsbestände			
①	Eröffnung des Kontos „Rohstoffe":		
②	Eröffnung des Kontos „Forderungen a. LL":		
③	Eröffnung des Kontos „Bank":		
④	Eröffnung des Kontos „Eigenkapital":		
⑤	Eröffnung des Kontos „Verbindlichkeiten a. LL":		

5 Der Erfolg im Industriebetrieb

Schritte 6 bis 10: Geschäftsfälle buchen (Vorgänge 1–5)

Hier werden nun die Geschäftsfälle (Vorgänge 1–5) erfasst, die mithilfe der Belege abgebildet wurden. Die Schritte werden nachfolgend detailliert dargestellt (siehe Bearbeitungshinweise unten sowie auf der nachfolgenden Seite). Stellen Sie sich immer die Frage nach den betroffenen Konten und ihrer jeweiligen Eigenschaft: Handelt es sich um Bestandskonten oder um Erfolgskonten? Daraus lässt sich ableiten, wie auf den Konten gebucht werden muss.

Tragen Sie die erforderlichen Buchungssätze in das Grundbuch ein und buchen Sie entsprechend im Hauptbuch.

✗

Nr.	Buchungssatz	Soll in €	Haben in €
	Buchen der Geschäftsfälle (Vorgänge 1–5)		
⑥	Buchung „Vorgang 1": Rohstoffe (Aktivkonto → Mehrung im Soll) an Ver. a. LL (Passiv → Mehr. im Haben)	17.500,-	17.500,-
⑦	Buchung „Vorgang 2": Auf. für Rohst. an Rohst. (Aktiv → Minder. → im H.)	3.500,-	3.500,-
⑧	Buchung „Vorgang 3": ~~Gehälter~~ Löhne an Bank	2.500,-	2.500,-
⑨	Buchung „Vorgang 4": Aufwen. für ~~Rohst.~~ Betriebsstoffe an Bank	950,-	950,-
⑩	Buchung „Vorgang 5": Ford. a. LL. an Umsatzerlöse für eig. Erzeugnisse	7.992,50,-	7.992,50,-

Bearbeitungshinweise:

Zu Schritt 6: Betrifft **Vorgang 1**, der Ihnen an dieser Stelle keine Schwierigkeiten mehr bereiten sollte, da lediglich zwei Bestandskonten angesprochen werden.

Zu Schritt 7: Betrifft den **Vorgang 2**. Von den vorhandenen Rohstoffvorräten erfolgt eine **Entnahme für die Produktion**. Der Bestand an Rohstoffen vermindert sich. Beachten Sie hierzu noch einmal die Buchungssystematik der aktiven Bestandskonten und stellen Sie sich die Frage, wo diese Minderung gebucht werden muss (im Soll oder im Haben?).

Die Entnahme stellt einen Werteabfluss dar, d. h. einen Verbrauch von Rohstoffen. Sie erinnern sich, dass Werteabflüsse als Aufwand behandelt werden. Insofern sollte Ihnen nun bewusst sein, wie der vollständige Buchungssatz aufgestellt wird.

Zu Schritt 8: Betrifft **Vorgang 3**. Die Zahlung von Löhnen entspricht ebenfalls einem Werteabfluss, also einem Aufwand. Das zweite betroffene Konto ist ein Aktivkonto, bei dem Sie sich nun die Frage stellen sollten, ob der Wert dieses Kontos sich erhöhen oder vermindern wird. Somit dürfte Ihnen auch hier der Buchungssatz keine Probleme bereiten.

Aufwendungen immer im Soll ♡

5 Der Erfolg im Industriebetrieb

Zu Schritt 9: Betrifft **Vorgang 4**. Sie können diesen Buchungssatz mühelos erstellen, indem Sie sich noch einmal Schritt 8 in Erinnerung rufen. Der Einsatz von Energie stellt übrigens einen „Aufwand für Betriebsstoffe" dar, dessen Bezahlung hier sofort per Bankabbuchung erfolgt.

Zu Schritt 10: Betrifft **Vorgang 5**. Dieser Vorgang bildet den Verkauf der 50 produzierten Seminarstühle ab. Sie können erkennen, dass es sich um einen Verkauf „auf Ziel" handelt. Der Verkauf dieser produzierten Erzeugnisse stellt einen Ertrag für die BüKo OHG dar. Dieser Ertrag aus dem Verkauf von fertigen Erzeugnissen wird mithilfe des Kontos „Umsatzerlöse für eigene Erzeugnisse" dargestellt.

Beachten Sie eine Besonderheit: Ein eventuell vorhandenes Konto „Fertige Erzeugnisse" wird bei Verkaufsvorgängen nicht angesprochen. Dies ist übrigens eine von nun an gültige Besonderheit. Immer dann, wenn fertige Erzeugnisse verkauft werden, wenden wir das Ertragskonto **„Umsatzerlöse für eigene Erzeugnisse"** an. Die Bestände an fertigen (und auch unfertigen) Erzeugnissen werden in der Buchführung nur zu zwei Zeitpunkten erfasst, zu Beginn und am Ende eines Geschäftsjahres (vgl. hierzu das Kapitel 12 „Bestandsveränderungen an fertigen und unfertigen Erzeugnissen").

Schritte 11 bis 15: Abschluss der Erfolgskonten und des GuV-Kontos

Mit den **Schritten 11 bis 14** werden zunächst die Erfolgskonten abgeschlossen. Sie erinnern sich: Der Abschluss der Erfolgskonten erfolgt über das übergeordnete GuV-Konto (Gewinn-und-Verlust-Konto). Auch hier gilt die Buchungsregel „SOLL an HABEN". Insofern sollten Ihnen auch diese Buchungssätze keine Schwierigkeiten mehr bereiten. Die **Buchungssätze für den Abschluss der Erfolgskonten** lauten:

 GuV-Konto *an* Aufwandskonto

Ertragskonto *an* GuV-Konto

Der **Schritt 15** beinhaltet den **Abschluss des GuV-Kontos**. Wir wissen aus den vorherigen Aufgabenstellungen, dass aus der Produktion und dem Verkauf der 50 Seminarstühle ein Gewinn in Höhe von 1.042,50 EUR entsteht. Dieser Gewinn lässt sich dem GuV-Konto durch Gegenüberstellung der Aufwendungen und Erträge entnehmen. In der Konsequenz wird dieser Gewinn auf das Eigenkapitalkonto umgebucht und erhöht dabei den Wert des Eigenkapitals. Die möglichen **Buchungssätze für den Abschluss des GuV-Kontos** lauten:

 GuV-Konto *an* Eigenkapital (im Gewinnfall)

Eigenkapital *an* GuV-Konto (im Verlustfall)

Grundbuch			
Nr.	Buchungssatz	Soll	Haben
Abschluss der Erfolgskonten und des GuV-Kontos			
⑪	Abschluss des Kontos „Aufwendungen für Rohstoffe":		
⑫	Abschluss des Kontos „Aufwendungen für Betriebsstoffe":		

Grundbuch				
Nr.	Buchungssatz		Soll	Haben
⑬	Abschluss des Kontos „Löhne":			
⑭	Abschluss des Kontos „Umsatzerlöse für eigene Erzeugnisse":			
⑮	Abschluss des GuV-Kontos:			

Schritte 16 bis 20: Abschluss der Bestandskonten

Nachdem die Erfolgskonten und das GuV-Konto abgeschlossen wurden, beinhalten diese Schritte nun noch die Abschlüsse der Bestandskonten über das Schlussbilanzkonto. Aufgrund Ihrer Erfahrung sollte die Erstellung der entsprechenden Buchungssätze ohne Schwierigkeiten möglich sein.

Grundbuch				
Nr.	Buchungssatz		Soll	Haben
	Abschluss der Bestandskonten			
⑯	Abschluss des Kontos „Rohstoffe":			
⑰	Abschluss des Kontos „Forderungen a. LL":			
⑱	Abschluss des Kontos „Bank":			
⑲	Abschluss des Kontos „Eigenkapital":			
⑳	Abschluss des Kontos „Verbindlichkeiten a. LL":			

5 Der Erfolg im Industriebetrieb

S. 55

Aktiva	Eröffnungsbilanz zum 01.01.20..		Passiva
Roh	4.000,-	EK	35.200,-
Ford.	8.000,-	Vbl.	2.000,-
Bank	25.200,-		
	37.200,-		37.200,-

Soll	Eröffnungsbilanzkonto zum 01.01.20..	Haben

Hauptbuch

S	Rohstoffe		H
AB	4.000,-	AfR	3.500,-
Vbl. a.LL	17.500,-	SB	18.000,-
	21.500,-		21.500,-

S	Forderungen a. LL		H
AB	8.000,-	SB	15.592,50
	7.992,50		
	15.592,50		15.592,50

S	Bank		H
AB	25.200,-	Löhne	2.500,-
			950,-
		SB	21.750,-
	25.200,-		25.200,-

S	Verbindlichkeiten a. LL		H
SB	19.500,-	AB	2.000,-
		Roh.	17.500,-
	19.500,-		19.500,-

S	Eigenkapital		H
SB	36.242,50	AB	35.200,-
			1.042,50
	36.242,50		36.242,50

S	Aufwendungen für Rohstoffe (AfR)		H
Roh	3.500,-	GuV	3.500,-
	3.500,-		3.500,-

S	Aufwendungen für Betriebsstoffe (AfB)		H
Bank	950,-	GuV	950,-
	950,-		950,-

S	Löhne		H
Bank	2.500,-	GuV	2.500,-
	2.500,-		2.500,-

S	Umsatzerlöse für eigene Erzeugnisse		H
GuV	7.992,50	Ford.	7.992,50
	7.992,50		7.992,50

=> Erfolgskonten
=> Haben keinen Anfangsbestand
Nie 0

Bestandskonten
=> Haben Anfangsbestand

5 Der Erfolg im Industriebetrieb

Soll	GuV-Konto		Haben
AFR (Aufwendungen)	3.500,-	UEEE (Erträge)	7.992,50
AFB	950,-		
Löhne	2.500,-		
Gewinn (EK)	1.042,50		
	7.992,50		7.992,50

Soll	Schlussbilanzkonto zum 31.12.20..		Haben
Roh			

Aktiva	Schlussbilanz zum 31.12.20..		Passiva
Roh	18.000,-	EK	35.242,50
Ford	15.992,50	Vbk. a. LL.	19.500,-
Bank	21.750,-		
	55.742,50		55.742,50

Vertiefende Aufgaben

1. Sie arbeiten in der Öko-Tex GmbH und Ihnen liegen die folgenden Daten vor:

   Anfangsbestände:

   Maschinen 10.600.000,00 EUR; Betriebs- und Geschäftsausstattung 298.000,00 EUR; Rohstoffe 2.116.000,00 EUR; Forderungen a. LL 267.000,00 EUR; Kassenbestand 7.000,00 EUR; Bank 1.110.000,00 EUR; Verbindlichkeiten geg. KI 9.300.000,00 EUR; Verbindlichkeiten a. LL 615.000,00 EUR; Eigenkapital ?

   Einzurichtende Erfolgskonten:

   Umsatzerlöse, Zinserträge, Löhne, Aufwendungen für Rohstoffe, Zinsaufwand, Mietaufwand.

Nr.	Geschäftsfälle
①	Eingangsrechnung über den Kauf von Stoffballen über 555.000,00 EUR. Zahlungsziel: Innerhalb von 10 Tagen ab Rechnungsdatum.
②	Verkauf einer gebrauchten Maschine gegen Bankscheck über 6.000,00 EUR.
③	Ein Kunde überweist eine noch offene Ausgangsrechnung über 10.000,00 EUR.
④	Die Öko-Tex GmbH verkauft Röcke gegen Bankscheck über 1.300.000,00 EUR.
⑤	Überweisung einer noch offenen Eingangsrechnung über 12.000,00 EUR.
⑥	Überweisung der Löhne an die Mitarbeiter über 1.900.000,00 EUR.
⑦	Laut Materialentnahmeschein werden Stoffballen für die Produktion entnommen. Wert 1.980.500,00 EUR.
⑧	Barkauf eines Kopierers: 3.000,00 EUR.
⑨	Die Öko-Tex GmbH tilgt ein Darlehen durch Banküberweisung über 5.000,00 EUR.
⑩	Bareinzahlung auf das Bankkonto über 300,00 EUR.
⑪	Die Bank schreibt Zinsen auf dem Bankkonto gut: 500,00 EUR.
⑫	Aufnahme eines Darlehens, der Betrag wird auf dem Bankkonto gutgeschrieben: 4.000,00 EUR.
⑬	Die Bank belastet das Bankkonto mit Darlehenszinsen: 400,00 EUR.

5 Der Erfolg im Industriebetrieb

Nr.	Geschäftsfälle
⑭	Die Öko-Tex GmbH kauft einen Zuschneideapparat für die Fertigung und zahlt per direkter Banküberweisung: 3.000,00 EUR.
⑮	Die Öko-Tex GmbH nutzt fremde Büroräume und zahlt die Miete hierfür in bar: 900,00 EUR.
⑯	Sämtliche auf Lager liegenden Textilien werden verkauft. Das Zahlungsziel der erstellten Ausgangsrechnung lautet: Zahlbar innerhalb von 10 Tagen ab Rechnungsdatum 2.900.000,00 EUR.

a) Bilden Sie die Buchungssätze für die Geschäftsfälle im Grundbuch.

b) Eröffnen Sie die oben angegebenen Konten im Hauptbuch und buchen Sie die Geschäftsfälle im Hauptbuch.

c) Schließen Sie die Konten ab, ermitteln Sie den Erfolg des Unternehmens und stellen Sie das Schlussbilanzkonto auf.

2. Sie arbeiten bei dem Textilausrüster Lothar Lindemann KG. Für die folgende Periode sollen die folgenden Daten gelten:

Anfangsbestände:

Maschinen 3.600.000,00 EUR; Betriebs- und Geschäftsausstattung 80.000,00 EUR; Rohstoffe 375.000,00 EUR; Hilfsstoffe 210.000,00 EUR; Forderungen a. LL 620.000,00 EUR; Kassenbestand 1.000,00 EUR; Bankguthaben 541.000,00 EUR; Verbindlichkeiten geg. KI 1.420.000,00 EUR; Verbindlichkeiten a. LL 535.000,00 EUR; Eigenkapital ?

Einzurichtende Erfolgskonten:

Aufwendungen für Rohstoffe, Aufwendungen für Hilfsstoffe, Löhne, Mietaufwand, Büromaterial, Zinsaufwand, Kfz-Steuer, Umsatzerlöse.

Nr.	Geschäftsfälle
①	Eingangsrechnung über den Kauf von Baumwolle über 600.000,00 EUR. Zahlungsziel: Innerhalb von 8 Tagen ab Rechnungsdatum.
②	Die Lothar Lindemann KG kauft Farben ein und erhält hierfür eine Eingangsrechnung mit einem Zahlungsziel von 14 Tagen ab Rechnungsdatum: 200.800,00 EUR.
③	Die Löhne der Mitarbeiter werden überwiesen: 250.000,00 EUR.
④	Laut Materialentnahmeschein wird Baumwolle für die Produktion entnommen: 400.500,00 EUR.
⑤	Die Zahlung für angemietete Lagerflächen ist fällig. Der Überweisungsbetrag lautet: 1.000,00 EUR.
⑥	Für die Produktion werden Farben laut Materialentnahmeschein entnommen: 40.300,00 EUR.
⑦	Ein Kunde zahlt eine fällige Ausgangsrechnung per Banküberweisung: 498.500,00 EUR.
⑧	Eine fällige Liefererrechnung wird überwiesen: 7.600,00 EUR.
⑨	Für die Buchhaltung wird ein neues PC-System gekauft. Die Bezahlung erfolgt mit Bankscheck: 30.000,00 EUR.
⑩	Die Hausbank bucht Zinsen für das Darlehen vom Bankkonto ab: 700,00 EUR.
⑪	Büromaterial wird in bar gegen Erhalt einer Quittung gekauft: 120,00 EUR.
⑫	Die Kfz-Steuer wird vom Bankkonto abgebucht: 280,00 EUR.
⑬	Verkauf aller produzierten Stoffballen gegen Ausgangsrechnung mit einem Zahlungsziel von 20 Tagen ab Rechnungsdatum: 712.500,00 EUR.

a) Erläutern Sie hinsichtlich der buchhalterischen Behandlung den Unterschied zwischen dem Kauf von Büromaterial und dem Kauf eines Gegenstandes der Betriebs- und Geschäftsausstattung.

b) Buchen Sie die Anfangsbestände über das EBK im Hauptbuch.

c) Buchen Sie die Geschäftsfälle im Grund- und Hauptbuch.

d) Ermitteln Sie den Erfolg des Unternehmens und schließen Sie die Bestandskonten ab.

e) Erklären Sie die Begriffe Aufwand und Ertrag bzw. Umsatzerlöse.

3. Sie arbeiten in der Color Chemie AG, die insbesondere Farbstoffe zum umweltverträglichen Färben und Bedrucken herstellt. Rohstoffe bei der Color Chemie AG sind Harze, Polyurethan und Anilin. Als Hilfsstoffe gelten Titandioxid und Polymere. Zum 31.12. des vorangegangenen Jahres ermittelte die Color Chemie AG folgende Bestände in TEUR (Tausend Euro), die nun als Anfangsbestände dienen sollen:

Grundstücke und Gebäude 373.000 TEUR; Maschinen 2.100.000 TEUR; Fuhrpark 18.000 TEUR; Betriebs- und Geschäftsausstattung 216.000 TEUR; Rohstoffe

5 Der Erfolg im Industriebetrieb

800.000 TEUR; Hilfsstoffe 200.000 TEUR; Betriebsstoffe 19.000 TEUR; Forderungen a. LL 1.515.000 TEUR; Bank 536.000 TEUR; Verbindlichkeiten geg. KI 1.824.000 TEUR; Verbindlichkeiten a. LL 996.000 TEUR; Eigenkapital ?

Einzurichtende Erfolgskonten:

Aufwendungen für Rohstoffe, Aufwendungen für Hilfsstoffe, Aufwendungen für Betriebsstoffe, Löhne, Gehälter, Zinsaufwand, Umsatzerlöse, Zinserträge.

Nr.	Geschäftsfälle
①	Eingangsrechnung über den Kauf von Harzen über 1.200 TEUR. Zahlungsziel: Innerhalb von 30 Tagen ab Rechnungsdatum.
②	Eingangsrechnung über den Kauf von Polymeren über 300 TEUR. Zahlungsziel: Innerhalb von 12 Tagen ab Rechnungsdatum.
③	Die Löhne der Produktionsmitarbeiter werden per Banküberweisung beglichen: 14.450 TEUR.
④	Die Gehälter der angestellten Mitarbeiter werden überwiesen: 2.000 TEUR.
⑤	Für ein bestehendes Darlehen erfolgt eine Teilrückzahlung über 500 TEUR.
⑥	Für das verbleibende Restdarlehen sind die Zinsen fällig. Diese werden per Bankabbuchung eingezogen: 2.000 TEUR.
⑦	Aus dem Wareneingangslager werden Harze für die Produktion entnommen. Der Materialentnahmeschein lautet über 270.000 TEUR.
⑧	Für die Produktion werden laut Materialentnahmeschein Polymere entnommen: 100 TEUR.
⑨	Für die Nutzung von Strom wird an das Versorgungsunternehmen überwiesen: 200 TEUR.
⑩	Verkauf der produzierten Farbstoffe gegen Ausgangsrechnung mit einem Zahlungsziel von 15 Tagen ab Rechnungsdatum: 321.000 TEUR.
⑪	Die Color Chemie AG erhält eine Gutschrift der Bank über Guthabenzinsen in Höhe von 100 TEUR.

a) Buchen Sie die Anfangsbestände über das EBK im Hauptbuch.

b) Buchen Sie die Geschäftsfälle im Grund- und Hauptbuch.

c) Ermitteln Sie den Erfolg des Unternehmens und schließen Sie die Bestandskonten ab.

4. Das Eigenkapitalkonto der BüKo OHG wies am 01.01. eines Jahres einen Anfangsbestand von 160.000,00 EUR aus. Am 31.12. des Jahres wurden ein Anlagevermögen von 755.800,00 EUR ermittelt und ein Umlaufvermögen von 128.300,00 EUR. Die Schulden beliefen sich insgesamt auf 750.000,00 EUR.

Ermitteln Sie den Erfolg der BüKo OHG in jenem Jahr.

5. Ordnen Sie die folgenden Geschäftsfälle den folgenden Kriterien zu:

① wirkt sich gewinnmindernd aus
② wirkt sich gewinnerhöhend aus
③ wirkt sich nicht auf den Gewinn aus

Geschäftsfälle	Zuordnung	Anmerkungen
a) Einkauf von Schreibpapier	1	
b) Kauf eines Schreibtisches	3	
c) Verkauf von fertigen Erzeugnissen	2	
d) Gutschrift von Zinsen	2	
e) Gutschrift für die Vermietung eines Büroraumes	2	
f) Entnahme von Rohstoffen	1	
g) Tilgung eines Darlehens	3	
h) Banklastschrift für die Zahlung von Zinsen für das Darlehen	1	
i) Zahlung einer Werbeanzeige in bar	1	
j) Entnahme von Hilfsstoffen	1	
k) Zahlung von Löhnen per Banküberweisung	1	
l) Zahlung einer Reparatur für eine Maschine	1	
m) Kunde zahlt eine noch offene Rechnung per Banküberweisung	3	
n) Zahlung einer noch offenen Liefererrechnung per Banküberweisung	3	

5 Der Erfolg im Industriebetrieb

Kompetenzcheck

▶ **Kann-Liste:** Grundlagen der Buchführung III

☐ Erfolgskonten

Ich kann …	Information	Aufgaben	Eigene Kompetenzeinschätzung
den Unterschied zwischen Aufwands- und Ertragskonten erläutern und Beispiele nennen.	Kapitel 5.1	S. 55, Nr. 1 S. 57, Nr. 2 S. 58, Nr. 3	
Aufwendungen und Erträge buchungstechnisch erfassen und die Erfolgskonten über das Gewinn- und Verlustkonto abschließen.	Kapitel 5.2, 5.3	S. 69, Nr. 1 S. 70, Nr. 2, 3	
mithilfe von Aufwendungen und Erträgen den Erfolg eines Unternehmens ermitteln.	Kapitel 5.2, 5.3	S. 69, Nr. 1 S. 70, Nr. 2, 3	
das Gewinn- und Verlust-Konto über das Eigenkapitalkonto abschließen.	Kapitel 5.2, 5.3	S. 69, Nr. 1 S. 70, Nr. 2, 3	
… eigene Ergänzungen			

 Wissen  Fertigkeiten  Sozialkompetenz Selbstständigkeit

6 Der Zusammenhang zwischen Bestands- und Erfolgskonten

▶ **Fallsituation**

Nachdem Carina auch die Behandlung der Erfolgskonten nachvollziehen kann, möchte Frau Straub gerne die nächste Aufgabe bekannt geben. Carina soll nun noch einmal den Zusammenhang zwischen den Bestands- und Erfolgskonten darstellen, indem Sie den folgenden Arbeitsauftrag bearbeitet.

Anwendungsaufgabe

Die nachfolgende Abbildung soll den Zusammenhang zwischen Eröffnungs- und Schlussbilanz sowie Bestands- und Erfolgskonten aufzeigen.

Vervollständigen Sie die Abbildung, indem Sie die Nummern aus der unten stehenden Tabelle ergänzen. (Achtung: Einige Nummern werden zweimal verwendet!)

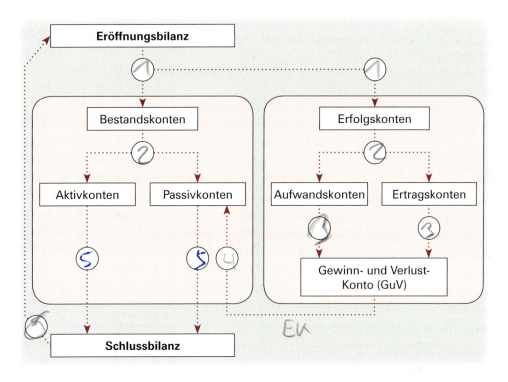

Nr.	Reihenfolge der buchungstechnischen Arbeiten
①	Eröffnung der Bestandskonten über die Eröffnungsbilanz und Einrichtung der Erfolgskonten
②	Laufende Buchungen der Geschäftsfälle auf den Bestands- und Erfolgskonten
③	Abschluss der Erfolgskonten über das GuV-Konto
④	Abschluss des GuV-Kontos über das Bestandskonto „Eigenkapital"
⑤	Abschluss aller Bestandskonten über die Schlussbilanz (nach Abstimmung mit den Inventurergebnissen)
⑥	Die Schlussbilanz eines Geschäftsjahres entspricht der Eröffnungsbilanz des nachfolgenden Geschäftsjahres (= Grundsatz der Bilanzidentität). Der Prozess beginnt nun wieder von vorn.

7 Der Industriekontenrahmen als Ordnungsprinzip für die Buchführung

▶ **Fallsituation:** Wie soll man bloß ein Konto finden?

In der Rewe-Abteilung der BüKo OHG liegen die folgenden Geschäftsfälle zur Bearbeitung vor:

Beleg-Nr.	Datum	Geschäftsfälle	Betrag in EUR
①	07.01.	Kunde Leibold zahlt unsere noch offene Ausgangsrechnung Nr. 145 per Banküberweisung über	5.600,00
②	21.01.	Banklastschrift über die Zahlung unserer noch offenen Eingangsrechnung an unseren Lieferer Hartmann über	2.300,00
③	05.02.	Eingangsrechnung vom Lieferer Henry über den Zielkauf von Stoffballen für die Polsterung der Seminarstühle	750,00
④	10.02.	Ausgangsrechnung an den Kunden Leibold über den Verkauf von Seminarstühlen auf Ziel	1.600,00
⑤	15.03.	Die Bank schreibt uns auf unserem Bankkonto Zinsen gut	250,00
⑥	30.03.	Die noch offene Ausgangsrechnung an den Kunden Schulze wird bar bezahlt	620,00
⑦	12.04.	Wir kaufen Büromaterial in bar	150,00
⑧	25.04.	Lastschrift auf unserem Bankkonto zwecks Zahlung der Miete unseres Lagergebäudes	320,00
⑨	03.05.	Herr Nolte entnimmt Geld aus der Kasse und zahlt es auf das Bankkonto ein	400,00
⑩	10.05.	Löhne werden per Banküberweisung gezahlt	17.500,00
⑪	20.06.	Eingangsrechnung über den Einkauf von Holz für die Klappstühle auf Ziel	3.900,00
⑫	14.07.	Eingangsrechnung über den Einkauf von Schrauben für die Klappstühle auf Ziel	700,00
⑬	29.07.	Eingangsrechnung über den Einkauf von Schmiermitteln für die Maschinen auf Ziel	110,00
⑭	02.08.	Entnahme von Holz lt. Materialentnahmeschein	1.400,00
⑮	03.08.	Entnahme von Schrauben lt. Materialentnahmeschein	85,00
⑯	05.09.	Verkauf von Seminarstühlen lt. Ausgangsrechnung an unsere Kunden mit Zahlungsziel	24.250,00

Frau Straub möchte, dass Carina die Buchung von nun an mithilfe der Kontonummern aus dem Industriekontenrahmen vornimmt.

7 Der Industriekontenrahmen als Ordnungsprinzip für die Buchführung

 **INFO-BOX**

Aufgaben und Aufbau des Industriekontenrahmens (IKR)

Die Buchführung soll die Informationsgrundlage für unternehmerische Steuerung und Kontrolle bilden. Sie dient als Planungsgrundlage und unterstützt Entscheidungen der Unternehmensleitung. Hierfür ist eine betriebswirtschaftliche Auswertung des in der Buchführung erfassten Datenmaterials erforderlich. Um eine solche Auswertung zu ermöglichen, ist ein ausführlich gegliedertes und EDV-gerechtes Ordnungssystem für die Buchführung entwickelt worden: der Kontenrahmen.

Kontenrahmen werden für die einzelnen Branchen von den jeweiligen Wirtschaftsverbänden herausgegeben, z. B. für Industriebetriebe, für den Groß- und Außenhandel, für den Einzelhandel, für Banken und Versicherungen. **Sie sind nicht verbindlich, sondern stellen Empfehlungen für eine einheitliche Kontengliederung und Kontenbezeichnung in den jeweiligen Branchen dar.** Jedem Unternehmen ist es freigestellt, den Kontenrahmen in der veröffentlichten Originalfassung zu übernehmen oder in einer abgewandelten Form anzuwenden, wenn die besonderen Verhältnisse des Unternehmens dies erfordern.

▶ Industriekontenrahmen

Vorteile der Verwendung von Kontenrahmen:
- eine einheitliche Vorgehensweise bei der Buchung von Geschäftsfällen,
- eine Vereinfachung der Buchungsarbeit,
- Zeit- und Betriebsvergleiche zur Überwachung der Wirtschaftlichkeit,
- betriebsfremde Personen (Betriebsprüfer) können sich in der Buchführung verschiedener Unternehmen besser zurechtfinden.

Mit dem **Industriekontenrahmen (IKR)** hat der Bundesverband der Deutschen Industrie bereits im Jahre 1971 eine Empfehlung für eine einheitliche Kontengliederung und Bezeichnung an alle Industriebetriebe herausgegeben. Wir beziehen uns auf den IKR in der **gekürzten Fassung für Aus- und Weiterbildung**. Sie finden diesen am Ende des Buches auf dem eingeklebten Faltblatt.

Der Industriekontenrahmen ist nach dem **Abschlussgliederungsprinzip** aufgeteilt (siehe Kontenklassen).

Kontenrahmen (= Kontenordnungssytem)
- systematische und detaillierte Gliederung
- einheitliche Kontenbezeichnung

Das Gliederungsprinzip wird durch Kontonummern unterstützt, was insbesondere für die EDV-Buchhaltung eine wesentliche Bedeutung hat.

1. Ziffer	2. Ziffer	3. Ziffer	4. Ziffer
Kontenklasse	Kontengruppe	Kontenart	Kontenunterart

Die 4. Stelle gibt dem einzelnen Unternehmen die Möglichkeit, auf seine individuellen Bedürfnisse einzugehen und die für das spezielle Unternehmen benötigten Konten einzurichten. Die nur im speziellen Unternehmen geführten Konten ergeben den **Kontenplan**.

7 Der Industriekontenrahmen als Ordnungsprinzip für die Buchführung

	Kontenklasse	Inhalt
Bestands-konten	0	Immaterielle Vermögensgegenstände und Sachanlagen
	1	Finanzanlagen
	2	Umlaufvermögen und aktive Rechnungsabgrenzung (ARA)
	3	Eigenkapital, Wertberichtigungen, Rückstellungen
	4	Verbindlichkeiten und passive Rechnungsabgrenzung (PRA)
Erfolgs-konten	5	Erträge (einschließlich Berichtigungen)
	6	Betriebliche Aufwendungen (einschließlich Berichtigungen)
	7	Weitere Aufwendungen
	8	Ergebnisrechnung (Abschlusskonten)
	9	Kosten- und Leistungsrechnung

(Kontenrahmen)

Die Gliederung der Bilanz ist geregelt in § 266 HGB (vgl. Rückseite des IKR am Ende des Buches).

Soll		8010 Schlussbilanzkonto		Haben
Kontenklasse	**AKTIVA**		**Kontenklasse**	**PASSIVA**
0	Immaterielle Vermögensgegenstände und Sachanlagen		3	Eigenkapital, Rückstellungen
1	Finanzanlagen		4	Verbindlichkeiten und PRA
2	Umlaufvermögen und ARA			

Die Gliederung der GuV ist geregelt in § 275 HGB (vgl. Rückseite des IKR am Ende des Buches).

Soll		8020 Gewinn- und Verlust-Konto		Haben
Kontenklasse	**Aufwendungen**		**Kontenklasse**	**Erträge**
6	Betriebliche Aufwendungen		5	Erträge
7	Weitere Aufwendungen			

↓

Vereinfachung der Buchungsarbeit:

Konto**bezeichnungen** werden durch Konto**nummern** ersetzt

Beispiel: Barkauf eines Geschäftswagens für 10.000,00 EUR

Die Kontenbezeichnungen werden um die entsprechenden Kontonummern ergänzt.

	Grundbuch		
Nr.	**Buchungssatz**	**Soll**	**Haben**
①	0840 Fuhrpark an 2880 Kasse	10.000,00	10.000,00

Eine andere Möglichkeit besteht darin, dass nur noch mit den Kontonummern gebucht wird:

	Grundbuch		
Nr.	**Buchungssatz**	**Soll**	**Haben**
①	0840 an 2880	10.000,00	10.000,00

7 Der Industriekontenrahmen als Ordnungsprinzip für die Buchführung

Anwendungsaufgaben

1. Erläutern Sie den Aufbau des IKR und diskutieren Sie seine Vorteile.

   _____
   _____
   _____
   _____
   _____

2. Buchen Sie mithilfe des Kontenrahmens die Geschäftsfälle ① bis ⑯ im Grundbuch, indem Sie sowohl die Kontonummer als auch die Kontobezeichnung angeben.

Grundbuch			
Nr.	Buchungssatz	Soll	Haben
①			
②			
③			
④			
⑤			
⑥			
⑦			
⑧			
⑨			
⑩			
⑪			

7 Der Industriekontenrahmen als Ordnungsprinzip für die Buchführung

Grundbuch			
Nr.	Buchungssatz	Soll	Haben
⑫			
⑬			
⑭			
⑮			
⑯			

Vertiefende Aufgaben

1. Suchen Sie mithilfe des IKR die folgenden Konten:

   Maschinen, Rohstoffe, Umsatzerlöse, Eigenkapital, Zinserträge, Liefererverbindlichkeiten, Löhne, Mietaufwendungen, Aufwendungen für Rohstoffe, Büromaterial, Betriebs- und Geschäftsausstattung, Schlussbilanzkonto, GuV-Konto.

2. Sie sollen für die BüKo OHG die folgenden Konten einrichten:

   Bankguthaben Deutsche Bank und Sparkasse; die Forderungen a. LL.

   Ordnen Sie jedem Konto eine spezielle Kontonummer zu.

3. Sie arbeiten in der Öko-Tex GmbH. Es liegen Ihnen die folgenden Geschäftsfälle vor:

Nr.	Geschäftsfälle
①	Eingangsrechnung über den Kauf von Stoffballen in Höhe von 4.000,00 EUR auf Ziel.
②	Laut Materialentnahmeschein: Entnahme von Stoffballen aus dem Wareneingangslager: 1.200,00 EUR.
③	Die Bank belastet das Geschäftskonto mit Darlehenszinsen in Höhe von 350,00 EUR.
④	Kauf von Büromaterial gegen Barzahlung in Höhe von 65,00 EUR.
⑤	Kauf eines Pkw gegen Bankscheck im Wert von 30.000,00 EUR.
⑥	Die Öko-Tex GmbH hat einen Gebäudeteil vermietet. Der Mieter überweist die fällige Miete auf das Bankkonto: 840,00 EUR.
⑦	Laut Materialentnahmeschein: Entnahme von Betriebsstoffen aus dem Wareneingangslager: 310,00 EUR.
⑧	Banküberweisung einer noch offenen Liefererrechnung in Höhe von 2.890,00 EUR.
⑨	Verkauf von Hosen und Jacken an den Kunden Roswig. Das Zahlungsziel der Ausgangsrechnung beträgt 10 Tage ab Rechnungsdatum: 8.750,00 EUR.

   Bilden Sie für die oben aufgeführten Geschäftsfälle die Buchungssätze unter Verwendung der Kontonummern aus dem Kontenrahmen.

7 Der Industriekontenrahmen als Ordnungsprinzip für die Buchführung

4. Zum 31.12. eines Jahres wurde in der BüKo OHG das folgende unvollständige Schlussbilanzkonto erstellt:

Soll			8010 Schlussbilanzkonto			Haben
0500	Grundstücke und Geb.	500.000,00	3000	Eigenkapital		?
0700	Maschinen	210.000,00	4250	Verbindlichkeiten g. KI		460.000,00
0800	BGA	70.000,00	4400	Verbindlichkeiten a. LL		57.000,00
2000	Rohstoffe	95.000,00				
2020	Hilfsstoffe	6.300,00				
2400	Forderungen a. LL	83.000,00				
2800	Bank	37.000,00				
2880	Kasse	640,00				

Mit dem 01.01. des darauffolgenden Jahres werden Sie damit beauftragt, die Geschäftsfälle zu erfassen. Es liegen Ihnen die folgenden Geschäftsfälle vor:

Nr.	Geschäftsfälle
①	Es liegt eine Eingangsrechnung über den Kauf einer Zuschneidemaschine im Wert von 18.000,00 EUR von der Fa. Rollefs für die Produktion vor.
②	Die BüKo OHG kauft von der Fa. Berthold Holz im Wert von 8.000,00 EUR und Schrauben für die Fertigung der Seminarstühle im Wert von 210,00 EUR und erhält eine entsprechende Rechnung mit Zahlungsziel.
③	Der Kunde Lindemann zahlt per Banküberweisung die Rechnung über die erhaltenen Seminarstühle in Höhe von 4.500,00 EUR.
④	Der Materialentnahmeschein über die Entnahme von Holz und im Wert von 83.000,00 EUR und Schrauben im Wert von 95,00 EUR ist zu buchen.
⑤	Die BüKo OHG kauft Kopierpapier im Wert von 64,00 EUR und zahlt es in bar.
⑥	Die noch offene Liefererrechnung der Fa. Berthold wird per Banküberweisung in voller Höhe bezahlt.
⑦	Herr Rose überweist die Miete in Höhe von 760,00 EUR für Büroräume, die die BüKo OHG vermietet hat.
⑧	Die BüKo OHG verkauft einen nicht mehr benötigten PC im Wert von 720,00 EUR in bar.
⑨	Die BüKo OHG zahlt auf dem Bankkonto 800,00 EUR in bar ein. Der Betrag wurde der Kasse entnommen.
⑩	Die BüKo OHG verkauft ihre produzierten Seminarstühle im Wert von 104.000,00 EUR mit Zahlungsziel an den Großhändler Klapp.
⑪	Das Bankkonto der BüKo OHG wird mit den beiden folgenden Beträgen belastet: für die Tilgung des Darlehens: 5.000,00 EUR und die monatlichen Zinsen: 2.490,00 EUR.

a) Buchen Sie die Geschäftsfälle im Grundbuch.

b) Erfassen Sie die Anfangsbestände im Hauptbuch und buchen Sie die Geschäftsfälle im Hauptbuch.

c) Schließen Sie die Konten ab und ermitteln Sie den Erfolg der Periode.

5. Sie arbeiten in der Öko-Tex GmbH, die Jeanshosen herstellt. Ihnen liegen zum 01.01.20.. die folgenden Daten vor:

0500 Grundstücke und Gebäude 2.000.000,00 EUR;

0700 Maschinen 9.500.000,00 EUR;

0800 BGA 182.000,00 EUR;

2000 Rohstoffe (Stoffballen) 167.300,00 EUR;

2400 Forderungen a. LL 187.000,00 EUR;

2800 Bank ? EUR;

2880 Kassenbestand ? EUR;

3000 Eigenkapital ? EUR;

4250 Verbindlichkeiten g. KI (Darlehen) ? EUR;

4400 Verbindlichkeiten a. LL 520.000,00 EUR.

7 Der Industriekontenrahmen als Ordnungsprinzip für die Buchführung

Im Verlauf des Jahres erhalten Sie die folgenden Belege:

① – ③

Kontoauszug — Sparkasse Ibbenbüren — S K

Konto-Nr.	Datum	Aus.-Nr.	Blatt	Buch.tag	Umsatz
60000000	03.01.	1	1	03.01.	
1. Gutschrift Bankscheck Nr. 987 Fa. Conrad für Verkauf Nähmaschine					6.000,00 H
2. Gutschrift der Fa. Kummer für Rechnung Nr. 123					10.000,00 H
3. Lastschrift der Fa. Reif für Rechnung Nr. 67					12.000,00 S

Öko-Tex GmbH
Steinmannweg 1
49479 Ibbenbüren

BIC: WELADED1STF
IBAN: DE26 4035 1060 0060 0000 00

Alter Saldo: H 65.000,00 EUR
Neuer Saldo: H 69.000,00 EUR

④

◆ LL ◆ Textilausrüstung

Lothar Lindemann KG ◆ Südstr. 58 ◆ 47803 Krefeld

Öko-Tex GmbH
Steinmannweg 1
49479 Ibbenbüren

RECHNUNG Nr. 152   Datum: 01.10.20..

Menge	Bezeichnung	Einzelpreis	Gesamtpreis
10	Stoffballen	500,00 EUR	5.000,00 EUR

Zahlbar innerhalb von 8 Tagen ab Rechnungsdatum.

⑤

Darlehensauszug — Sparkasse Ibbenbüren — S K

Konto-Nr.	Datum	Aus.-Nr.	Blatt	Buch.tag	Umsatz
60000012	03.01.	1	1	03.01.	
5. Rückzahlung					15.000,00 H

Öko-Tex GmbH
Steinmannweg 1
49479 Ibbenbüren

BIC: WELADED1STF
IBAN: DE26 4035 1060 0060 0000 12

Alter Saldo: S 8.890.000,00 EUR
Neuer Saldo: S 8.875.000,00 EUR

⑥ – ⑦

Kontoauszug — Sparkasse Ibbenbüren — S K

Konto-Nr.	Datum	Aus.-Nr.	Blatt	Buch.tag	Umsatz
60000000	03.01.	1	2	03.01.	
6. Überweisung der Löhne					3.200,00 S
7. Bareinzahlung					300,00 H

Öko-Tex GmbH
Steinmannweg 1
49479 Ibbenbüren

BIC: WELADED1STF
IBAN: DE26 4035 1060 0060 0000 00

Alter Saldo: H 69.000,00 EUR
Neuer Saldo: H ? EUR

⑦ – ⑨

Kassenbericht per Januar 20..			
Datum	Text	Einnahme in EUR	Ausgabe in EUR
01.01.	Bestand	10.000,00	
03.01.	**7.** Entnahme zwecks Einzahlung auf Bankkonto		300,00
	8. Kauf PC fürs Büro		3.200,00
04.01.	**9.** Kunde Dommer zahlt Rechnung Nr. 55	600,00	
	Summe		
	Saldo (Kassenbestand)		
	Summen		

⑩

Materialentnahmeschein			...-01–08
Menge	Bezeichnung	Einzelwert in EUR	Gesamtwert in EUR
210	Stoffballen	500,00	105.000,00
abgebende Stelle		Lager	
empfangende Stelle		Fertigung	
Unterschrift:		Lenz	

⑪

Öko-Tex GmbH – Steinmannweg 1 – 49479 Ibbenbüren
Textilhandel Exklusiv GmbH
Postfach 567
37620 Halle

Datum: 16.01.20..
Rechnung: Nr. 422

Menge	Bezeichnung	Einzelpreis	Gesamtpreis
1500	Jeans	95,00 EUR	142.500,00 EUR

Zahlung innerhalb von 10 Tagen ab Rechnungsdatum.

a) Ermitteln Sie die fehlenden Bestände zum 01.01.20.. und richten Sie für jeden aufgeführten Bestand ein Konto ein. Buchen Sie die Anfangsbestände.

b) Bilden Sie die Buchungssätze für die Geschäftsfälle 1–11 im Grundbuch.

c) Buchen Sie die Geschäftsfälle 1–11 im Hauptbuch.

d) Schließen Sie die Erfolgskonten über das GuV-Konto ab und ermitteln Sie den Gewinn. Schließen Sie die Bestandskonten über das SBK ab.

8 Die Umsatzsteuer

8.1 Wie kommt der Staat zur Umsatzsteuer?

▶ **Fallsituation:** Warum Umsatzsteuer?

▶ Umsatzsteuer

Die Produkte der BüKo OHG werden i. d. R. an gewerbliche Endkunden und den Fachhandel vertrieben. Die Mitarbeiter dürfen jedoch alle Produkte im Werksverkauf beziehen. Diese Möglichkeit möchte auch Carinas Vater nutzen, da er nach der Renovierung seines kleinen privaten Arbeitszimmers auf der Suche nach neuen Sitzgelegenheiten ist: *„Carina, kannst du mir nicht einen Katalog und eine Preisliste eurer Produkte mitbringen?" „Natürlich, Papa, als Mitarbeiterin bekomme ich sogar einen Rabatt von 50 % auf alle unsere Waren!"*

Carinas Vater sucht sich eines der Stuhlmodelle aus, von dem er vier Stück benötigt. Der Listenpreis beträgt 200,00 EUR pro Stück, also insgesamt 800,00 EUR. *„Carina, bestelle du doch bitte auf deinen Namen diese Stühle. Ich überweise dir dann die 400,00 EUR direkt auf dein Girokonto."*

Nach 14 Tagen bringt Carina die Stühle und die Rechnung mit nach Hause.

BüKo OHG – Kaiser-Wilhelm-Ring 10 – 50877 Köln
Frau
Carina Crämer
Im Hause

Bei Zahlung bitte angeben:
Rechnung-Nr.: 20141112
Kunden-Nr.: 1202332
Datum: 30.01.20..

RECHNUNG

Menge	Bezeichnung	Betrag
4	Seminarstühle Ergo Sim®	800,00 EUR
	– 50 % Mitarbeiterrabatt	400,00 EUR
	Warenwert netto:	400,00 EUR
	zzgl. 19 % Umsatzsteuer	76,00 EUR
	Rechnungsbetrag	476,00 EUR

Zahlbar innerhalb von 30 Tagen ab Rechnungsdatum auf unser Bankkonto!

Carinas Vater ist von der Qualität der Stühle begeistert, jedoch über die Höhe der Rechnung verwundert: *„Muss ich tatsächlich 476,00 EUR bezahlen? Ich hatte doch nur mit 400,00 EUR gerechnet!?"*

8 Die Umsatzsteuer

Anwendungsaufgabe

Können Sie diese Frage beantworten? Muss Carinas Vater wirklich den ausgewiesenen Rechnungsbetrag in Höhe von 476,00 EUR bezahlen? Begründen Sie Ihre Antwort auf Grundlage Ihrer bisher vorhandenen Kenntnisse zur Umsatzsteuer.

„Muss ich tatsächlich 476,00 EUR bezahlen?"

___

Die Letzten beißt die Umsatzsteuer

Carina konnte ihren Vater nur mühsam beruhigen. Am nächsten Tag nimmt sie die Rechnung mit in ihr Ausbildungsunternehmen, um sich bei Frau Straub über den zu zahlenden Betrag zu erkundigen. Carina teilt Frau Straub mit, dass sie eigentlich eine Rechnung über 400,00 EUR erwartet hat: *„Warum muss ich denn nun 476,00 EUR zahlen?"* fragt sie. Frau Straub entgegnet Carina: *„Am besten betrachten Sie Ihre Rechnung aus Sicht der BüKo OHG!"* Folgenden Informationstext legt ihr Frau Straub vor:

 INFO-BOX

Umsatzsteuer? Vorsteuer? Mehrwertsteuer? ▶ Umsatzsteuer

Für die Finanzierung der Bereitstellung öffentlicher Güter (Schulen, Straßen, Sicherheit usw.) benötigt der Staat Einnahmen. **Die Umsatzsteuer** stellt in Deutschland eine der wichtigsten Einnahmequellen des Staates dar. Das Steueraufkommen betrug in den vergangenen Jahren cirka 160 Milliarden EUR. Dies entspricht ungefähr einem Drittel der gesamten Steuereinnahmen der Bundesrepublik Deutschland. **Der reguläre, seit 2007 gültige Steuersatz beträgt 19 %. Der ermäßigte Steuersatz beträgt derzeit 7 %** und hat u. a. Gültigkeit bei Grundnahrungsmitteln (keine Restaurantdienstleistungen!), Blumen, Verlagserzeugnissen und kulturellen Veranstaltungen. Erhoben wird die Umsatzsteuer auf alle Lieferungen und sonstigen Leistungen von Unternehmen. Bemessungsgrundlage der Umsatzsteuer ist das Entgelt, das der Empfänger netto (d. h. ohne Umsatzsteuer) aufzuwenden hat, um die Lieferung oder Leistung zu erhalten. Völlig befreit von der Umsatzsteuer sind private Geschäfte, bestimmte Exportumsätze, ärztliche Leistungen, Kreditgewährungen usw.

Die Regelungen zur Umsatzsteuer in der Bundesrepublik Deutschland sind im **Umsatzsteuergesetz (UStG)** niedergeschrieben. Die Umsatzsteuer, häufig auch als Mehrwertsteuer bezeichnet, ist eine verbrauchsabhängige Steuer, die den Endverbraucher beim Erwerb eines Produkts oder einer Leistung belasten soll. **Der Endverbraucher wird auch als Steuerträger bezeichnet**. Und genau an dieser Stelle entsteht ein Problem: Der Endverbraucher unterliegt keinerlei Verpflichtung zur Erstellung von Aufzeichnungen, die Rückschlüsse auf die entstandene Steuerschuld zulassen. Der Gesetzgeber greift daher auf eine Quelle zurück, bei der eine Aufzeichnungspflicht besteht: die Unternehmen! Diese sind – wie Sie dem Kapitel 2 entnehmen konnten – verpflichtet, Aufzeichnungen zu erstellen, aus denen sich wiederum Grundlagen für die Besteuerung feststellen lassen. Der Gesetzgeber hat die Unternehmen verpflichtet, dem Endverbraucher die Umsatzsteuer in Rechnung zu stellen, sie also zu vereinnahmen und an die Finanzbehörden weiterzuleiten. **Die Unternehmen werden daher auch als Steuerschuldner** bezeichnet. **Diese Steuerschuld stellt eine Verbindlichkeit gegenüber dem Staat/dem Finanzamt dar.** In dieser Eigenschaft handelt es sich um ein **passives Bestandskonto**.

Da nun jedoch der Unternehmer nicht bei jeder Ausgangsrechnung prüfen kann, ob es sich beim Rechnungsempfänger um einen Endverbraucher oder einen gewerblichen Nutzer handelt, besteht die Verpflichtung zum Einzug **bei jeder Ausgangsrechnung,** unabhängig vom Empfänger der Rechnung. **Dennoch ist die Umsatzsteuer für ein Unternehmen keine finanzielle Belastung**, denn: Anders als beim Endverbraucher erstattet der Staat den Unternehmen, die Empfänger einer Rechnung sind, die darin enthaltene Umsatzsteuer. Zur Unterscheidung wird die Umsatzsteuer an dieser Stelle als **Vorsteuer** bezeichnet. **Sie stellt eine Forderung gegenüber dem Staat/dem Finanzamt dar.** In dieser Eigenschaft handelt es sich um ein **aktives Bestandskonto**.

▶ Vorsteuer

Das System der Umsatzsteuer

Eingangsrechnung (bei regulärem Steuersatz von 19%)			Ausgangsrechnung (bei regulärem Steuersatz von 19%)		
Warenwert/ Nettobetrag	100%	Wert der bezogenen Güter/Leistungen	Warenwert/ Nettobetrag	100%	Wert der gelieferten Güter/Leistungen
Vorsteuer	19%	Forderung gegenüber dem Staat	**Umsatzsteuer**	19%	Verbindlichkeit gegenüber dem Staat
Gesamtbetrag/ Bruttobetrag der Eingangsrechnung	119%	Verbindlichkeit gegenüber dem Lieferer	Gesamtbetrag/ Bruttobetrag der Ausgangsrechnung	119%	Forderung gegenüber dem Kunden

Bitte merken!	Bitte merken!
Die in den **Eingangsrechnungen** ausgewiesene Umsatzsteuer stellt eine **Forderung** gegenüber dem Staat dar. Sie wird daher auf einem aktiven Bestandskonto **2600 Vorsteuer** gebucht. (**Vorsteuer** kann mit **VSt** abgekürzt werden.)	Die in den **Ausgangsrechnungen** ausgewiesene Umsatzsteuer stellt eine **Verbindlichkeit** gegenüber dem Staat dar. Sie wird daher auf einem passiven Bestandskonto **4800 Umsatzsteuer** gebucht. (**Umsatzsteuer** kann mit **USt** abgekürzt werden.)

Verrechnung von Umsatzsteuerverbindlichkeit und Vorsteuerforderung

Sie haben festgestellt, dass Unternehmen sich die Vorsteuer aus den Eingangsrechnungen erstatten lassen, während sie die Umsatzsteuer, die auf den eigenen Ausgangsrechnungen ausgewiesen ist, an das Finanzamt abführen müssen. Es ist dabei nicht sinnvoll, die abzuführende Umsatzsteuer dem Finanzamt zu überweisen und sich wiederum die Vorsteuer zurücküberweisen zu lassen. Aus diesem Grund **werden Umsatzsteuer und Vorsteuer miteinander verrechnet**. Für diese Verrechnung besteht hinsichtlich des Abschlusses der Konten Umsatzsteuer und Vorsteuer untereinander eine Regel: **Das Konto mit dem kleineren Saldo wird über das Konto mit dem größeren Saldo abgeschlossen!**

In den meisten Fällen hat ein Unternehmen höhere Umsatzsteuerbeträge von Kunden vereinnahmt als es Vorsteuerbeträge an die Lieferer gezahlt hat. In diesem Falle entsteht aus der o. g. Verrechnung eine **Umsatzsteuerzahllast**.

Zwar ist die Umsatzsteuer eine Jahressteuer, doch verlangt der Gesetzgeber in der Regel eine monatliche Zahlung der **Umsatzsteuerzahllasten**, die jeweils **bis zum 10. des Folgemonats** zu erfolgen hat. Am Jahresende – zum Zeitpunkt der Erstellung der Schlussbilanz – muss eine eventuelle Umsatzsteuerzahllast in dieser Schlussbilanz berücksichtigt werden. Hierauf kommen wir an späterer Stelle noch einmal zurück.

8 Die Umsatzsteuer

Die Funktionsweise der Verrechnung stellt sich wie folgt dar:

Bis ein Produkt oder eine Dienstleistung beim Endkunden angekommen ist, wird eine Wertschöpfungskette durchlaufen. Entlang dieser Wertschöpfungskette fügt jedes Unternehmen diesem Produkt bzw. der Dienstleistung einen **Mehrwert** hinzu. Denken Sie dabei an die Fertigung eines Seminarstuhls der BüKo OHG. Von der Rohstoffgewinnung (bspw. dem Fällen von Bäumen zur Gewinnung von Holz) über die Weiterverarbeitung bis hin zum Endverbraucher erhöht sich der Wert dieses Produkts von Stufe zu Stufe. Nur deshalb kann auf den Märkten von Stufe zu Stufe ein höherer Preis erzielt werden. **Die Höhe des o. g. Mehrwerts** errechnet sich demnach auf jeder Stufe aus der Differenz zwischen dem Einkaufs- und dem Verkaufspreis.

Ein vereinfachtes Beispiel, das sich auf unseren Ausgangsfall bezieht, soll dies noch einmal verdeutlichen:

- Der Forstbetrieb, der die Bäume fällt, liefert diese an das weiterverarbeitende Sägewerk Schlüter GmbH. Der Verkaufspreis für die Baumstämme beträgt 100,00 EUR zuzüglich Umsatzsteuer.
- Das Sägewerk Schlüter GmbH verarbeitet die Baumstämme zu Holzplatten und liefert diese an die BüKo OHG. Der Preis hierfür beträgt 150,00 EUR zuzüglich Umsatzsteuer.
- Die BüKo OHG fertigt die vollständigen Stühle und verkauft diese an Carinas Vater zum Preis von 400,00 EUR zuzüglich Umsatzsteuer.

Es entsteht folgender Beziehungszusammenhang (wir unterstellen hierbei aus Vereinfachungsgründen, dass der Forstbetrieb keinerlei Leistungen aus einer Vorstufe in Anspruch genommen hat):

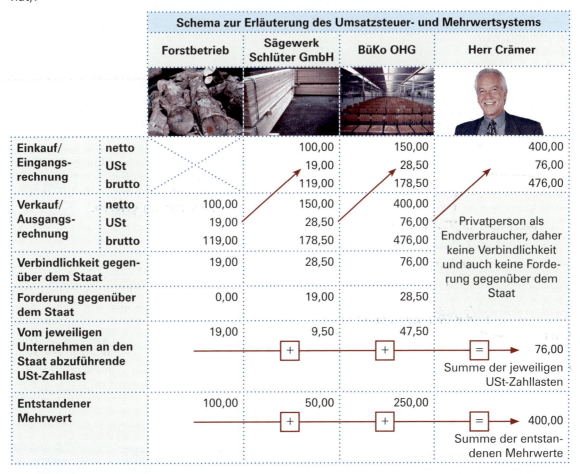

Es ist zu erkennen, dass der Endverbraucher – in diesem Falle Herr Crämer – die Besteuerung des gesamten Mehrwertes zu tragen hat. Er ist der Steuerträger!

8 Die Umsatzsteuer

Anwendungsaufgaben

1. Die nachfolgenden Rechnungen ① bis ③ sind unvollständig. Ergänzen Sie die Angaben, die nach den Ihnen bekannten Vorschriften des Umsatzsteuergesetzes (siehe Info-Box) notwendig sind.

①

Ausgangsrechnung für Color Chemie AG

COLOR CHEMIE AG

Color Chemie AG • Maarstraße 67 • 50858 Köln

Lothar Lindemann KG
Textilausrüstung
Südstr. 58
47803 Krefeld

Rechnung 3. Januar 20..

Bezeichnung	Preis	Gesamtpreis
10 kg Farbe f. Polsterstoffe	je 100,00 EUR	Nettowarenwert 1.000,00 EUR
		zuzügl. USt 190,— EUR
		Rechnungsbetrag 1.190,— EUR
		Bruttowarenwert

②

Eingangsrechnung für Lothar Lindemann

♦ LL ♦ Textilausrüstung

Lothar Lindemann KG ♦ Südstr. 58 ♦ 47803 Krefeld

BüKo OHG
Kaiser-Wilhelm-Ring 10
50877 Köln

Rechnung 18. Januar 20..

Bezeichnung	Preis	Gesamtpreis
5 Polsterstoffballen	je 260,00 EUR	Nettowarenwert 1.300,00 EUR
		zuzügl. USt 247,— EUR
		Rechnungsbetrag 1.547,— EUR

※ 2 Möglichkeiten

USt > VSt   USt < VSt
150 − 50   ‖
‖   − Vorsteuerüberhang
= USt-Zahllast
(100 €)

③

BüKo OHG – Kaiser-Wilhelm-Ring 10 – 50877 Köln

Herrn Ludewig Schick
Am Riedenbach 19
49082 Osnabrück

BüKo OH

Rechnung 25. Januar 20..

Bezeichnung	Preis	Gesamtpreis
5 Seminarstühle Standard für Kinderzimmer	à 300,00 EUR	Nettowarenwert 1.500,00 EUR
		zuzügl. VSt 285,— EUR
		Rechnungsbetrag 1.785,— EUR

Die Lieferung erfolgte per Paketdienst.

8 Die Umsatzsteuer

2. Vervollständigen Sie für die Rechnungen ① bis ③ das folgende Schema.

		Color Chemie AG	Lothar Lindemann AG	Biko OHG	Endverbraucher Ludwig Schick
Verkauf (Ausgangs- rechnung)	Netto	1.000,-	1.300,-	1.500,-	\
	USt	190,-	247,-	285,-	\
	Brutto	1.190,-	1.547,-	1.785,-	\
Einkauf (Eingangs- rechnung)	Netto		1.000,-	1.300,-	1.500,-
	USt		190,-	247,-	285,-
	Brutto		1.190,-	1.547,-	1.785,-
Vom jeweiligen Unter- nehmen ans Finanzamt abzuführende **USt-Zahl- last auf der jeweiligen Ebene**		190,-	57,- (247-190)	38,-	285,- (Summe)
Entstandener Mehrwert		1.000,-	300,-	200,-	1.500,- (Summe)
Das Finanzamt erhält insgesamt:	Umsatzsteuerzahllast: 285,- EUR				

3. Beschreiben Sie, wie der Staat zu seinen Einnahmen aus der Umsatzsteuer kommt und wie sich der Begriff „Mehrwertsteuer" aus diesen drei Rechnungen erklären lässt.

Der Begriff Mehrwertsteuer entsteht dadurch, dass die UN nur die Differenz aus USt und VSt an das FA abführen müssen. Sie versteuern somit nur ihre Wertschöpfung, d.h. ihren erzeugten Mehrwert.

MWST

USt ↓
... wenn das UN Waren/DL verkauft, nimmt es auch die USt ein (Ausgangsrechnung)
- Die USt muss das UN an das FA (USt geg. FA) abführen

VSt ↓
- wenn ein UN Waren DL einkauft zahlt es die USt (Eingangsrechnung)
- Die VSt holt sich das UNT vom FA zurück (VSt geg. FA)

wird miteinander verrechnet: USt - VSt

8 Die Umsatzsteuer

8.2 Vorsteuer und Umsatzsteuer bei der Beschaffung und beim Absatz

▶ **Fallsituation:** Jetzt wird mit dem Finanzamt abgerechnet!

Teil 1: Die Ermittlung einer Umsatzsteuerzahllast

▶ Umsatzsteuerzahllast

Carina hat die umfangreichen Informationen zum System der Umsatzsteuer gelesen und fühlt sich nun sicher in der Anwendung der Begriffe „Vorsteuer" und „Umsatzsteuer". Allerdings stellt sich ihr die Frage nach der Handhabung bei der buchhalterischen Erfassung derartiger Fälle. Frau Straub und Carina führen hierzu folgendes Gespräch:

Frau Straub: Hallo Carina! Ich freue mich, dass Sie auch weiterhin voller Eifer die Hürden der Buchhaltung meistern.

Carina: Ganz so schwer waren die Zusammenhänge nicht. Einiges davon kannte ich ja bereits aus meinen persönlichen Erfahrungen.

Frau Straub: Widmen wir uns dem nächsten Thema, der Buchung von Geschäftsfällen, bei denen Vorsteuer und Umsatzsteuer anfallen. Wir beziehen uns hierzu auf einen Teil der Ihnen bereits bekannten Fälle. Sie wollen doch bestimmt in Erfahrung bringen, wie die Rechnung, die wir Ihnen für Ihren Vater mitgegeben haben, gebucht wird, oder? Und direkt dazu buchen wir auch die Eingangsrechnung unseres Holzlieferers Schlüter GmbH. Beide Belege finden Sie nachfolgend:

Eingangsrechnung

Schlüter GmbH · Neuenthalstr. 21 · 27749 Delmenhorst

BüKo OHG
Kaiser-Wilhelm-Ring 10
50877 Köln

RECHNUNG Datum: 20.01.20..

Menge	Bezeichnung	Einzelpreis	Gesamtpreis
3	Holzplatten	50,00 EUR	150,00 EUR
		Nettowarenwert:	150,00 EUR
		+ 19 % USt	28,50 EUR
		Bruttowarenwert/ Rechnungsbetrag	**178,50 EUR**

Zahlbar innerhalb von 30 Tagen ab Rechnungsdatum auf unser Bankkonto.

8 Die Umsatzsteuer

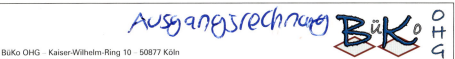

BüKo OHG – Kaiser-Wilhelm-Ring 10 – 50877 Köln

Frau
Carina Crämer
Im Hause

Bei Zahlung bitte angeben:
Rechnung-Nr.: 20141112
Kunden-Nr.: 1202332
Datum: 30.01.20..

RECHNUNG

Menge	Bezeichnung	Betrag
4	Seminarstühle Ergo Sim®	800,00 EUR
	– 50 % Mitarbeiterrabatt	400,00 EUR
	Warenwert netto:	400,00 EUR
	zzgl. 19 % Umsatzsteuer	76,00 EUR
	Rechnungsbetrag	476,00 EUR

Zahlbar innerhalb von 30 Tagen ab Rechnungsdatum auf unser Bankkonto!

Frau Straub: Sie sollen nun für beide Belege die Buchungssätze erstellen.

Carina: Okay. Ohne Berücksichtigung der Umsatzsteuer wäre das eigentlich kein Problem, denn diese Fälle haben wir bereits mehrfach gebucht.

Frau Straub: Wie würde denn der Buchungssatz in beiden Fällen lauten, wenn die Umsatzsteuer noch keine Berücksichtigung findet?

Carina: Im Falle der Eingangsrechnung unterstelle ich, dass es sich um Rohstoffe handelt, die wir auf Ziel einkaufen. Unter Berücksichtigung der entsprechenden Kontennummern lautet der Buchungssatz:

Buchungssatz	Soll	Haben
2000 Rohstoffe an 4400 Verbindlichkeiten a. LL	150,00	150,00

Im Falle der Ausgangsrechnung würde der Buchungssatz lauten:

Buchungssatz	Soll	Haben
2400 Forderungen a. LL an 5000 Umsatzerlöse f. eig. Erz.	400,00	400,00

Frau Straub: Prima. Und jetzt beachten Sie bitte die Besonderheiten. Denken Sie noch einmal an die Informationen, die ich Ihnen ausgehändigt hatte: Unser Lieferer, die Schlüter GmbH, ist verpflichtet, die Umsatzsteuer, die für uns die Vorsteuer ist, zu vereinnahmen, um sie anschließend an das Finanzamt abzuführen. Die BüKo OHG auf der anderen Seite ist ebenfalls verpflichtet, die Umsatzsteuer von Ihrem Vater zu vereinnahmen, damit wir diese an das Finanzamt abführen können. Die Vorsteuer wird als aktives Bestandskonto geführt und stellt für uns eine Forderung

8 Die Umsatzsteuer

	gegenüber dem Staat dar. Die Umsatzsteuer wird als passives Bestandskonto geführt und ist eine Verbindlichkeit gegenüber dem Staat.
Carina:	Dann weiß ich, wie das Ganze gebucht werden muss. Aus meinen o. g. Buchungssätzen wird sich der Betrag der gesamten Forderung bzw. der gesamten Verbindlichkeit erhöhen. Gleichzeitig muss ich die Konten Vorsteuer und Umsatzsteuer einführen und hierauf separat buchen.
Frau Straub:	Wir machen uns gleich an die Arbeit und buchen diese Fälle.

INFO-BOX

Buchungen bei Eingangsrechnungen

Die in den **Eingangsrechnungen** ausgewiesene Umsatzsteuer stellt aufgrund des Erstattungsanspruchs eine **Forderung** gegenüber dem Staat dar. Sie wird auf einem aktiven Bestandskonto **2600 Vorsteuer** gebucht.

Beispielhafte Geschäftsfälle:

① Kauf von Hilfsstoffen auf Ziel im Wert von 2.000,00 EUR netto.

② Reparatur einer Maschine. Der Bruttobetrag in Höhe von 595,00 EUR wird sofort in bar bezahlt.

Grundbuch			
Nr.	Buchungssatz	Soll	Haben
①	**Buchung des Hilfsstoffeinkaufs**		
	2020 Hilfsstoffe	2.000,00	
	2600 Vorsteuer	380,00	
	an 4400 Verbindlichkeiten a. LL		2.380,00
②	**Buchung der Maschinenreparatur**		
	6160 Fremdinstandhaltung	500,00	
	2600 Vorsteuer	95,00	
	an 2880 Kasse		595,00

Buchungen bei Ausgangsrechnungen

Die in den **Ausgangsrechnungen** ausgewiesene Umsatzsteuer stellt eine **Verbindlichkeit** gegenüber dem Staat dar. Sie wird auf einem passiven Bestandskonto **4800 Umsatzsteuer** gebucht.

Beispielhafte Geschäftsfälle:

③ Verkauf von fertigen Erzeugnissen im Wert von 3.000,00 EUR netto.

④ Erhalt eines Schecks über einen Provisionsanspruch in Höhe von 476,00 EUR brutto.

8 Die Umsatzsteuer

Grundbuch			
Nr.	Buchungssatz	Soll	Haben
③	**Buchung des Verkaufs der fertigen Erzeugnisse**		
	2400 Forderungen a. LL	3.570,00	
	an 5000 Umsatzerlöse für eig. Erzeugnisse		3.000,00
	an 4800 Umsatzsteuer		570,00
④	**Buchung des Provisionsertrags**		
	2800 Bank	476,00	
	an 5410 Sonstige Erträge (z.B. Provisionen)		400,00
	an 4800 Umsatzsteuer		76,00

Ermittlung und Buchung einer Umsatzsteuerzahllast

Aus den o. g. Beispielen der Eingangs- und Ausgangsrechnungen ergibt sich folgendes Bild auf den Konten Vorsteuer und Umsatzsteuer:

Soll	2600 Vorsteuer	Haben		Soll	4800 Umsatzsteuer	Haben
①	380,00				③	570,00
②	95,00				④	76,00

Die Summe der Umsatzsteuerbeträge ist **größer** als die Summe der Vorsteuerbeträge, sodass eine **Umsatzsteuerzahllast** entsteht. Hierzu werden beide Konten miteinander verrechnet:

Die weiteren Buchungen:
- ⑤ Verrechnung der Konten Umsatzsteuer und Vorsteuer.
- ⑥ Überweisung der Umsatzsteuerzahllast am 10. des Folgemonats.

Grundbuch			
Nr.	Buchungssatz	Soll	Haben
⑤	**Abschluss der Konten Umsatzsteuer und Vorsteuer untereinander**		
	4800 Umsatzsteuer	475,00	
	an 2600 Vorsteuer		475,00
⑥	**Überweisung der Umsatzsteuerzahllast**		
	4800 Umsatzsteuer	171,00	
	an 2800 Bank		171,00
	(das Konto „Bank" wurde an dieser Stelle nicht abgebildet)		

Auf den beiden Konten ergibt sich nun in der Fortsetzung folgendes Bild:

Soll	2600 Vorsteuer		Haben		Soll	4800 Umsatzsteuer		Haben
①	380,00	⑤ USt	475,00		⑤ VSt	475,00	③	570,00
②	95,00				⑥ Bank	171,00	④	76,00
	475,00		475,00			646,00		646,00

8 Die Umsatzsteuer

Anwendungsaufgabe

Buchen Sie die beiden o.g. Belege (Eingangs- und Ausgangsrechnung auf S. 88f.) im Grund- und im Hauptbuch. Ermitteln Sie anschließend, in welcher Höhe eine Umsatzsteuerzahllast entsteht und buchen Sie auch die verpflichtende Überweisung dieser Umsatzsteuerzahllast an das Finanzamt. Orientieren Sie sich dabei an den folgenden Schritten, die Frau Straub notiert hat.

Schritt 1:
Wir buchen die **Eingangsrechnung der Schlüter GmbH** unter Berücksichtigung der ausgewiesenen Umsatzsteuer.

Schritt 2:
Wir buchen die **Ausgangsrechnung über die Stühle,** die Carinas Vater bei uns gekauft hat. Auch hier müssen wir die ausgewiesene Umsatzsteuer berücksichtigen.

Schritt 3:
Dieser Schritt behandelt die **Ermittlung der Umsatzsteuerzahllast.** Die beiden Konten Umsatzsteuer und Vorsteuer werden daher untereinander abgeschlossen. Es gilt die Regel: Das Konto mit dem kleineren Saldo wird über das Konto mit dem größeren Saldo abgeschlossen.

Schritt 4:
Mit diesem Schritt können wir nun am 10. des Folgemonats (in unserem Falle ist dies der 10.02.) die entstandene **Umsatzsteuerzahllast an das Finanzamt** überweisen.

Alle weiteren Schritte, d.h. den Abschluss aller weiteren Konten, lassen wir an dieser Stelle unberücksichtigt!

	Grundbuch		
Nr.	Buchungssatz	Soll	Haben
	Ermittlung einer Umsatzsteuerzahllast mit Ausgleich im Folgemonat		
①	Buchung der Eingangsrechnung: Rohstoffe / Vorsteuer an Vbk. a. LL.	150,– / 28,50	178,50
②	Buchung der Ausgangsrechnung: Forderungen a. LL. an Umsatzsteuer an Umsatzerlöse aus eig. Erz.	476	76,– / 400,–
③	Abschluss der Konten „Umsatzsteuer" und „Vorsteuer" untereinander zur Ermittlung der USt-Zahllast: Umsatzsteuer an Vorsteuer	28,50	28,50
④	Buchung zur Überweisung der USt-Zahllast: Umsatzsteuer an Bank	47,50	47,50

S	2000 Rohstoffe	H	S	4400 Verbindlichkeiten a. LL	H
Vbl.a.LL. 150,-				Rohst. 178,50	

S	2400 Forderungen a. LL	H	S	4800 Umsatzsteuer	H
UaE. 475,-			VSt 28,50	(2) 70,-	
			Bank 41,50		
S	2600 Vorsteuer	H		70,-	70,-
Vbl.a.LL. 28,50	USt 28,50				
28,50	28,50		S	5000 Umsatzerlöse für eig. Erz.	H
				Fod.a.LL. 400,-	

S	2800 Bank	H
AB [...]	UE 40,50	

▶ **Fallsituation:** Jetzt wird mit dem Finanzamt abgerechnet!

Teil 2: Die Ermittlung eines Vorsteuerüberhangs

▶ Vorsteuerüberhang

Nachdem die Ermittlung einer Umsatzsteuerzahllast behandelt wurde, steht der nächste Schritt an. Folgen Sie dem Gespräch zwischen Carina Crämer und Frau Straub!

Carina: Hallo Frau Straub! Ich kann mir vorstellen, dass es auch eine andere Variante als die der Umsatzsteuerzahllast geben kann.

Frau Straub: Ja, Sie liegen mit Ihrer Vermutung richtig. In den Monaten, in denen der Wert der Werkstoffe und Dienstleistungen, die unser Unternehmen bei seinen Lieferern bezieht, höher ist als der Wert der Produkte, die wir an unsere Kunden verkaufen, entsteht ein sogenannter Vorsteuerüberhang. Die Vorgehensweise erfolgt – analog zur Umsatzsteuerzahllast – in der Weise, dass auch hier Umsatzsteuer und Vorsteuer zum Monatsende miteinander verrechnet werden. In diesem Fall ist dann jedoch der Saldo auf dem Konto Vorsteuer größer als der Saldo auf dem Konto Umsatzsteuer.

8 Die Umsatzsteuer

 **INFO-BOX**

Ermittlung und Buchung eines Vorsteuerüberhangs

Angenommen, auf den Konten Umsatzsteuer und Vorsteuer haben sich folgende Buchungen ergeben:

Soll	2600 Vorsteuer	Haben
152,00		
285,00		

Soll	4800 Umsatzsteuer	Haben
		114,00
		28,50

Die Summe der Umsatzsteuerbeträge ist **kleiner** als die Summe der Vorsteuerbeträge, sodass ein **Vorsteuerüberhang** entsteht. Auch hierzu werden beide Konten miteinander verrechnet.

Die weiteren Buchungen:

① Verrechnung der Konten Umsatzsteuer und Vorsteuer.
② Erstattung des Vorsteuerüberhangs durch Überweisung vom Finanzamt am 10. des Folgemonats.

		Grundbuch		
Nr.	Buchungssatz		Soll	Haben
①	**Abschluss der Konten Umsatzsteuer und Vorsteuer untereinander**			
	4800 Umsatzsteuer		142,50	
	an 2600 Vorsteuer			142,50
②	**Buchung zur Erstattung des Vorsteuerüberhangs**			
	2800 Bank		294,50	
	an 2600 Vorsteuer			294,50
	(das Konto „Bank" wurde an dieser Stelle nicht abgebildet)			

Auf den beiden Konten ergibt sich nun in der Fortsetzung folgendes Bild:

Soll	2600 Vorsteuer		Haben
	152,00	① USt	142,50
	285,00	② Bank	294,50
	437,00		437,00

Soll	4800 Umsatzsteuer		Haben
① VSt	142,50		114,00
			28,50
	142,50		142,50

Fortsetzung der Anwendungsaufgabe

Orientieren Sie sich wieder an den Schritten, die Ihnen Frau Straub nachfolgend notiert hat. Sie finden dort Hinweise zu den Fällen aus dem Einkauf und dem Verkauf. Buchen Sie die beiden Geschäftsfälle im Grund- und im Hauptbuch. Ermitteln Sie anschließend, in welcher Höhe ein Vorsteuerüberhang entsteht und buchen Sie auch den Zahlungseingang des Finanzamtes auf dem Bankkonto der BüKo OHG.

8 Die Umsatzsteuer

Schritt 1:

Wir buchen eine weitere **Eingangsrechnung der Schlüter GmbH** unter Berücksichtigung der ausgewiesenen Umsatzsteuer. In diesem Falle wurde auf Vorrat eingekauft, sodass der Warenwert 700,00 EUR netto beträgt.

Schritt 2:

Wir buchen eine weitere **Ausgangsrechnung über den Verkauf von Stühlen**. Der Warenwert dieses Verkaufs beträgt 300,00 EUR netto. Auch hier müssen wir die Umsatzsteuer berücksichtigen.

Schritt 3:

Dieser Schritt behandelt die **Ermittlung des Vorsteuerüberhangs**. Auch hier werden die beiden Konten Umsatzsteuer und Vorsteuer untereinander abgeschlossen. Es gilt weiterhin die Regel: Das Konto mit dem kleineren Saldo wird über das Konto mit dem größeren Saldo abgeschlossen.

Schritt 4:

Mit diesem Schritt können wir nun am 10. des Folgemonats den **Zahlungseingang des entstandenen Vorsteuerüberhangs** vom Finanzamt auf dem Bankkonto buchen.

Auch hier lassen wir alle weiteren Schritte, d. h. den Abschluss aller weiteren Konten, unberücksichtigt!

Grundbuch			
Nr.	Buchungssatz	Soll	Haben
	Ermittlung eines Vorsteuerüberhangs mit Ausgleich im Folgemonat		
①	Buchung der Eingangsrechnung: Rohstoffe Vorsteuer an Vbl. a. LL.	700,– 133,–	 833,–
②	Buchung der Ausgangsrechnung: Ford. a. LL. an Umsatzsteuer an Umsatzerlöse	357,–	 57,– 300,–
③	Abschluss der Konten „Umsatzsteuer" und „Vorsteuer" untereinander zur Ermittlung des VSt-Überhangs: Umsatzsteuer an Vorsteuer	57,–	 57,–
④	Buchung zur erhaltenen Überweisung des VSt-Überhangs: Bank an Vorsteuer	76,–	 76,–

8 Die Umsatzsteuer

S	2000 Rohstoffe	H
Vb.a.LL	700,-	

S	4400 Verbindlichkeiten a. LL	H
		Roh + VSt 833,-

S	2400 Forderungen a. LL	H
UE + USt 357,-		

S	4800 Umsatzsteuer	H
VSt 57,-	Ford a.LL	57,-
57,-		57,-

S	2600 Vorsteuer	H
Vb.a.LL 133,-	USt	57,-
	Bank	76,-
133,-		133,-

S	5000 Umsatzerlöse für eig. Erz.	H
	Ford. a.LL	800,-

S	2800 Bank	H
AB ...		
VSt 76,-		

8.3 Behandlung von Umsatzsteuerzahllast und Vorsteuerüberhang zum Ende eines Geschäftsjahres

▶ **Fallsituation:** Wie wird gebucht, wenn der Ausgleich von Umsatzsteuerzahllast oder Vorsteuerüberhang zum Ende eines Geschäftsjahres noch nicht erfolgt ist?

Nachdem Carina die Vorgehensweise zur Behandlung einer Umsatzsteuerzahllast oder eines Vorsteuerüberhangs zum Monatsende kennengelernt hat, möchte sie nun erfahren, in welcher Form dies zum Ende eines Geschäftsjahres zu buchen ist.

Carina: Frau Straub, mich interessiert jetzt noch die Vorgehensweise zum Ende eines Geschäftsjahres, zu dem mir bekannt ist, dass sowohl eine Gewinn-und-Verlust-Rechnung als auch das Schlussbilanzkonto und die Schlussbilanz aufgestellt werden müssen.

Frau Straub: Die beiden bisherigen Varianten zeigten das Vorgehen innerhalb eines Geschäftsjahres, bei dem der Ausgleich zum 10. des Folgemonats gebucht wurde. Zum Ende eines Geschäftsjahres ist dieser Ausgleich noch nicht erfolgt. Bis zu dem Tag, zu dem der Ausgleich erfolgt, liegt die Bilanzerstellung. Zu diesem Zeitpunkt müssen wir berücksichtigen, dass weder eine Umsatzsteuerzahllast von uns beglichen wurde, noch dass das Finanzamt uns den Anspruch aus einem Vorsteuerüberhang erstattet hat. Wir müssen also bilanzieren. In der folgenden Übersicht (Info-Box) habe ich die oben bereits erarbeiteten Fälle erneut aufgegriffen. Wir verwenden diese nun zur Darstellung des Sachverhalts am Geschäftsjahresende.

Im Fall 1 sind aus Einkäufen insgesamt 28,50 EUR an Vorsteuerbeträgen angefallen. Die Umsatzsteuerbeträge aus Verkäufen betrugen 76,00 EUR. Es entsteht eine Umsatzsteuerzahllast.

Im Fall 2 sind aus Einkäufen insgesamt 133,00 EUR an Vorsteuerbeträgen angefallen. Die Umsatzsteuerbeträge aus Verkäufen betrugen 57,00 EUR. Es entsteht ein Vorsteuerüberhang.

Rohstoffe   666,40 €
Vorsteuer   126,62 €
an Bank   793,02 €

8 Die Umsatzsteuer

 INFO-BOX

Fall 1: Umsatzsteuerzahllast	Fall 2: Vorsteuerüberhang
Hinweis: Zum Bilanzstichtag ist die Umsatzsteuerzahllast noch nicht überwiesen. Sie ist daher eine Schuld gegenüber dem Finanzamt. Zum Bilanzstichtag ist die Umsatzsteuerzahllast zu passivieren.	**Hinweis:** Zum Bilanzstichtag ist der Vorsteuerüberhang noch nicht erstattet worden. Er stellt daher eine Forderung gegenüber dem Finanzamt dar. Zum Bilanzstichtag ist der Vorsteuerüberhang zu aktivieren.

S	2600 Vorsteuer		H
	28,50	① USt	28,50
	28,50		28,50

S	4800 Umsatzsteuer		H
① VSt	28,50		76,00
② SBK	47,50		
	76,00		76,00

S	8010 SBK		H
	…		
		② USt	47,50

S	2600 Vorsteuer		H
	133,00	① USt	57,00
		② SBK	76,00
	133,00		133,00

S	4800 Umsatzsteuer		H
① VSt	57,00		57,00
	57,00		57,00

S	8010 SBK		H
	…		
② VSt	76,00		

Grundbuch für den Fall 1: Bilanzierung der Umsatzsteuerzahllast			
Nr.	Buchungssatz	Soll	Haben
①	**Abschluss der Konten Umsatzsteuer und Vorsteuer untereinander zur Ermittlung der USt-Zahllast:** 4800 Umsatzsteuer an 2600 Vorsteuer	28,50	28,50
②	**Buchung zur Bilanzierung (Passivierung) der USt-Zahllast:** 4800 Umsatzsteuer an 8010 SBK	47,50	47,50

Grundbuch für den Fall 2: Bilanzierung des Vorsteuerüberhangs			
Nr.	Buchungssatz	Soll	Haben
①	**Abschluss der Konten Umsatzsteuer und Vorsteuer untereinander zur Ermittlung des VSt-Überhangs:** 4800 Umsatzsteuer an 2600 Vorsteuer	57,00	57,00
②	**Buchung zur Bilanzierung (Aktivierung) des VSt-Überhangs:** 8010 SBK an 2600 Vorsteuer	76,00	76,00

8 Die Umsatzsteuer

Vertiefende Aufgaben

1. Mithilfe kurzer Leitfragen sollen Sie sich nun eine Übersicht erstellen, die Ihnen die Zusammenhänge und die Buchungssystematik der Umsatzsteuer und der Vorsteuer deutlich macht. Beantworten Sie die gestellten Fragen.

	Fragen	Umsatzsteuerzahllast	Vorsteuerüberhang
1.	Was ist größer **USt > VSt** oder **VSt > USt?**	USt > VSt	VSt > USt
2.1	Wie schließe ich die Konten ab **USt über VSt** oder **VSt über USt?**	VSt über USt	USt über VSt
2.2	Buchungssatz (siehe Frage 2.1)?	Umsatzsteuer an Vorsteuer	Umsatzsteuer an Vorsteuer
3.		Kontenabschluss	
3.1	Welches Konto schließe ich über das Konto Bank ab **USt oder VSt?**	USt	VSt
3.2	Buchungssatz (siehe Frage 3.1)?	Umsatzsteuer an Bank	Bank an Vorsteuer
3.3	Wie lautet der Buchungssatz zur Bilanzierung am Geschäftsjahresende?		
4.		Wirtschaftliche Interpretation	
4.1	Was ist größer **Verkäufe > Einkäufe** oder **Einkäufe > Verkäufe?**	Verkäufe > Einkäufe	Einkäufe > Verkäufe
4.2	Erklärungen	Bei einem Waren- oder Dienstleistungsverkauf nimmt ein UN die USt ein.	Bei einem Waren- oder Dienstleistungseinkauf zahlt das UN die VSt.

2. Ein Sägewerk liefert Holz an die BüKo OHG zur Produktion eines Seminarstuhls mit netto 110,00 EUR. Die BüKo OHG fertigt den Seminarstuhl und verkauft ihn an den Büromöbelhändler Büscher GmbH für 297,00 EUR. Dieser verkauft den Seminarstuhl an den Privatmann Kerner für 390,00 EUR. Alle Beträge sind Nettobeträge. Es gilt der Steuersatz von 19 %.

    a) Ermitteln Sie die Beträge, die das Sägewerk, die BüKo OHG, der Büromöbelhändler Büscher GmbH und Herr Kerner an Steuern zu zahlen haben. Ermitteln Sie den Gesamtbetrag, den das Finanzamt aus diesem Prozess erhält.

    b) Erläutern Sie, wie der Mehrwertsteuerbegriff zustande kommt.

3. Die Buchhaltung der Lothar Lindemann KG weist zu Beginn einer Periode die folgenden Anfangsbestände aus:

0500 Grundstücke und Gebäude	2.200.000,00 EUR
0700 Maschinen	2.800.000,00 EUR
0800 BGA	70.000,00 EUR
2000 Rohstoffe	56.000,00 EUR
2020 Hilfsstoffe	7.800,00 EUR
2030 Betriebsstoffe	1.450,00 EUR
2400 Forderungen a. LL	283.000,00 EUR
2800 Bank	32.000,00 EUR
2880 Kasse	960,00 EUR
4250 Verbindlichkeiten g. KI	2.100.000,00 EUR
4400 Verbindlichkeiten a. LL.	197.000,00 EUR
4800 Umsatzsteuer	13.000,00 EUR
3000 Eigenkapital	?

Für Geschäftsfälle, die umsatzsteuerpflichtig sind, gilt der Steuersatz von 19 %.

Nr.	Geschäftsfälle
①	Die noch offene USt-Zahllast wird durch Banküberweisung beglichen.
②	Einkauf von Rohstoffen mit einem Zahlungsziel von 10 Tagen. Der Nettobetrag beläuft sich auf 5.000,00 EUR zzgl. USt.
③	Ein Kunde bezahlt die noch offene Ausgangsrechnung durch Banküberweisung: 16.660,00 EUR.
④	Einkauf von Hilfsstoffen mit einem Zahlungsziel von 14 Tagen. Der Nettobetrag beläuft sich auf 700,00 EUR zzgl. USt.
⑤	Die Lindemann KG kauft Büromaterial ein und zahlt in bar. Der Quittungsendbetrag beläuft sich auf brutto 89,25 EUR, d. h. inklusive 19 % USt.
⑥	Entnahmen für die Produktion lt. Materialentnahmeschein von Rohstoffen: 52.000,00 EUR Hilfsstoffen: 4.700,00 EUR Betriebsstoffen: 310,00 EUR
⑦	Eingang einer Rechnung über die Werbeanzeige in einer Zeitung. Nettobetrag 770,00 EUR, zahlbar innerhalb von 5 Tagen ab Rechnungsdatum.
⑧	Die Löhne für die Arbeiter werden per Banküberweisung bezahlt: 19.800,00 EUR
⑨	Die Lothar Lindemann KG verkauft Stoffballen in verschiedenen Farben. Der Nettobetrag der Ausgangsrechnung mit einem Zahlungsziel von 20 Tagen beträgt 84.000,00 EUR netto.
⑩	Es werden Stoffballen in blau verkauft. Der Nettorechnungsbetrag mit Zahlungsziel „14 Tage ab Rechnungsdatum" beträgt 5.500,00 EUR.

a) Buchen Sie die Geschäftsfälle im Grundbuch.
b) Führen Sie das Hauptbuch und ermitteln Sie die USt-Zahllast zum Periodenschluss.
c) Schließen Sie die Konten ab.

4. Sie arbeiten in der Lothar Lindemann KG und haben die folgenden Geschäftsfälle zu erfassen:

Nr.	Geschäftsfälle
①	Eingang einer Rechnung über den Kauf von Rohstoffen. Der Nettobetrag beläuft sich auf 2.800,00 EUR. Das Zahlungsziel lautet „10 Tage ab Rechnungsdatum".
②	Einkauf von Büromaterial gegen Barzahlung. Der Bruttobetrag beläuft sich auf 357,00 EUR inklusive 19 % USt.
③	Entnahme von Rohstoffen für die Produktion. Der Wert auf dem Materialentnahmeschein beträgt 1.850,00 EUR.
④	Die Lothar Lindemann KG erhält eine Banküberweisung eines Kunden zum Ausgleich einer noch offenen Rechnung über 4.165,00 EUR.
⑤	Eingangsrechnung über den Kauf von Hilfsstoffen. Der Bruttorechnungsbetrag inklusive 19 % USt beträgt 178,50 EUR und ist zahlbar innerhalb von 30 Tagen ab Rechnungsdatum.
⑥	Eine Werbeanzeige wird in bar bezahlt. Der Bruttobetrag inklusive 19 % USt beläuft sich auf 202,30 EUR.
⑦	Verkauf von fertigen Erzeugnissen mit einem Nettobetrag in Höhe von 9.860,00 EUR. Das Zahlungsziel wird mit 8 Tagen ab Rechnungsdatum angegeben.
⑧	Die Bank bucht vom Bankkonto Überziehungszinsen ab in Höhe von 500,00 EUR

8 Die Umsatzsteuer

Nr.	Geschäftsfälle
⑨	Eine Maschine musste repariert werden. Der Nettorechnungsbetrag beläuft sich auf 400,00 EUR. Die Rechnung ist innerhalb von 7 Tagen ab Rechnungsdatum zu zahlen.
⑩	Verkauf von fertigen Erzeugnissen mit einem Nettobetrag in Höhe von 6.000,00 EUR. Das Zahlungsziel wird mit 8 Tagen ab Rechnungsdatum angegeben.

Anmerkung zu Fall 8:

Zinsen sind lt. § 4 UStG umsatzsteuerfrei.

a) Bilden Sie für die Geschäftsfälle 1 bis 10 die Buchungssätze im Grundbuch.

b) Ermitteln Sie für diese Geschäftsfälle rein rechnerisch die Zahllast.

c) Erläutern Sie unabhängig von den Aufgaben a) und b) die Beträge auf dem folgenden Konto und schließen Sie das Konto am Jahresende mittels Buchungssatz ab.

Soll	2600 Vorsteuer		Haben
Verbindlichkeiten a. LL	150.000,00	USt	120.000,00

5. Bilden Sie unter Verwendung des u. a. Auszugs aus dem Kontenplan die Buchungssätze zu den folgenden Geschäftsfällen.

a) Eingangsrechnung über Rohstoffe zuzüglich 19 % Umsatzsteuer

b) Zielverkauf von fertigen Erzeugnissen (Umsatzsteuersatz 19 %)

c) Mieter überweist auf unser Bankkonto

d) Banküberweisung der Umsatzsteuer-Zahllast

e) Zahlung einer Werbeanzeige in bar einschließlich 19 % USt

Auszug aus dem Kontenplan:

2000 Rohstoffe
2400 Forderungen a. LL
2600 Vorsteuer
2800 Bankguthaben
2880 Kasse
4400 Verbindlichkeiten a. LL

4800 Umsatzsteuer
5000 Umsatzerlöse für eigene Erzeugn.
5080 Erlöse aus Verm. und Verp.
6700 Mietaufwendungen
6870 Werbung

6. Der Buchführung der Öko-Tex GmbH sind folgende Werte zum 31.12.20.. zu entnehmen:

Konten:

S	2600 Vorsteuer	H
Werbung	35,00	
Holz	876,00	
Drucker	172,00	

S	4800 Umsatzsteuer	H
	AR 162	225,00
	AR 163	930,00
	AR 164	108,00
	AR 165	306,00

a) Schließen Sie das Konto 2600 mithilfe des u. g. Auszugs aus dem Kontenplan ab.

b) Ermitteln Sie die Höhe des Saldos des Kontos 2600.

c) Ermitteln Sie die Zahllast.

d) Schließen Sie zum Jahresende das Konto 4800 ab.

Auszug aus dem Kontenplan:

2600 Vorsteuer
2800 Bankguthaben
4800 Umsatzsteuer
8000 Eröffnungsbilanzkonto
8010 Schlussbilanzkonto
8020 Gewinn-und-Verlust-Konto

S	SBK	H

Kompetenzcheck

▶ **Kann-Liste:** Grundlagen der Buchführung IV

☐ Umsatzsteuer
☐ Vorsteuer

Ich kann …	Information	Aufgaben	Eigene Kompetenzeinschätzung
die Entstehung des Mehrwertes im System der Umsatzsteuer erklären.	Kapitel 8.1	S. 98, Nr. 2	
den Unterschied zwischen Vorsteuerüberhang und Umsatzsteuerzahllast erklären und jeweils rechnerisch ermitteln.	Kapitel 8.1, 8.2	S. 99f., Nr. 3–6	
Geschäftsfälle unter Berücksichtigung der Umsatzsteuer buchen.	Kapitel 8.1, 8.2	S. 99f., Nr. 3–6	
den Vorsteuerüberhang und die Umsatzsteuerzahllast buchen.	Kapitel 8.3	S. 99f., Nr. 3–6	
das Umsatzsteuerkonto und das Vorsteuerkonto abschließen.	Kapitel 8.3	S. 99f., Nr. 3–6	
… eigene Ergänzungen			

Wissen   Fertigkeiten   Sozialkompetenz   Selbstständigkeit

9 Bestandsorientierte Erfassung des Materialverbrauchs

▶ **Fallsituation:** Wie hoch ist der Verbrauch an Werkstoffen?

Frau Straub legt großen Wert auf exakte Werte in der Buchhaltung. Dies trifft auch für die Ermittlung der Werkstoffverbräuche zu. Immer wieder weist sie darauf hin, dass sämtliche Verbräuche genau notiert werden, damit sie zu jeder Zeit den Überblick über aktuelle Bestände und Verbräuche hat. Carina Crämer möchte heute in Erfahrung bringen, ob man die Werkstoffverbräuche eventuell noch anders ermitteln kann.

9.1 Laufende Erfassung des Materialverbrauchs unter Verwendung von Materialentnahmescheinen (Skontrationsmethode)

Folgen Sie dem Gespräch zwischen Carina Crämer und Frau Straub.

▶ Materialverbrauch

Carina: Hallo Frau Straub! Das Buchen der verschiedensten Geschäftsfälle mit Bestands- und Erfolgskonten macht überhaupt keine Probleme mehr. Und auch die Thematik der Umsatzsteuer habe ich verstanden und kann sie anwenden. Sie haben mir ja am vergangenen Freitag einen neuen Fall übertragen. Ich soll für Sie den Verbrauch an Rohstoffen für das vergangene Jahr ermitteln. Die einzigen Unterlagen, die Sie mir hierzu gegeben haben, sind der Anfangsbestand, einige Eingangsrechnungen und der Inventurbestand vom 31.12.

Frau Straub: So schwierig ist das gar nicht. Wir müssen uns aber langsam an das Thema herantasten. Der tatsächliche Materialverbrauch lässt sich über zwei verschiedene Methoden ermitteln.

Carina: Also ich kenne bisher nur die Variante, dass wir die Einkäufe auf den Bestandskonten buchen. Dann erfolgt die Ausgabe an die Fertigung mithilfe von Materialentnahmescheinen, die von unserem ERP-Programm ausgegeben werden. Mithilfe der dort eingetragenen Mengen kann ich dann den Verbrauch an Materialien ermitteln. Bei der anschließenden Inventur haben wir den Bestand ermittelt, der tatsächlich noch am Lager war, diesen dann mit dem Buchwert auf den Konten abgeglichen, und schon war das Ganze erledigt.

▶ Skontrationsmethode

Frau Straub: Das passt schon ganz gut. Somit haben Sie bereits einen Teil der bestandsorientierten Methode erklärt. Diese Methode der **ständigen Bestandsfortschreibung** wird auch als **Skontrationsmethode** bezeichnet. Dabei erfolgt eine Materialentnahme zwingend unter Verwendung eines Beleges, der für die anschließende Buchung des Wertabgangs auf dem betreffenden Bestandskonto herangezogen wird. **Der Wert dieser Bestandskonten wird durch Wertfortschreibung (Skontration) ständig aktuell gehalten.** Diese Methode birgt zwar einen hohen Verwaltungsaufwand und stellt hohe Anforderungen an die Genauigkeit der Belegerstellung, doch empfiehlt sie sich insbesondere bei hochwertigen Materialien, den sogenannten A-Gütern. Ein Vorteil dieser Methode ist u.a. auch darin zu sehen, den Materialentnahmescheinen Hinweise zum Verbleib der jeweiligen Materialien zu geben, sodass diese Entnahmen sich bspw. einem Auftrag exakter zurechnen lassen.

Wir stellen das Ganze gleich noch einmal mit einem Fall dar.

Anwendungsaufgabe

Buchen Sie die mit den nachfolgenden Schritten beschriebenen Geschäftsfälle im Grund- und im Hauptbuch. Ermitteln Sie die Höhe des Verbrauchs an Rohstoffen.

Schritt 1:
Über das Eröffnungsbilanzkonto buchen wir den Anfangsbestand an Rohstoffen im Wert von 125.000,00 EUR.

Schritt 2:
Die gesamten Rohstoffeinkäufe des Jahres betragen 100.000,00 EUR. Wir vereinfachen die Vorgehensweise und buchen die gesamten Einkäufe als Zielkauf in einem Buchungssatz.

Schritt 3:
Die Fertigung hat im Laufe des Jahres Rohstoffe im Wert von 75.000,00 EUR verbraucht. Entsprechende Materialentnahmescheine liegen vor. Auch hier vereinfachen wir und buchen die gesamten Entnahmen in einem Buchungssatz.

Schritt 4:
Der Schlussbestand laut Inventur beträgt 150.000,00 EUR und stimmt mit dem Buchwert des Kontos „Rohstoffe" überein. Wir buchen diesen Schlussbestand auf dem Schlussbilanzkonto.

Schritt 5:
Mit diesem Schritt wird das Konto „Aufwendungen für Rohstoffe" abgeschlossen.

Alle weiteren Schritte, d. h. den Abschluss aller weiteren Konten, lassen wir an dieser Stelle unberücksichtigt!

Grundbuch			
Nr.	Buchungssatz	Soll	Haben
	Laufende Erfassung des Materialverbrauchs unter Verwendung von Materialentnahmescheinen (Skontrationsmethode)		
①	Buchung des Anfangsbestands auf dem Konto „Rohstoffe":		
②	Buchung des gesamten Rohstoffeinkaufs:		

9 Bestandsorientierte Erfassung des Materialverbrauchs

Grundbuch			
Nr.	Buchungssatz	Soll	Haben
③	Buchung der Materialentnahmescheine in einer Summe:		
④	Schlussbestand „Rohstoffe":		
⑤	Abschluss des Kontos „Aufwendungen für Rohstoffe":		

S   2000 Rohstoffe   H

S   2600 Vorsteuer   H

S   4400 Verbindlichkeiten a. LL   H

S   6000 Aufw. f. Rohstoffe   H

S   8020 GuV   H

S   8010 SBK   H

9.2 Erfassung des Materialverbrauchs unter Verwendung der Inventurmethode

▶ **Fortsetzung der Fallsituation aus Kapitel 9.1**

Das Gespräch zwischen Carina Crämer und Frau Straub wird fortgesetzt.

Carina: Das war ja fast schon einfach.

Frau Straub: Da stimme ich Ihnen zu. Aber es besteht noch eine weitere Möglichkeit für die Erfassung des Materialverbrauchs: Die Inventurmethode, die auch als Methode des Bestandsvergleichs bezeichnet wird. Werfen Sie doch einen Blick in das Informationsmaterial, das ich Ihnen mitgebracht habe. Anschließend können Sie die entsprechenden Schritte erneut eigenständig vornehmen.

9 Bestandsorientierte Erfassung des Materialverbrauchs

Anwendungsaufgaben

1. Lesen Sie in der folgenden Info-Box die Hinweise zur Inventurmethode und buchen Sie anschließend die erforderlichen Geschäftsfälle im Grundbuch und auf den angesprochenen Konten im Hauptbuch. Orientieren Sie sich dabei an den nachfolgenden Schritten, die Frau Straub notiert hat.

 INFO-BOX

▶ Inventurmethode

Die Inventurmethode (Bestandsvergleich)

Kennzeichen dieser Methode zur Ermittlung des Materialverbrauchs ist, dass die Entnahme von Materialien zum Zwecke der Produktion ohne jegliche Belege erfolgt. Das Unternehmen reduziert hierdurch zwar den Verwaltungsaufwand, die ständige Kontrolle der aktuellen Bestände ist u. U. jedoch nicht mehr oder nur noch schwer möglich. Dennoch findet diese Vorgehensweise Anwendung in der Praxis. Zwar sollte dieses Verfahren nur bei geringwertigerem Material (z. B. Hilfsstoffen, sogenannte C-Güter) zum Einsatz kommen, doch ist die Anwendung auch bei Rohstoffen denkbar und praktikabel. Der tatsächliche Verbrauch wird hierbei am Ende des Jahres durch die Inventur festgestellt. Unter Berücksichtigung der Einkäufe eines Jahres und der Differenz zwischen Anfangs- und Endbestand (dem Inventurbestand) lässt sich der Verbrauch der Abrechnungsperiode ermitteln.

Schritt 1:
Über das Eröffnungsbilanzkonto buchen wir den Anfangsbestand an Rohstoffen im Wert von 125.000,00 EUR.

Schritt 2:
Die gesamten Rohstoffeinkäufe des Jahres betragen 100.000,00 EUR. Wir vereinfachen die Vorgehensweise und buchen die gesamten Einkäufe als Zielkauf in einem Buchungssatz.

Schritt 3:
Der Schlussbestand laut Inventur beträgt 150.000,00 EUR. Wir buchen diesen Schlussbestand auf dem Schlussbilanzkonto.

Schritt 4:
Da auf dem Konto „Rohstoffe" bislang keine Entnahmen gebucht wurden, ergibt sich eine Differenz (ein Saldo) zwischen Anfangs- und Endbestand. Es wird unterstellt, dass diese Differenz den tatsächlichen Verbrauch an Rohstoffen abbildet.

Schritt 5:
Mit diesem Schritt wird das Konto „Aufwendungen für Rohstoffe" abgeschlossen.

Alle weiteren Schritte, d. h. den Abschluss aller weiteren Konten, lassen wir an dieser Stelle unberücksichtigt!

9 Bestandsorientierte Erfassung des Materialverbrauchs

	Grundbuch		
Nr.	Buchungssatz	Soll	Haben
	Erfassung des Materialverbrauchs unter Verwendung der Inventurmethode		
①	Buchung des Anfangsbestands auf dem Konto „Rohstoffe":		
②	Buchung des gesamten Rohstoffeinkaufs:		
③	Schlussbestand „Rohstoffe":		
④	Saldobuchung der Rohstoffe:		
⑤	Abschluss des Kontos „Aufwendungen für Rohstoffe":		

S 2000 Rohstoffe H

S 2600 Vorsteuer H

S 4400 Verbindlichkeiten a. LL H

S 6000 Aufw. f. Rohstoffe H

S 8020 GuV H

S 8010 SBK H

2. Vergleichen Sie die Skontrationsmethode mit der Inventurmethode. Stellen Sie dabei auch die Vor- und Nachteile der beiden Methoden dar.

	Skontrationsmethode	Inventurmethode
Materialentnahme		
Ermittlung des Verbrauchs		
Vorteile		
Nachteile		

3. Erstellen Sie ein einfaches Rechenschema, mit dem Sie den tatsächlichen Materialverbrauch ermitteln können. Setzen Sie die folgenden Begriffe in eine richtige Beziehung zueinander: Schlussbestand laut Inventur, Wert der Einkäufe der Rechnungsperiode, tatsächlicher Materialverbrauch, Anfangsbestand.

Allgemeingültiges Rechenschema für die Ermittlung des Werkstoffverbrauchs	
	EUR
	EUR
	EUR
	EUR

10 Handelswaren und Vorprodukte

▶ **Fallsituation:** Wenn die Kapazitäten eng werden

Für den nächsten Monat liegt der BüKo OHG ein Großauftrag von der Color Chemie AG zur Fertigung von 1.000 Seminarstühlen vor. Voraussetzung für die Auftragsvergabe ist allerdings, dass die BüKo OHG die Konferenzräume der Color Chemie AG zusätzlich mit Flipcharts auf Rollen ausstattet. Es gilt der USt-Satz von 19 %.

① Um den Großauftrag termingerecht erledigen zu können, hat sich die BüKo OHG entschlossen, einen Teil der Rückenlehnen und der Sitzplatten fertig von der Caesar GmbH in München anliefern zu lassen. Die Caesar GmbH stellt in Rechnung: 700 Rückenlehnen nach Vorgaben angefertigt mit 45,00 EUR pro Stück netto + 8,55 EUR USt, zahlbar innerhalb von 7 Tagen.

② Die BüKo OHG hat zugestimmt, die Konferenzräume der Color Chemie AG mit den gewünschten Artikeln auszustatten. Außerdem sieht das Unternehmen die Möglichkeit, mit dem Angebot dieser Artikel sein Sortiment auszuweiten und seine Marktposition zu verbessern. Die Flipcharts auf Rollen müssen zugekauft werden. Als günstigster Lieferer hat sich die Orga – Konferenztechnik AG in Berlin herausgestellt. Die Orga – Konferenztechnik AG stellt in Rechnung: 50 Flipcharts auf Rollen mit 275,00 EUR pro Stück netto + 52,25 EUR USt, zahlbar innerhalb von 10 Tagen.

③ Es werden alle 700 fremdgefertigten Rückenlehnen dem Lager entnommen und in die Produktion gegeben, um die Seminarstühle fertigzustellen.

④ Die BüKo OHG verkauft die 1.000 Seminarstühle an die Color Chemie AG mit 345,00 EUR netto + 65,55 EUR USt pro Stück. Sie stellt weiterhin in Rechnung 30 Flipcharts auf Rollen zu 350,00 EUR netto + 66,50 EUR USt pro Stück. Die Rechnung ist zahlbar innerhalb von 30 Tagen.

⑤ Laut Inventur sind zum 31. Dezember des Jahres noch 20 Flipcharts auf Rollen im Lager vorhanden.

▶ Handelswaren

▶ Vorprodukte/Fremdbauteile

Anwendungsaufgaben

1. Erläutern Sie, inwiefern die Einkäufe (s. o. die Vorgänge ① und ②) Besonderheiten gegenüber den bisherigen Einkäufen der BüKo OHG aufweisen. Informieren Sie sich in der nachfolgenden Info-Box und nutzen Sie dazu auch Ihren Kontenrahmen.

Vorgang ①

Vorgang ②

10 Handelswaren und Vorprodukte

2. Ermitteln Sie für die Vorgänge ①–⑤ jeweils die Werte, die zu buchen sind. Buchen Sie mithilfe des Kontenrahmens die Geschäftsfälle ① bis ⑤ im Grundbuch. Für die eingelagerten Flipcharts ist der Wertansatz zum Ende des Jahres mithilfe des § 253 (1) HGB zu finden (siehe Info-Box ab S. 111).

Wertermittlung:

Vorgang	Menge in Stück	Einzelwert in EUR	Netto-Gesamtwert in EUR	USt-Betrag in EUR	USt oder VSt?	Brutto-Gesamtwert in EUR
①						
②						
③						
④						
④						
⑤						

Grundbuch:

	Grundbuch		
Nr.	Buchungssatz	Soll	Haben
①	Vorgang ①:		
②	Vorgang ②:		
③	Vorgang ③:		
④	Vorgang ④:		

10 Handelswaren und Vorprodukte

Grundbuch			
Nr.	Buchungssatz	Soll	Haben
⑤	**Vorgang ⑤:**		
⑥	**Abschluss des Kontos „Aufw. für Vorprodukte/Fremdbauteile":**		
⑦	**Saldobuchung der (Handels-)Waren:**		
⑧	**Abschluss des Kontos „Aufw. für (Handels-)Waren":**		
⑨	**Abschluss des Kontos „Umsatzerlöse für eig. Erzeugnisse":**		
⑩	**Abschluss des Kontos „Umsatzerlöse für (Handels-)Waren":**		

3. Führen Sie das Hauptbuch aller betroffenen Konten. Schließen Sie die Konten 2010, 2280, 5000, 5100, 6010, 6080 sowie 8020 ab und ermitteln Sie den Gesamterfolg.

S	2010 Vorprodukte/Fremdbauteile	H
S	2280 (Handels-)Waren	H
S	2400 Forderungen a. LL	H
S	2600 Vorsteuer	H
S	4400 Verbindlichkeiten a. LL	H

10 Handelswaren und Vorprodukte

S	4800 Umsatzsteuer	H

S	5000 Umsatzerlöse für eig. Erz.	H

S	5100 Umsatzerlöse für (Handels-)Waren	H

S	6010 Aufw. f. Vorprodukte/Fremdbauteile	H

S	6080 Aufw. f. (Handels-)Waren	H

S	8020 GuV	H

S	8010 SBK	H

Gesamterfolg

 **INFO-BOX**

Handelswaren und Vorprodukte/Fremdbauteile

Produktionsengpässe gehören leider zum Tagesgeschehen eines Unternehmens. Sie zwingen den Unternehmer unter Umständen zur Ausweitung seiner Produktionskapazitäten. Kurzfristig ist dies mithilfe von Überstunden oder Sonderschichten zu regeln. Langfristig gesehen sind Investitionen in die Erweiterung der Kapazitäten, oftmals verbunden mit der Anschaffung weiterer Maschinen und der Einstellung zusätzlichen Personals, vorzunehmen. Eine gebräuchliche Alternative besteht in der **Fremdvergabe von Aufträgen** für Artikel oder Bauteile, die in der Regel im eigenen Unternehmen gefertigt werden könnten. Wie im o. g. Fall beschrieben, besteht die Möglichkeit, die Rückenlehnen und Sitzplatten von einem externen Lieferer fertigen zu lassen. Immer dann, wenn ein Artikel,

- der **selbst hergestellt** werden kann, von einem Zulieferer bezogen wird, oder
- der **nicht selbst hergestellt** werden kann, aber nach entsprechender Weiterverarbeitung zur Fertigstellung eines Produkts beiträgt,

spricht man von den sogenannten **Vorprodukten bzw. Fremdbauteilen**. Sie sind im Kontenplan unter der Bezeichnung **2010 Vorprodukte/Fremdbauteile** zu finden.

▶ Vorprodukte/ Fremdbauteile

10 Handelswaren und Vorprodukte

In diesem Sinne sind also nicht nur die fremdgefertigten Rückenlehnen und Sitzplatten als Vorprodukte/Fremdbauteile zu deklarieren; auch wenn das Unternehmen bspw. fertige oder vorgefertigte Stuhlbeine einkauft, die anschließend zu fertigen Stühlen montiert werden, wird der Begriff der Vorprodukte/Fremdbauteile verwendet.

Eine **weitere Besonderheit** besteht in dem Bezug der sogenannten **Handelswaren**. Hierbei handelt es sich per Definition um Zukaufartikel, die ohne weitere Be- oder Verarbeitung weiterverkauft werden können. Sie werden im Sortiment geführt, damit das eigene Verkaufsprogramm sinnvoll abgerundet werden kann. Die korrekte Bezeichnung lautet **2280 (Handels-)Waren**.

▶ Handelswaren

Die Buchungen im Einkauf

Aus Gründen der Übersichtlichkeit werden entsprechende Vorgänge, die den Bezug/den **Kauf von Handelswaren oder Vorprodukten/Fremdbauteilen** wiedergeben, auf den bereits genannten gesonderten Konten

- **2010 Vorprodukte/Fremdbauteile**
- **2280 (Handels-)Waren**

erfasst.

Beispielhafte Geschäftsfälle:

① Kauf von Stuhlbeinen auf Ziel im Wert von 12.000,00 EUR netto.

② Kauf von Zeitschriftenständern gegen Barzahlung im Wert von 4.500,00 EUR netto.

	Grundbuch		
Nr.	Buchungssatz	Soll	Haben
①	**Buchung des Einkaufs von Vorprod./Fremdbaut.**		
	2010 Vorprodukte/Fremdbauteile	12.000,00	
	2600 Vorsteuer	2.280,00	
	an 4400 Verbindlichkeiten a. LL		14.280,00
②	**Buchung des Einkaufs von Handelswaren**		
	2280 (Handels-)Waren	4.500,00	
	2600 Vorsteuer	855,00	
	an 2880 Kasse		5.355,00

Der **Verbrauch** dieser Positionen wird über die Konten

- **6010 Aufwendungen für Vorprodukte/Fremdbauteile**
- **6080 Aufwendungen für (Handels-)Waren**

gebucht. Während bei den Vorprodukten/Fremdbauteilen sowohl die **Skontrations-** als auch die **Inventurmethode** praktikabel ist (vgl. Kapitel 9), wird bei den Handelswaren im Regelfall nur die **Inventurmethode** angewendet.

Die Buchungen im Verkauf

Vorprodukte/Fremdbauteile werden im Unternehmen zu fertigen Erzeugnissen weiterverarbeitet. Unter Berücksichtigung der Umsatzsteuer wird der Verkauf demzufolge über das Ihnen bekannte Ertragskonto **5000 Umsatzerlöse für eigene Erzeugnisse** gebucht.

Der **Verkauf von Handelswaren** wird aus Gründen der Übersichtlichkeit auf einem separaten Ertragskonto **5100 Umsatzerlöse für (Handels-)Waren** erfasst. Auch hier ist selbstverständlich die Umsatzsteuer zu berücksichtigen.

10 Handelswaren und Vorprodukte

Beispielhafte Geschäftsfälle:

① Die Stuhlbeine wurden in der Fertigung eingesetzt, sodass fertige Erzeugnisse in Form von Seminarstühlen entstanden sind. Diese werden zum Gesamtwert von 35.000,00 EUR netto auf Ziel verkauft.

② Die Zeitschriftenständer werden für insgesamt 6.500,00 EUR netto weiterverkauft. Das Zahlungsziel des Kunden beträgt 10 Tage ab Rechnungsdatum.

Grundbuch			
Nr.	Buchungssatz	Soll	Haben
①	**Buchung des Verkaufs der fertigen Erzeugnisse**		
	2400 Forderungen a. LL	41.650,00	
	an 5000 Umsatzerlöse für eig. Erzeugn.		35.000,00
	an 4800 Umsatzsteuer		6.650,00
②	**Buchung des Verkaufs der Handelswaren**		
	2400 Forderungen a. LL	7.735,00	
	an 5100 Umsatzerlöse für (Handels-)Waren		6.500,00
	an 4800 Umsatzsteuer		1.235,00

Erfolgsermittlung

▶ Erfolgsermittlung

Der **Erfolg aus dem Einkauf und Verkauf von Handelswaren** errechnet sich aus der Gegenüberstellung von mengenmäßig gleichen Verkaufs- zu Einkaufszahlen bzw. aus den Verkaufserlösen abzüglich des **Wareneinsatzes**. Der Wareneinsatz stellt die mit den Anschaffungskosten bewerteten verkauften Waren dar. Das Ergebnis dieser Gegenüberstellung wird als **Rohgewinn** bezeichnet. Unter Hinzunahme weiterer Aufwendungen für Löhne, Miete o. Ä. ergibt sich der Reingewinn. Der (Handels-)Wareneinsatz muss auf dem entsprechenden Aufwandskonto den Verkaufserlösen der Handelswaren gegenübergestellt werden. Der Rohgewinn berechnet sich wie folgt:

verkaufte Menge · Verkaufspreis pro Stück
− verkaufte Menge · Anschaffungskosten pro Stück
= (Roh-)Gewinn (oder Verlust) aus Handelswarengeschäften

▶ Rohgewinn

Die Anschaffungskosten ergeben sich auf Grundlage des § 253 (1) HGB:

Vermögensgegenstände sind höchstens mit den Anschaffungs- oder Herstellungskosten, [...] anzusetzen.

Der Wareneinsatz ergibt sich am Jahresende häufig nach der Inventur aufgrund der folgenden Rechnung:

▶ Wareneinsatz

Allgemeingültiges Rechenschema für die Ermittlung des (Handels-)Wareneinsatzes	
Anfangsbestand	... EUR
+ Einkäufe der Rechnungsperiode	... EUR
− Endbestand (Bestand laut Inventur)	... EUR
= **tatsächlicher (Handels-)Wareneinsatz**	... EUR

10 Handelswaren und Vorprodukte

Vertiefende Aufgaben

1. Die Öko-Tex GmbH verkauft neben ihren Jeans auch dazu passende Gürtel, die sie als Handelswaren führt. Am 01.01. des Jahres lagen 20 Gürtel auf Lager und am 31.12. des Jahres 15 Stück. Die Anschaffungskosten pro Gürtel betragen 18,00 EUR. Die Gürtel sind in dem Jahr zu 21,50 EUR verkauft worden. Im Mai lieferte die Firma Lederer 50 Gürtel zu 18,00 EUR und im September 100 Stück zum selben Preis.

   Ermitteln Sie den Verbrauch der Handelswaren und den Gewinn aus dem Handelswarengeschäft.

2. In der Öko-Tex GmbH hat das Konto Handelswaren einen Anfangsbestand von 3.200,00 EUR. Im Verlaufe des Jahres werden Handelswaren im Werte von 12.400,00 EUR netto eingekauft. Die Öko-Tex GmbH verkauft in dem Jahr Handelswaren im Werte von 11.980,00 EUR. Am Ende des Jahres wird ein Inventurbestand für diese Artikel in Höhe von 5.800,00 EUR festgestellt.

   a) Führen Sie das Bestandskonto für Handelswaren und die Erfolgskonten.

   b) Ermitteln Sie den Gewinn aus dem Verkauf der Handelswaren.

3. Die BüKo OHG stellt den Seminarstuhl Ergo Sim® her und kauft bereits vorgefertigte Aluminiumrohre für die Stuhlbeine ein. Aus dem Holz (Rohstoff) werden Rücken- und Sitzlehnen selbst hergestellt. Schrauben und sonstige Teile sind als Hilfsstoffe zu erfassen. Als Handelswaren sind Flipcharts zu führen.

   Die BüKo OHG hat die folgenden Anfangsbestände ermittelt:

0500 Grundst. u. Geb.	500.000,00 EUR	2280 (Handels-)Waren	1.800,00 EUR
0700 Maschinen	196.000,00 EUR	2400 Ford. a. LL	27.950,00 EUR
0800 BGA	34.600,00 EUR	2800 Bank	17.100,00 EUR
0840 Fuhrpark	55.000,00 EUR	2880 Kasse	840,00 EUR
2000 Rohstoffe	28.150,00 EUR	4250 Verbindl. g. KI	680.000,00 EUR
2010 Vorpr./Fremdb.	2.200,00 EUR	4400 Verbindl. a. LL	59.300,00 EUR
2020 Hilfsstoffe	4.110,00 EUR	3000 EK	?

   In der folgenden Periode liegen die nachstehenden Geschäftsfälle vor:

Nr.	Geschäftsfälle	Betrag
①	Kauf von Holzplatten auf Ziel + 19 % USt	3.800,00 EUR 722,00 EUR
②	Kauf von Schrauben und Herstelleretiketten auf Ziel + 19 % USt	470,00 EUR 89,30 EUR
③	Kauf von Flipcharts gegen Bankscheck + 19 % USt	510,00 EUR 96,90 EUR
④	Kauf von Aluminiumrohren gegen Eingangsrechnung mit Zahlungsziel + 19 % USt	1.120,00 EUR 212,80 EUR
⑤	Verkauf von Seminarstühlen Ergo Sim® auf Ziel + 19 % USt	14.100,00 EUR 2.679,00 EUR
⑥	Verkauf von Flipcharts in bar + 19 % USt	630,00 EUR 119,70 EUR
⑦	Kunde zahlt eine noch offene Rechnung per Banküberweisung	2.880,00 EUR
⑧	Die BüKo OHG zahlt eine noch offene Liefererrechnung per Banküberweisung	1.670,00 EUR
⑨	Banküberweisung der Fertigungslöhne	3.200,00 EUR

   Am Ende der Periode wird die Inventur durchgeführt. Es werden die folgenden Bestände ermittelt:

2000 Rohstoffe	27.950,00 EUR
2010 Vorprodukte/Fremdbauteile	1.710,00 EUR
2020 Hilfsstoffe	4.280,00 EUR
2280 (Handels-)Waren	1.690,00 EUR

   Alle übrigen Inventurbestände stimmen mit den Buchbeständen überein.

   a) Erfassen Sie die Geschäftsfälle im Grundbuch.

   b) Buchen Sie im Hauptbuch und erfassen Sie die Inventurbestände. Schließen Sie die Konten ab und ermitteln Sie den Erfolg des Unternehmens.

11 Aufwandsorientierte Buchungen und Erfassung des Materialverbrauchs

▶ **Fallsituation: Just in time**   ▶ Aufwandsorientierte Buchungen

Die BüKo OHG möchte ihr Eingangslager für Holz möglichst klein halten und hat mit dem Lieferer Caesar GmbH folgende Lieferbedingung vereinbart:

Auszug:
„[...] Es wird vereinbart, dass ab dem 1. Januar eine fertigungssynchrone Anlieferung des Holzbedarfs durch die Caesar GmbH erfolgt. Diese wird spätestens 24 Stunden vor der nächsten notwendigen Anlieferung über den genauen Umfang und Zeitpunkt der gewünschten Lieferung informiert [...]"

Am Lager befindet sich nur noch ein geringfügiger Mindestbestand, um eine eventuelle Verspätung einer Lieferung aufzufangen. Es ergeben sich für die nächste Periode die folgenden Daten, wobei ein Umsatzsteuersatz von 19 % zu berücksichtigen ist:

Nr.	Geschäftsfälle	Betrag
①	Der Anfangsbestand an Holz beträgt	2.000,00 EUR
②	Der Anfangsbestand auf dem Bankkonto lautet auf	20.000,00 EUR
③	Die BüKo OHG kauft Holz direkt zum Einsatz in der Produktion ein. Rechnungsnettowert (auf Ziel) + USt	5.200,00 EUR 988,00 EUR
④	Der Lieferer Caesar GmbH liefert erneut Holz für einen weiteren Auftrag an. Der Rechnungsbetrag beläuft sich auf netto (auf Ziel) + USt	4.800,00 EUR 912,00 EUR
⑤	Die Rechnung aus Fall 3 wird per Banküberweisung bezahlt.	
⑥	Die BüKo OHG verkauft die produzierten Seminarstühle und erstellt die Ausgangsrechnung netto (auf Ziel) + USt	15.700,00 EUR 2.983,00 EUR
⑦	Am Ende der Periode wird ein Holzbestand in Höhe von mittels Inventur festgestellt.	2.300,00 EUR

11 Aufwandsorientierte Buchungen und Erfassung des Materialverbrauchs

Anwendungsaufgaben

1. Erläutern Sie den bisherigen Weg der Rohstofflieferung und den Weg der Just-in-time-Anlieferung des Rohstoffes mithilfe des folgenden Schemas und die sich daraus ergebenden Konsequenzen für die Buchführung.

Lieferer Caesar GmbH	Bisheriger Weg = bestandsorientierte Buchungen		
	BüKo OHG		
	Eingangslager	Fertigung	Verkauf
	(Buchung Kontenklasse ?)	(Buchung Kontenklasse ?)	(Buchung Kontenklasse ?)

Erläuterung/Konsequenzen für die Buchführung:

Lieferer Caesar GmbH	Neuer Weg = verbrauchsorientierte bzw. aufwandsorientierte Buchungen		
	BüKo OHG		
	Eingangslager	Fertigung	Verkauf
	(Buchung Kontenklasse ?)	(Buchung Kontenklasse ?)	(Buchung Kontenklasse ?)

Erläuterung/Konsequenzen für die Buchführung:

2. Buchen Sie die Fälle ① bis ⑦ im Grund- und Hauptbuch. Führen Sie auch die erforderlichen Saldo- und Abschlussbuchungen durch und schließen Sie die Konten 2000, 5000, 6000 und 8020 ab. Informieren Sie sich zuvor in der nachfolgenden Info-Box und verwenden Sie auch den Kontenrahmen. Ermitteln Sie den Erfolg aus den Geschäftsfällen.

Grundbuch:

Nr.	Buchungssatz	Soll	Haben
①			
②			

11 Aufwandsorientierte Buchungen und Erfassung des Materialverbrauchs

Grundbuch			
Nr.	Buchungssatz	Soll	Haben
③			
④			
⑤			
⑥			
⑦			
⑧	Saldobuchung der Rohstoffe:		
⑨	Abschluss des Kontos „Aufwendungen für Rohstoffe":		
⑩	Abschluss des Kontos „Umsatzerlöse für eigene Erzeugnisse":		
⑪	Abschluss des Kontos „GuV":		

11 Aufwandsorientierte Buchungen und Erfassung des Materialverbrauchs

Hauptbuch:

| S | 2000 Rohstoffe | H | | S | 4800 Umsatzsteuer | H |

| S | 2400 Forderungen a. LL | H | | S | 5000 Umsatzerlöse f. eig. Erz. | H |

| S | 2600 Vorsteuer | H | | S | 6000 Aufw. f. Rohstoffe | H |

| S | 2800 Bank | H | | S | 8020 GuV | H |

| S | 3000 Eigenkapital | H | | | | |

| S | 4400 Verbindlichkeiten a. LL | H | | S | 8010 SBK | H |

Gesamterfolg

3. Ermitteln Sie mithilfe des nachfolgenden Schemas den tatsächlichen Rohstoffaufwand und erklären Sie den neuen Endbestand des Rohstoffes aus Fall ⑦.

Ermittlung des Werkstoffverbrauchs

Anfangsbestand an Rohstoffen (Fall ①) .... EUR

+ .... EUR

− .... EUR

= tatsächlicher Rohstoffverbrauch .... EUR

Erklärung:

_____

_____

_____

_____

11 Aufwandsorientierte Buchungen und Erfassung des Materialverbrauchs

 **INFO-BOX**

Aufwandsorientierte Buchungen im Einkauf und Erfassung des Materialverbrauchs

Bisher wurden die Einkäufe von Werkstoffen auf den entsprechenden Werkstoffbestandskonten der Kontenklasse 2 erfasst. Der Verbrauch der Werkstoffe wurde fortlaufend mit Materialentnahmescheinen (Skontrationsmethode) oder nachträglich mit (körperlicher) Inventur ermittelt. Die Buchung dieses Werkstoffverbrauchs erfolgte auf den entsprechenden Aufwandskonten der Kontenklasse 6.

Unter dem Gesichtspunkt, dass Industriebetriebe eine Senkung der Lagerkosten anstreben, werden Werkstoffe in der Regel erst zu dem Zeitpunkt geliefert, zu dem sie in der Fertigung benötigt werden (**Just-in-time-Prinzip**). Es erscheint daher sinnvoll, **den Einkauf von Werkstoffen direkt als Aufwand auf den entsprechenden Aufwandskonten** der Kontenklasse 6 zu **buchen**. Als Folge daraus weisen die Werkstoffbestandskonten nur noch drei Posten aus:

- den Anfangsbestand,
- den Schlussbestand laut Inventur und
- als Saldo die Veränderung des Anfangsbestandes gegenüber dem Schlussbestand.

Die **Just-in-time-Konzeption** bedeutet jedoch keineswegs, dass generell keine Vorratshaltung betrieben wird. Es ist nur allzu gebräuchlich, dass von jedem Werkstoff ein sog. Sicherheitsbestand am Lager gehalten wird, um die Produktion bei verzögerter Anlieferung eines Werkstoffes oder unerwarteten Auftragsspitzen aufrechterhalten zu können.

Die Werkstoffbestände können sich in zwei Richtungen verändern: Sie können anwachsen (**Bestandsmehrung**) oder abgebaut werden (**Bestandsminderung**). Beide Fälle wirken sich auf die Höhe des Werkstoffverbrauchs aus.

Variante 1: Bestandsmehrung

Bei Anwendung des Just-in-time-Prinzips bei der Buchung der Werkstoffeinkäufe wird ein sofortiger bzw. zeitnaher Verbrauch unterstellt. Nun kann es jedoch sein, dass zum Jahresende festgestellt wird, dass doch nicht alle Einkäufe bereits verbraucht wurden, sondern dass aus diesen Einkäufen noch Restbestände (bspw. aus den letzten Lieferungen) vorhanden sind. Ihnen ist bekannt, dass diese Restbestände, die wir als Schlussbestände bezeichnen, in der Schlussbilanz berücksichtigt werden müssen.

Sie werden sich jetzt sicherlich die Frage stellen, was denn mit den bereits als Aufwand gebuchten Werkstoffeinkäufen geschieht! Wir müssen **Korrekturbuchungen** vornehmen, die den zuvor gebuchten Werkstoffaufwand reduzieren und es uns gleichzeitig erlauben, den richtigen Bestand an Werkstoffen in der Schlussbilanz bzw. dem SBK zu berücksichtigen.

Beispiel:
Zu Beginn des Geschäftsjahres beträgt der Lagerbestand an Rohstoffen 125.000,00 EUR. Während des Geschäftsjahres wurden Rohstoffe im Nettowert von 100.000,00 EUR auf Ziel eingekauft. Zum Schluss des Geschäftsjahres beträgt der Bestand an Rohstoffen laut Inventur 150.000,00 EUR.

In diesem Falle ist der Schlussbestand größer als der Anfangsbestand. Somit liegt eine Bestandsmehrung vor.

> **Anfangsbestand < Schlussbestand → Bestandsmehrung**

11 Aufwandsorientierte Buchungen und Erfassung des Materialverbrauchs

Grundbuch			
Fall	Buchungssatz	Soll	Haben
①	**Buchung des Anfangsbestands auf dem Konto Rohstoffe**		
	2000 Rohstoffe	125.000,00	
	an 8000 EBK		125.000,00
②	**Einkauf der Rohstoffe**		
	6000 Aufwendungen für Rohstoffe	100.000,00	
	2600 Vorsteuer	19.000,00	
	an 4400 Verbindlichkeiten a. LL		119.000,00
③	**Schlussbestand Rohstoffe**		
	8010 SBK	150.000,00	
	an 2000 Rohstoffe		150.000,00
④	**Saldobuchung der Rohstoffe**		
	2000 Rohstoffe	25.000,00	
	an 6000 Aufwendungen für Rohstoffe		25.000,00
⑤	**Abschluss des Kontos Aufwendungen für Rohstoffe**		
	8020 GuV-Konto	75.000,00	
	an 6000 Aufwendungen für Rohstoffe		75.000,00

Soll	2000 Rohstoffe		Haben		Soll	6000 Aufw. f. Rohstoffe		Haben
① EBK	125.000,00	③ SBK	150.000,00		②	100.000,00	④ Rohst.	25.000,00
④ A. f. R.	25.000,00						⑤ GuV	75.000,00
	150.000,00		150.000,00			100.000,00		100.000,00

Soll	2600 Vorsteuer	Haben		Soll	8020 GuV	Haben
②	19.000,00			⑤ A. f. R.	75.000,00	

Soll	4400 Verbindlichkeiten a. LL	Haben		Soll	8010 SBK	Haben
		② 119.000,00		③ Rohst.	150.000,00	

Der weitere Kontenabschluss wird an dieser Stelle nicht berücksichtigt.

Ist der jeweilige Schlussbestand höher als der Anfangsbestand, bedeutet dies, dass innerhalb des Abrechnungszeitraums mehr eingekauft als verbraucht wurde. Dies hat Konsequenzen für den sofort als Aufwand gebuchten Einkaufswert:

- Der als Aufwand gebuchte Einkaufswert muss um den Wert der Bestandsmehrung gemindert werden.
- Wert der Werkstoffeinkäufe − Mehrbestand = Werkstoffverbrauch

Variante 2: Bestandsminderung

Im umgekehrten Fall kann es auch vorkommen, dass die Einkäufe eines Jahres nicht ausgereicht haben, um den tatsächlichen Materialverbrauch abzudecken. Dies ist nur dann möglich, wenn auf alte Bestände des Vorjahres zurückgegriffen werden kann. Auch hier sind dann wieder verschiedene Buchungen und letztlich auch eine Korrekturbuchung auf dem Konto „Aufwendungen für Rohstoffe" erforderlich.

11 Aufwandsorientierte Buchungen und Erfassung des Materialverbrauchs

Beispiel:

Zu Beginn des Geschäftsjahres beträgt der Lagerbestand an **Hilfsstoffen** 50.000,00 EUR. Während des Geschäftsjahres wurden Hilfsstoffe im Nettowert von 200.000,00 EUR eingekauft. Zum Schluss des Geschäftsjahres beträgt der Bestand an Hilfsstoffen laut Inventur 10.000,00 EUR.

In diesem Falle ist der Anfangsbestand größer als der Schlussbestand. Somit liegt eine Bestandsminderung vor.

> Anfangsbestand > Schlussbestand → Bestandsminderung

		Grundbuch	
Fall	**Buchungssatz**	**Soll**	**Haben**
①	**Buchung des Anfangsbestands auf dem Konto Hilfsstoffe**		
	2020 Hilfsstoffe	50.000,00	
	an 8000 EBK		50.000,00
②	**Einkauf der Hilfsstoffe**		
	6020 Aufwendungen für Hilfsstoffe	200.000,00	
	2600 Vorsteuer	38.000,00	
	an 4400 Verbindlichkeiten a. LL		238.000,00
③	**Schlussbestand Hilfsstoffe**		
	8010 SBK	10.000,00	
	an 2020 Hilfsstoffe		10.000,00
④	**Saldobuchung der Hilfsstoffe**		
	6020 Aufwendungen für Hilfsstoffe	40.000,00	
	an 2020 Hilfsstoffe		40.000,00
⑤	**Abschluss des Kontos Aufwendungen für Hilfsstoffe**		
	8020 GuV-Konto	240.000,00	
	an 6020 Aufwendungen für Hilfsstoffe		240.000,00

Soll	2020 Hilfsstoffe		Haben		Soll	6020 Aufw. f. Hilfsstoffe		Haben
① EBK	50.000,00	③ SBK	10.000,00		②	200.000,00	⑤ GuV	240.000,00
		④ A.f.H.	40.000,00		④ Hilfst.	40.000,00		
	50.000,00		50.000,00			240.000,00		240.000,00

Soll	2600 Vorsteuer	Haben		Soll	8020 GuV	Haben
②	38.000,00			⑤ A.f.H.	240.000,00	

Soll	4400 Verbindlichkeiten a. LL	Haben		Soll	8010 SBK	Haben
		② 238.000,00		③ Hilfsst.	10.000,00	

Der weitere Kontenabschluss bleibt an dieser Stelle unberücksichtigt.

Ist innerhalb eines Abrechnungszeitraums der Schlussbestand niedriger als der Anfangsbestand, dann bedeutet dies, dass mehr verbraucht als eingekauft wurde. Aus dem Lagerbestand des Vorjahres mussten also zusätzlich Werkstoffe in die Fertigung gegeben werden.

11 Aufwandsorientierte Buchungen und Erfassung des Materialverbrauchs

Auch dies hat Konsequenzen für den sofort als Aufwand gebuchten Einkaufswert:
- Der als Aufwand gebuchte Einkaufswert muss um den Wert der Bestandsminderung erhöht werden.
- Wert der Werkstoffeinkäufe + Minderbestand = Werkstoffverbrauch.

Zusammenfassung: Aufwandsorientierte Buchungen und Erfassung des Materialverbrauchs

Bei einem verbrauchsorientierten Einkauf von Werkstoffen sind alle mit dem Einkauf zusammenhängenden Buchungen zunächst als Aufwand (= Kontenklasse 6) zu erfassen. Am Ende des Jahres wird der Lagerbestand mittels Inventur festgestellt. Dabei kann sich eine Minderung des Bestandes ergeben, die durch das Angreifen der eisernen Reserve entsteht. Auch eine Mehrung des Bestandes ist möglich. Hierbei werden nicht alle just in time angelieferten Materialien verbraucht, sodass entsprechende Korrekturen auf den Aufwandskonten durchzuführen sind.

Das Ihnen bekannte einfache Berechnungsschema zur Ermittlung des Materialverbrauchs greift auch an dieser Stelle:

Ermittlung des Werkstoffverbrauchs	
Anfangsbestand	.... EUR
+ Einkäufe der Rechnungsperiode	.... EUR
− Endbestand (Bestand laut Inventur)	.... EUR
= **tatsächlicher Werkstoffverbrauch**	.... EUR

Vertiefende Aufgaben

1. Die Öko-Tex GmbH lässt alle Stoffballen (= Rohstoffe) just in time anliefern. Die Garne, Knöpfe und sonstigen Zubehörteile (= Hilfsstoffe) werden in großen Mengen gekauft und gelagert, da so ein besserer Preis zu erzielen ist. Es gilt für alle Fälle der USt-Satz von 19 %.

Die Öko-Tex GmbH hat die folgenden Anfangsbestände zu Beginn des Geschäftsjahres festgestellt:

0700 Maschinen	9.150.000,00 EUR	2800 Bank	122.600,00 EUR
0800 BGA	137.800,00 EUR	4400 Verb. a. LL	521.900,00 EUR
2000 Rohstoffe	114.000,00 EUR	4250 Verb. g. KI	6.010.000,00 EUR
2020 Hilfsstoffe	18.600,00 EUR	3000 Eigenkapital	?
2400 Ford. a. LL	125.300,00 EUR		

Folgende Geschäftsfälle liegen Ihnen vor (sämtliche Ein- und Ausgangsrechnungen weisen ein Zahlungsziel aus):

Nr.	Geschäftsfälle	Betrag
①	Einkauf von Stoffen mit einem Nettowarenwert laut Rechnung Nr. 402 ein in Höhe von + USt	14.900,00 EUR 2.831,00 EUR
②	Einkauf von Zubehörteilen. Die Rechnung Nr. 578 beläuft sich auf netto + USt	2.100,00 EUR 399,00 EUR
③	Die Rechnungen Nr. 402 + 578 werden per Banküberweisung bezahlt.	
④	Entnahme von Hilfsstoffen für die Produktion im Werte von	4.450,00 EUR
⑤	Verkauf der fertig produzierten Kleidungsstücke im Wert von netto + USt gegen Ausgangsrechnung Nr. 987 an die Luxus-Moden GmbH	15.800,00 EUR 3.002,00 EUR

11 Aufwandsorientierte Buchungen und Erfassung des Materialverbrauchs

Nr.	Geschäftsfälle	Betrag
⑥	Die Luxus-Moden GmbH bezahlt die Rechnung Nr. 987 per Banküberweisung.	
⑦	Einkauf von Stoffen lt. Eingangsrechnung Nr. 486. Die Rechnung beinhaltet den Nettowarenwert von + USt	8.400,00 EUR 1.596,00 EUR
⑧	Zahlung der Löhne per Banküberweisung	11.300,00 EUR
⑨	Verkauf von Kleidungsstücken an die KK-Mode AG lt. Ausgangsrechnung Nr. 1004 mit einem Nettowert von + USt	33.900,00 EUR 6.441,00 EUR
⑩	Die KK-Mode AG bezahlt die Rechnung Nr. 1004 per Banküberweisung.	

Abschlussangaben:

Am Ende des Geschäftsjahres werden lt. Inventur die folgenden Werte ermittelt:

2000 Rohstoffe	112.800,00 EUR
2020 Hilfsstoffe	16.050,00 EUR

a) Erfassen Sie die Anfangsbestände auf den Konten.

b) Buchen Sie die Geschäftsfälle ①–⑩ im Grund- und Hauptbuch.

c) Schließen Sie die Konten ab und ermitteln Sie den Erfolg des Unternehmens.

2. Die Lothar Lindemann KG lässt ihre Rohstoffe just in time anliefern. Die entsprechenden Konten weisen am Jahresende die folgenden Bestände bzw. Salden aus:

2000 Rohstoffe (Anfangsbestand)	4.900,00 EUR
Schlussbestand lt. Inventur	3.750,00 EUR
6000 Aufwendungen für Rohstoffe	180.000,00 EUR

a) Richten Sie die angegebenen Konten ein und schließen Sie diese ab.

b) Erläutern Sie die Differenz auf dem Konto 2000 Rohstoffe.

3. Die BüKo OHG stellt den Seminarstuhl Ergo Sim® selbst her und führt Flipcharts als Handelswaren. Sie erfasst alle Einkäufe direkt als Aufwand (auch die Einkäufe von Handelswaren). Die Zuordnung der eingekauften Artikel entnehmen Sie der folgenden Tabelle:

Rohstoffe	Holz, Stoffe
Hilfsstoffe	Schrauben, Schaumstoff
Betriebsstoffe	Strom
Vorprodukte/Fremdbauteile	Aluminiumrohre für Stuhlbeine
(Handels-)Waren	Flipcharts

Ausgangsbasis sind die folgenden Bestände:

Soll	8010 Schlussbilanzkonto per 31.12.		Haben
0500 Grundst. und Geb.	499.200,00	3000 Eigenkapital	128.900,00
0700 Maschinen	193.650,00	4250 Verbindlichk. g. Kl	680.000,00
0800 BGA	34.100,00	4400 Verbindlichk. a. LL	64.474,00
0840 Fuhrpark	54.100,00		
2000 Rohstoffe	27.950,00		
2010 Vorprod./Fremdbaut.	1.710,00		
2020 Hilfsstoffe	4.280,00		
2280 (Handels-)Waren	1.690,00		
2400 Forderungen a. LL	40.556,80		
2600 Vorsteuer	187,20		
2800 Bank	15.110,00		
2880 Kasse	840,00		
	873.374,00		873.374,00

11 Aufwandsorientierte Buchungen und Erfassung des Materialverbrauchs

◆ LL ◆ Textilausrüstung

Lothar Lindemann KG ◆ Südstr. 58 ◆ 47803 Krefeld
BüKo OHG
Kaiser-Wilhelm-Ring 10
50877 Köln

RECHNUNG Nr. 52   Datum: 10.01.20..

Menge	Bezeichnung	Einzelpreis	Gesamtpreis
12	Stoffballen	150,00 EUR	1.800,00 EUR
150 kg	Schaumstoff	2,00 EUR	300,00 EUR
	Nettowert		2.100,00 EUR
	+ 19 % USt		399,00 EUR
	= Bruttowert		2.499,00 EUR

Zahlbar innerhalb von 10 Tagen ab Rechnungsdatum.

Süd-Holzwerke ⋮ Wiesenstr. 58 ⋮ 27568 Bremerhaven
BüKo OHG
Kaiser-Wilhelm-Ring 10
50877 Köln

Rechnungs-Datum: 16.01.20..
Rechnungs-Nr.: 49

Menge	Bezeichnung	Einzelpreis	Gesamtpreis
40	Holzplatten	70,00 EUR	2.800,00 EUR
2 Pakete	Holzschrauben	105,00 EUR	210,00 EUR
	Nettowert		3.010,00 EUR
	+ 19 % USt		571,90 EUR
	= Bruttowert		3.581,90 EUR

Zahlbar innerhalb von 5 Tagen ab Rechnungsdatum.

Teuto Handels GmbH • Tecklenburger Damm 123 • 49477 Ibbenbüren
BüKo OHG
Kaiser-Wilhelm-Ring 10
50877 Köln

Teuto Handels GmbH

Rechnungs-Nr.: 321
vom 21.01.20.

Bezeichnung	Einzelpreis	Gesamtpreis
15 Flipcharts	350,00 EUR	5.250,00 EUR
100 Aluminiumrohre für Stuhlbeine	8,30 EUR	830,00 EUR
Nettowert		6.080,00 EUR
+ 19 % USt		1.155,20 EUR
= Bruttowert		7.235,20 EUR

Zahlbar innerhalb von 8 Tagen ab Rechnungsdatum.

BüKo OHG – Kaiser-Wilhelm-Ring 10 – 50877 Köln
Moritz Meister GmbH
Märchenstr. 5
51067 Köln

Datum: 22.01.20..
Rechnung: Nr. 10250

Menge	Bezeichnung	Einzelpreis	Gesamtpreis
40	Seminarstühle Ergo Sim®	345,00 EUR	13.800,00 EUR
10	Flipcharts	425,00 EUR	4.250,00 EUR
	Nettowert		18.050,00 EUR
	+ 19 % USt		3.429,50 EUR
	= Bruttowert		21.479,50 EUR

Zahlbar innerhalb von 10 Tagen ab Rechnungsdatum.

11 Aufwandsorientierte Buchungen und Erfassung des Materialverbrauchs

Kontoauszug				Sparkasse Köln	S K
Konto-Nr.	**Datum**	**Aus.-Nr.**	**Blatt**	**Buch.tag**	**Umsatz**
12345678	15.01.	7	1	15.01.	
Überweisung Löhne					1.800,00 S
Überweisung Rg. 52 an Lindemann					2.499,00 S
Gutschrift Zinsen					350,00 H
Tilgung Darlehen					600,00 S
Abbuchung Strom inkl. 19 % USt					297,50 S
BüKo OHG Kaiser-Wilhelm-Ring 10 50877 Köln				Alter Saldo	H 15.110,00 EUR
BIC: COLSDE33 IBAN: DE66 3705 0198 0012 3456 78				Neuer Saldo	H 10.263,50 EUR

Nach der Inventur ergeben sich folgende Bestände:

Rohstoffe	28.100,00 EUR	(Handels-)Waren	3.440,00 EUR
Vorprod./Fremdbaut.	1.600,00 EUR	übrige Positionen	Buchwerte
Hilfsstoffe	4.200,00 EUR		

a) Buchen Sie die Belege (Rechnungen und Kontoauszug) im Grundbuch.

b) Buchen Sie die Anfangsbestände und führen Sie das Hauptbuch. Erfassen Sie die Schlussbestände lt. Inventur und schließen Sie die Konten ab.

4. Die von der Öko-Tex GmbH eingekauften Produkte sind in der Buchhaltung wie folgt zu erfassen:

Produkte	Konten	Anlieferung
Stoff	Rohstoffe	just in time
Nähgarn	Hilfsstoffe	Lager
zugeschnittene Teile	Vorprodukte/Fremdbauteile	just in time
Gürtel	(Handels-)Waren	Lager

Bilden Sie für die folgenden Geschäftsfälle die Buchungssätze, wobei ein USt-Satz von 19 % gilt. Sämtliche Ein- und Ausgangsrechnungen weisen ein Zahlungsziel aus.

Nr.	Geschäftsfälle
①	Eingangsrechnung Nr. 345 über den Einkauf von Stoff für netto 1.300,00 EUR + USt.
②	Quittung über den Einkauf von Schreibpapier brutto 47,60 EUR.
③	Eingangsrechnung Nr. 567 über den Einkauf von zugeschnittenen Teilen netto 3.210,00 EUR + USt.
④	Eingangsrechnung Nr. 876 über den Einkauf von Gürteln netto 850,00 EUR + USt.
⑤	Ausgangsrechnung 9999 über den Verkauf von Jeans netto 4.780,00 EUR + USt.
⑥	Ausgangsrechnung über den Verkauf von Gürteln netto 1.550,00 EUR.
⑦	Quittung über den Bareinkauf von Nähgarn brutto 214,20 EUR inkl. USt.
⑧	Banklastschrift über die Zahlung von Darlehenszinsen 250,00 EUR.
⑨	Banküberweisung über die Zahlung der Rechnung Nr. 567 an den Lieferer.
⑩	Bankgutschrift über die Zahlung der Rechnung Nr. 9999 vom Kunden.

12 Bestandsveränderungen an fertigen und unfertigen Erzeugnissen

▶ **Fallsituation:** Lagerproduktion

Da Carina Crämer die grundlegenden Buchungen und Berechnungen beherrscht und auch den Materialverbrauch bei der bestands- und der aufwandsorientierten Buchungsmethode erfassen kann, stellt sich ihr die nächste Frage. Anlässlich der letzten Inventur, bei der sie geholfen hat, waren ihr u. a. die großen Mengen an verkaufsfertigen Stühlen im Versandlager aufgefallen.

Carina: Hallo Frau Straub. Ich kann nachvollziehen, dass bei unseren Materialbeständen Schwankungen entstehen, die wir bei der Ermittlung des tatsächlichen Verbrauchs berücksichtigen müssen. Meine Mitarbeit bei der letzten Inventur hat mir dies noch einmal deutlich gemacht. Aber ich habe eine weitere Frage: Ich kann mich erinnern, dass wir bei der Inventur nicht nur die Bestände der verschiedenen Materialien ermittelt haben. Gegenstand der Bestandsermittlung waren auch die verkaufsfertigen Produkte. Und auch die Teile, die sich noch in Bearbeitung befinden, also noch nicht ganz fertig sind, haben wir mitgezählt. Trotzdem sind mir diese Bestände bei unseren letzten Buchungen überhaupt nicht mehr aufgefallen. Ich glaube, sie sind gar nicht vorgekommen, oder?

Frau Straub: Sie liegen mit Ihrer Vermutung richtig. Bevor wir uns näher mit dieser Thematik beschäftigen, sollten wir an dieser Stelle noch einmal kurz festhalten, wie denn die genauen Bezeichnungen der von Ihnen genannten Artikel lauten.

Carina: Wenn ich mich nicht täusche, dann lauten die korrekten Bezeichnungen **„Fertige Erzeugnisse"** und **„Unfertige Erzeugnisse"**.

Bei den fertigen Erzeugnissen handelt es sich um die verkaufsfähigen Produkte. Hierzu zählen bspw. die Seminarstühle, die sich am Lager befinden und auf ihren Verkauf warten. Bei den unfertigen Erzeugnissen handelt es sich um die Erzeugnisse oder Erzeugnisbestandteile, die wir selbst fertigen. Diese befinden sich noch im Produktionsprozess und sind daher noch nicht verkaufsfertig. So zum Beispiel die Sitzplatten, die noch nicht lackiert wurden.

Frau Straub: Prima. Aus Vereinfachungsgründen sind wir bisher immer davon ausgegangen, dass sich am Ende eines Geschäftsjahres keinerlei Bestände dieser fertigen und unfertigen Erzeugnisse am Lager befinden. Alle hergestellten Produkte, z. B. die Seminarstühle, konnten auch verkauft werden. Und auch bei den unfertigen Erzeugnissen gab es am Ende eines Geschäftsjahres keinerlei Bestände. Alles konnte zu fertigen Erzeugnissen weiterverarbeitet werden. Sie können sich sicherlich vorstellen, dass dies nicht immer der Realität entspricht. Schließlich haben Sie bereits erwähnt, dass Ihnen bei der Inventurmitarbeit entsprechende Bestände aufgefallen sind.

Carina: Dann entstehen die Bestände, die bei der Inventur ermittelt wurden, also dadurch, **dass nicht alle hergestellten Produkte auch verkauft werden konnten**?

Frau Straub: Ja, das ist eine der beiden Varianten. Der Vorgang, den Sie soeben beschrieben haben, nennen wir übrigens **Bestandsmehrung**. Wir schauen uns das Ganze an einem Beispiel an.

12 Bestandsveränderungen an fertigen und unfertigen Erzeugnissen

Entstehung und Verwendung von Inventurbeständen an fertigen Erzeugnissen

Die bei der BüKo OHG hergestellten Seminarstühle Ergo Sim® werden zum Stückpreis von 110,00 EUR verkauft. Bei der Produktion dieser Stühle entstehen (aus Gründen der Vereinfachung) **nur** die folgenden Aufwendungen:

Rohstoffaufwand	40,00 EUR pro Stück
Hilfsstoffaufwand	10,00 EUR pro Stück
Löhne	30,00 EUR pro Stück
Sonstige Aufwendungen der Herstellung	20,00 EUR pro Stück

Im **1. Jahr** … werden 1.200 Seminarstühle hergestellt. Die komplette Menge kann auch verkauft werden.

Im **2. Jahr** … werden 1.400 Seminarstühle zu den oben genannten Bedingungen hergestellt. Es können aber wiederum nur 1.200 Seminarstühle verkauft werden. 200 Stück der Seminarstühle verbleiben am Lager, werden bei der Inventur erfasst und in die Schlussbilanz übertragen.

Im **3. Jahr** … verfügt das Unternehmen also über den Inventurbestand aus dem 2. Jahr (200 Stühle). In diesem Jahr werden 1.100 Seminarstühle hergestellt. Verkauft werden erneut 1.200 Seminarstühle.

Carina: Okay, es ist offenkundig, dass im ersten Jahr alle produzierten Stühle verkauft wurden. Am Ende des zweiten Jahres bleiben 200 Stück übrig. Und im dritten Jahr verkaufen wir 100 Stühle mehr, als wir produziert haben. Das scheint also nur funktioniert zu haben, weil aus dem zweiten Jahr noch 200 Stück am Lager waren und wir uns sozusagen aus diesem Lagerbestand mit 100 Stück „bedienen" konnten. Und am Ende des dritten Jahres müssen dann noch weitere 100 Stühle übrig bleiben, die sich wiederum auf dem Lager befinden und mit in das neue, dann das vierte Jahr, genommen werden.

Frau Straub: Das haben Sie gut erkannt. Nun wollen wir uns anschauen, in welcher Höhe wir in den jeweiligen Jahren einen Gewinn erzielen konnten. Ich erläutere Ihnen die Vorgehensweise wieder anhand verschiedener Schritte. Dabei errechnen wir den jeweils erwarteten Gewinn und bilden die jeweilige Situation auf den entsprechenden Konten ab.

Das Geschehen im 1. Jahr

Hier handelt es sich um den einfachsten Fall. Die komplette Produktionsmenge wird verkauft. Die **gesamten Umsatzerlöse** bezeichnen wir als **Umsatzleistung**. Die rechnerische Ermittlung des Gewinns und das entsprechende GuV-Konto gestalten sich wie folgt:

▶ Umsatzleistung

Ermittlung des Gewinns

	in Stück	EUR pro Stück	EUR insgesamt
Herstellung	1.200	100,00	120.000,00
Verkauf	1.200	110,00	132.000,00
Bestand am 31.12.	0	—	—
Gewinn in EUR	**1 200** →	**10,00** →	**12.000,00**

12 Bestandsveränderungen an fertigen und unfertigen Erzeugnissen

Soll	GuV-Konto		Haben	
Herstellungsaufw. (1.200 Stück)	120.000,00	Umsatzerlöse (1.200 Stück)	132.000,00	**Umsatzleistung**
Gewinn	12.000,00			
	132.000,00		132.000,00	**Gesamtleistung**

Das Geschehen im 2. Jahr

Es werden 1.400 Seminarstühle produziert, jedoch nur 1.200 Stück verkauft. Wenn wir nun den Herstellungsaufwand für 1.400 Stück von den Umsatzerlösen von 1.200 Stück abziehen, entsteht ein Verlust in Höhe von 8.000,00 EUR. Dies wäre jedoch die falsche Vorgehensweise, denn: Es ist wichtig festzustellen, **welcher Gewinn durch die Verkaufsmenge erzielt wurde**. Beim Verkauf von 1.200 Stück zu einem Stückgewinn in Höhe von 10,00 EUR ergibt sich somit ein Gesamtgewinn aus der Verkaufsmenge von 12.000,00 EUR. Dabei dürfen wir den verbleibenden Bestand am Ende des Jahres nicht vergessen. Diese 200 Stück Restbestand stellen schließlich auch eine Leistung des Unternehmens dar. Zwar wurde hier (noch) kein Verkaufserlös erzielt, die Leistung besteht jedoch in einer sogenannten **Lagerleistung** mit dem Ziel des Verkaufs im Folgejahr.

▶ Lagerleistung

Ermittlung des Gewinns

	in Stück	EUR pro Stück	EUR insgesamt
Bestand am 01.01.	0	—	—
Herstellung	1.400	100,00	140.000,00
Verkauf	1.200	110,00	132.000,00
Bestand am 31.12.	200	100,00	20.000,00
Gewinn in EUR	1200 ⟶	10,00 ⟶	12.000,00

Auf einem anderen Weg lässt sich der Gewinn wie folgt ermitteln:

Umsatzleistung	1.200 Stück	132.000,00 EUR
+ Lagerleistung	200 Stück	20.000,00 EUR
= Gesamtleistung	1.400 Stück	152.000,00 EUR
− Herstellungsaufwand	1.400 Stück	140.000,00 EUR
= Gewinn aus dem Verkauf von	1.200 Stück	12.000,00 EUR

Da ein Restbestand von fertigen Erzeugnissen verbleibt, erscheint es sinnvoll und notwendig, diesen Bestand auf dem entsprechenden Konto zu führen. Mit Eintragung des entsprechenden Herstellaufwands und der erzielbaren Umsatzerlöse ergibt sich nachfolgendes Kontenbild. Die spezifischen Buchungssätze, mit denen Sie zukünftig arbeiten müssen, folgen direkt.

① Mithilfe des Eröffnungsbilanzkontos wird der Anfangsbestand der fertigen Erzeugnisse gebucht. Zwar beträgt dieser null Stück und somit null EUR, zur Vollständigkeit erfassen wir dennoch den Buchungssatz. Auf das Führen des Eröffnungsbilanzkontos verzichten wir an dieser Stelle.

② Der Schlussbestand an fertigen Erzeugnissen beträgt 200 Stück und somit 20.000,00 EUR. Die Buchung erfolgt auf dem Schlussbilanzkonto.

▶ Bestandsmehrung

③ Auf dem Konto Fertige Erzeugnisse entsteht ein Saldo, der noch ausgeglichen bzw. umgebucht werden muss. Da in diesem Falle nicht alle Erzeugnisse verkauft wurden, ist eine **Bestandsmehrung** entstanden.

12 Bestandsveränderungen an fertigen und unfertigen Erzeugnissen

Anders als bei den Werkstoffen (Kapitel 9 und 11) wird für die Erfassung dieser Mehrung aus Gründen der besseren Übersicht noch ein weiteres Sammelkonto eingeführt. Es trägt die Bezeichnung **5200 Bestandsveränderungen**. Es ist ein besonderes Konto und zählt zu den Erfolgskonten. Die Besonderheit liegt darin, dass es sowohl Aufwendungen als auch Erträge sammeln kann.

④ Der Abschluss des Kontos Bestandsveränderungen erfolgt übrigens – wie bei allen anderen Erfolgskonten auch – über das GuV-Konto.

Grundbuch			
Nr.	Buchungssatz	Soll	Haben
①	**Buchung des Anfangsbestands:**		
	2200 Fertige Erzeugnisse	0,00	
	an 8000 EBK		0,00
②	**Buchung des Schlussbestands an fertigen Erzeugnissen:**		
	8010 SBK	20.000,00	
	an 2200 Fertige Erzeugnisse		20.000,00
③	**Saldobuchung auf dem Konto „Fertige Erzeugnisse":**		
	2200 Fertige Erzeugnisse	20.000,00	
	an 5200 Bestandsveränderungen		20.000,00
④	**Abschluss des Kontos „Bestandsveränderungen":**		
	5200 Bestandsveränderungen	20.000,00	
	an 8020 GuV-Konto		20.000,00

Soll	2200 Fertige Erzeugnisse		Haben
① Anfangsbestand	0,00	② SBK (200 Stück)	20.000,00
③ Best.-veränd. (200 Stück)	20.000,00		
	20.000,00		20.000,00

Soll	5200 Bestandsveränderungen		Haben
④ GuV	20.000,00	③ Fertige Erz.	20.000,00
	20.000,00		20.000,00

Soll	8020 GuV-Konto		Haben	
Herstellungsaufw. (1.400 Stück)	140.000,00	Umsatzerlöse (1.200 Stück)	132.000,00	**Umsatzleistung**
Gewinn	12.000,00	④ Best.-veränd./ Mehrbestand (200 Stück)	20.000,00	**Lagerleistung**
	152.000,00		152.000,00	**Gesamtleistung**

Soll	8010 Schlussbilanzkonto		Haben
② Fertige Erz. (200 Stück)	20.000,00	…	

12 Bestandsveränderungen an fertigen und unfertigen Erzeugnissen

Das Geschehen im 3. Jahr

Es werden in diesem Jahr nur 1.100 Seminarstühle produziert, dennoch werden 1.200 Stück verkauft. Wenn wir nun den Herstellungsaufwand für 1.100 Stück von den Umsatzerlösen von 1.200 Stück abziehen, entsteht ein Gewinn in Höhe von 22.000,00 EUR. Auch an dieser Stelle wäre dies jedoch die falsche Vorgehensweise, denn: Auch hier ist es wichtig festzustellen, **welcher Gewinn durch die Verkaufsmenge erzielt wurde**. Beim Verkauf von 1.200 Stück zu einem Stückgewinn in Höhe von 10,00 EUR ergibt sich erneut ein Gesamtgewinn aus der Verkaufsmenge von 12.000,00 EUR. Die Besonderheit besteht in diesem Falle darin, dass wir uns aus den Lagerbeständen des Vorjahres bedienen mussten, um die gesamten 1.200 Stück verkaufen zu können. Diese erforderlichen 100 Stück aus dem Vorjahr, die dort bereits als Leistung und somit als Ertrag erfasst wurden, müssen in diesem Jahr als zusätzlicher Aufwand deklariert werden. **Denn im GuV-Konto sollen sich gleiche Mengen gegenüberstehen**.

Ermittlung des Gewinns

	in Stück	EUR pro Stück	EUR insgesamt
Bestand am 01.01.	200	100,00	20.000,00
Herstellung	1.100	100,00	110.000,00
Verkauf	1.200	110,00	132.000,00
Bestand am 31.12.	100	100,00	10.000,00
Gewinn in EUR	1 200 →	10,00 →	12.000,00

Auf einem anderen Weg lässt sich der Gewinn wie folgt ermitteln:

Umsatzleistung	1.200 Stück	132.000,00 EUR
− Leistung aus dem Vorjahr	100 Stück	10.000,00 EUR
= Gesamtleistung	1.100 Stück	122.000,00 EUR
− Herstellungsaufwand	1.100 Stück	110.000,00 EUR
= Gewinn aus dem Verkauf von	1.200 Stück	12.000,00 EUR

Auch hier erscheint es sinnvoll, die im 2. Jahr verwendeten Konten erneut zu führen.

① Mithilfe des Eröffnungsbilanzkontos wird der Anfangsbestand der fertigen Erzeugnisse gebucht. Dieser wird aus der Schlussbilanz des zweiten Jahres übernommen und beträgt bei 200 Stück somit 20.000,00 EUR.

② Der Schlussbestand an fertigen Erzeugnissen beträgt 100 Stück und somit 10.000,00 EUR. Die Buchung erfolgt auf das Schlussbilanzkonto.

③ Auf dem Konto Fertige Erzeugnisse entsteht erneut ein Saldo, der ausgeglichen bzw. umgebucht werden muss. Achtung: Da wir uns aus den Lagerbeständen des vergangenen Jahres bedienen mussten, ist eine **Bestandsminderung** entstanden. Diesen Saldo/diese Bestandsminderung buchen wir aus Gründen der besseren Übersicht ebenfalls auf dem Konto **5200 Bestandsveränderungen**. War der Mehrbestand des Vorjahres noch als Ertrag erfasst worden, so wird der Minderbestand dieses Jahres als zusätzlicher Aufwand erfasst.

▶ Bestandsminderungen

④ Der Abschluss des Kontos Bestandsveränderungen erfolgt erneut über das GuV-Konto.

12 Bestandsveränderungen an fertigen und unfertigen Erzeugnissen

Grundbuch			
Nr.	Buchungssatz	Soll	Haben
①	**Buchung des Anfangsbestands:**		
	2200 Fertige Erzeugnisse	20.000,00	
	an 8000 EBK		20.000,00
②	**Buchung des Schlussbestands an fertigen Erzeugnissen:**		
	8010 SBK	10.000,00	
	an 2200 Fertige Erzeugnisse		10.000,00
③	**Saldobuchung auf dem Konto „Fertige Erzeugnisse":**		
	5200 Bestandsveränderungen	10.000,00	
	an 2200 Fertige Erzeugnisse		10.000,00
④	**Abschluss des Kontos „Bestandsveränderungen":**		
	8020 GuV-Konto	10.000,00	
	an 5200 Bestandsveränderungen		10.000,00

Soll	2200 Fertige Erzeugnisse		Haben
① Anfangsbestand (200 Stück)	20.000,00	② SBK (100 Stück)	10.000,00
		③ Bestandsveränd. (100 Stück)	10.000,00
	20.000,00		20.000,00

Soll	5200 Bestandsveränderungen		Haben
③ Fertige Erz.	10.000,00	④ GuV	10.000,00
	10.000,00		10.000,00

Soll	8020 GuV-Konto		Haben	
Herstellungsaufw. (1.100 Stück)	110.000,00	Umsatzerlöse (1.200 Stück)	132.000,00	**Umsatz-leistung**
Leistung aus Vorjahr ④ Best.-veränd./ Minderbestand (100 Stück)	10.000,00			
Gewinn	12.000,00			
	132.000,00		132.000,00	

Soll	8010 Schlussbilanzkonto		Haben
② Fertige Erz. (100 Stück)	10.000,00	...	

12 Bestandsveränderungen an fertigen und unfertigen Erzeugnissen

Anwendungsaufgaben

1. Es lassen sich grundlegend zwei Bestandsveränderungen an fertigen und unfertigen Erzeugnissen unterscheiden: die **Bestandsmehrung** und die **Bestandsminderung**.

Vervollständigen Sie hierzu die folgende Übersicht, indem Sie die korrekten Buchungssätze zuordnen.

Buchungssätze:

2100 Unfertige Erzeugnisse an 5200 Bestandsveränderungen	5200 Bestandsveränderungen an 2100 Unfertige Erzeugnisse
8200 GuV-Konto an 5200 Bestandsveränderungen	5200 Bestandsveränderungen an 8020 GuV-Konto
2200 Fertige Erzeugnisse an 5200 Bestandsveränderungen	5200 Bestandsveränderungen an 8020 GuV-Konto
8020 GuV-Konto an 5200 Bestandsveränderungen	5200 Bestandsveränderungen an 2200 Fertige Erzeugnisse

Bestandsmehrungen	Bestandsminderungen
Bestandsmehrungen stellen Erträge dar, die über das Konto 5200 Bestandsveränderungen erfasst und anschließend über das GuV-Konto abgebildet werden.	Bestandsminderungen stellen Aufwendungen dar, die über das Konto 5200 Bestandsveränderungen erfasst und anschließend über das GuV-Konto abgebildet werden.
• Bestandsmehrungen an **fertigen** Erzeugnissen werden in folgenden Teilschritten gebucht:	• Bestandsminderungen an **fertigen** Erzeugnissen werden in folgenden Teilschritten gebucht:
Buchungssatz	**Buchungssatz**
Saldobuchung auf dem Konto „Fertige Erzeugnisse"	Saldobuchung auf dem Konto „Fertige Erzeugnisse"
Abschluss des Kontos „Bestandsveränderungen"	Abschluss des Kontos „Bestandsveränderungen"
• Bestandsmehrungen an **unfertigen** Erzeugnissen werden in folgenden Teilschritten gebucht:	• Bestandsminderungen an **unfertigen** Erzeugnissen werden in folgenden Teilschritten gebucht:
Buchungssatz	**Buchungssatz**
Saldobuchung auf dem Konto „Unfertige Erzeugnisse"	Saldobuchung auf dem Konto „Unfertige Erzeugnisse"
Abschluss des Kontos „Bestandsveränderungen"	Abschluss des Kontos „Bestandsveränderungen"

12 Bestandsveränderungen an fertigen und unfertigen Erzeugnissen

2. In der BüKo OHG werden hochwertige Stühle hergestellt. Die Herstellungskosten eines Stuhls betragen in Summe 170,00 EUR. Der Verkaufspreis eines Stuhls liegt bei 200,00 EUR.

- Im **ersten Geschäftsjahr** werden 100 Stühle hergestellt, die auch im gleichen Geschäftsjahr verkauft werden.

- Unter Berücksichtigung der Ausgangssituation werden nun im **zweiten Geschäftsjahr** erneut 100 Stühle hergestellt, jedoch nur 60 Stück verkauft.

- Im **dritten Geschäftsjahr** werden erneut 100 Stühle hergestellt, diesmal jedoch 130 Stück verkauft.

- Auch im **vierten Geschäftsjahr** werden wieder 100 Stühle hergestellt, diesmal jedoch 106 Stück verkauft. Hinzu kommen die unfertigen Erzeugnisse. Hierzu nehmen wir folgende Werte an: Anfangsbestand: 0,00 EUR sowie ein Schlussbestand in Höhe von 4.000,00 EUR.

Ermitteln Sie auf Grundlage der vorgestellten Vorgehensweise den Gewinn der einzelnen Geschäftsjahre. Führen Sie hierzu auch die erforderlichen Konten und erstellen Sie auch die entsprechenden Buchungssätze.

Beachten Sie: Auch eventuelle Mehr- oder Minderbestände an **unfertigen Erzeugnissen** lassen sich mithilfe des Kontos **Bestandsveränderungen** erfassen.

Geschäftsjahr 1

a) Ermittlung des Erfolgs (Schema):

	in Stück	EUR pro Stück	EUR insgesamt
Herstellung			
Verkauf			
Bestand am 31.12.			
Gewinn in EUR		→	→

b) Darstellung auf dem GuV-Konto:

Da weder ein Anfangs- noch ein Endbestand an fertigen Erzeugnissen existiert, ist dieser Aufgabenteil mit einem verkürzten GuV-Konto darstellbar:

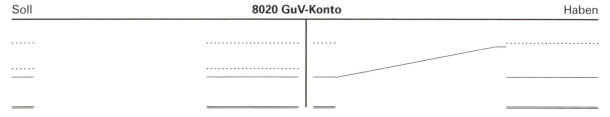

Geschäftsjahr 2

a) Ermittlung des Erfolgs (Schema):

	in Stück	EUR pro Stück	EUR insgesamt
Bestand am 01.01.			
Herstellung			
Verkauf			
Bestand am 31.12.			
Gewinn in EUR		→	→

12 Bestandsveränderungen an fertigen und unfertigen Erzeugnissen

b) Buchungen im Grundbuch:

Die Bestandsmehrung am Ende des zweiten Geschäftsjahres erfordert verschiedene Buchungen:

	Grundbuch		
Nr.	Buchungssatz	Soll	Haben
①	Buchung des Anfangsbestands an fertigen Erzeugnissen:		
②	Buchung des Schlussbestands an fertigen Erzeugnissen:		
③	Saldobuchung auf dem Konto „Fertige Erzeugnisse":		
④	Abschluss des Kontos „Bestandsveränderungen":		

c) Darstellung auf Konten:

Soll　　　　　　　　　2200 Fertige Erzeugnisse　　　　　　　　　Haben

Soll　　　　　　　　　5200 Bestandsveränderungen　　　　　　　　Haben

Soll　　　　　　　　　　　8020 GuV-Konto　　　　　　　　　　　Haben

Soll　　　　　　　　　8010 Schlussbilanzkonto　　　　　　　　　Haben

12 Bestandsveränderungen an fertigen und unfertigen Erzeugnissen

Geschäftsjahr 3

a) Ermittlung des Erfolgs (Schema):

	in Stück	EUR pro Stück	EUR insgesamt
Bestand am 01.01.			
Herstellung			
Verkauf			
Bestand am 31.12.			
Gewinn in EUR		→	→

b) Buchungen im Grundbuch:

Die Bestandsminderung am Ende des dritten Geschäftsjahres erfordert verschiedene Buchungen:

	Grundbuch		
Nr.	Buchungssatz	Soll	Haben
①	Buchung des Anfangsbestands an fertigen Erzeugnissen:		
②	Buchung des Schlussbestands an fertigen Erzeugnissen:		
③	Saldobuchung auf dem Konto „Fertige Erzeugnisse":		
④	Abschluss des Kontos „Bestandsveränderungen":		

c) Darstellung auf Konten:

Soll   **2200 Fertige Erzeugnisse**   Haben

Soll   **5200 Bestandsveränderungen**   Haben

12 Bestandsveränderungen an fertigen und unfertigen Erzeugnissen

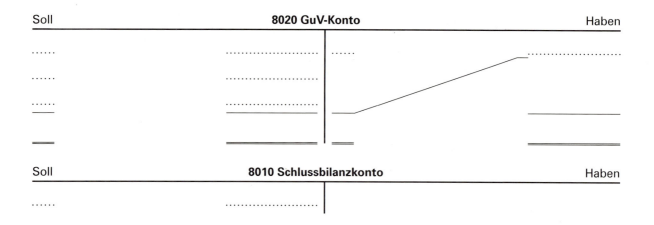

	Geschäftsjahr 4		
a) Ermittlung des Erfolgs (Schema für die Fertigerzeugnisse):			
	in Stück	EUR pro Stück	EUR insgesamt
Bestand am 01.01.			
Herstellung			
Verkauf			
Bestand am 31.12.			
Gewinn in EUR		→	→

b) Buchungen im Grundbuch:

Grundbuch			
Nr.	Buchungssatz	Soll	Haben
①	Buchung des Anfangsbestands an fertigen Erzeugnissen:		
②	Buchung des Anfangsbestands an unfertigen Erzeugnissen:		
③	Buchung des Schlussbestands an fertigen Erzeugnissen:		
④	Buchung des Schlussbestands an unfertigen Erzeugnissen:		

12 Bestandsveränderungen an fertigen und unfertigen Erzeugnissen

	Grundbuch		
Nr.	Buchungssatz	Soll	Haben
⑤	Saldobuchung auf dem Konto „Fertige Erzeugnisse":		
⑥	Saldobuchung auf dem Konto „Unfertige Erzeugnisse":		
⑦	Abschluss des Kontos „Bestandsveränderungen":		

c) Darstellung auf Konten:

Soll	2100 Unfertige Erzeugnisse	Haben

Soll	2200 Fertige Erzeugnisse	Haben

Soll	5200 Bestandsveränderungen	Haben

Soll	8020 GuV-Konto	Haben

Soll	8010 Schlussbilanzkonto	Haben

12 Bestandsveränderungen an fertigen und unfertigen Erzeugnissen

d) Lückentext zu Geschäftsjahr 4:

Die **Lagerleistung** in Höhe von _____ EUR setzt sich wie folgt zusammen:

- _____bestand an fertigen Erzeugnissen in Höhe von _____ EUR,

- _____bestand an unfertigen Erzeugnissen in Höhe von _____ EUR.

Der **Gesamtgewinn** dieses Vorgangs in Höhe von _____ EUR setzt sich wie folgt zusammen:

- Stückgewinn der _____ verkauften Stühle zu jeweils _____ EUR, also insgesamt _____ EUR,

- _____bestand an unfertigen Erzeugnissen in Höhe von _____ EUR.

Vertiefende Aufgaben

1. Sie sind in der Öko-Tex GmbH für die Erfassung aller fertigen Produkte und der unfertigen Produkte verantwortlich. Die Inventuren von 2 aufeinanderfolgenden Perioden ergaben die folgenden Bestände:

Erzeugnis	31.12. des ersten Jahres	31.12. des Folgejahres
Hosen	12.800 Stück	13.600 Stück
zugeschnittene Hosenteile	820 Stück	760 Stück

Die Herstellungskosten pro Hose beliefen sich in beiden Jahren auf 40,00 EUR und die Herstellungskosten für die zugeschnittenen Hosenteile auf 25,00 EUR.

a) Ermitteln Sie die Bestandsveränderungen für die Hosen und die zugeschnittenen Teile in Stück und in EUR.

b) Erfassen Sie die Vorgänge im Grund- und Hauptbuch und schließen Sie die Konten 2100, 2200 und 5200 zum 31. Dezember des Folgejahres ab.

c) Erläutern Sie, wie sich die Bestandsveränderungen jeweils auf die Erfolgsrechnung auswirken.

2. Die Lothar Lindemann KG hat im ersten Geschäftsjahr 30.000 Stoffballen der Farbe Blau hergestellt. Die Herstellungskosten betrugen 120,00 EUR pro Stoffballen. Davon wurden 25.000 Stück zu 150,00 EUR pro Stoffballen verkauft. Zu Beginn des ersten Geschäftsjahres lagen keine Stoffballen der Farbe Blau auf Lager.

Im zweiten Geschäftsjahr stellte die Lothar Lindemann KG 20.000 Stoffballen her und verkaufte wieder 25.000 Stoffballen. Die Herstellungskosten und Verkaufserlöse pro Stoffballen blieben unverändert.

a) Ermitteln Sie die Bestände an Stoffballen zum 31. Dezember des ersten Geschäftsjahres und zum 31. Dezember des zweiten Geschäftsjahres in Stück und in EUR.

b) Ermitteln Sie den Gewinn aus dem Verkauf dieser Stoffballen für das erste und das zweite Geschäftsjahr.

c) Führen Sie das Konto Fertige Erzeugnisse und Bestandsveränderungen für das erste und das zweite Geschäftsjahr.

d) Stellen Sie für das erste und das zweite Geschäftsjahr das GuV-Konto auf.

3. Die BüKo OHG hat zu Beginn eines Jahres die folgende Eröffnungsbilanz erstellt:

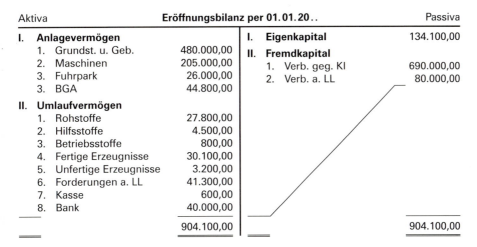

Aktiva	Eröffnungsbilanz per 01.01.20..		Passiva
I. **Anlagevermögen**		I. **Eigenkapital**	134.100,00
1. Grundst. u. Geb.	480.000,00	II. **Fremdkapital**	
2. Maschinen	205.000,00	1. Verb. geg. KI	690.000,00
3. Fuhrpark	26.000,00	2. Verb. a. LL	80.000,00
3. BGA	44.800,00		
II. **Umlaufvermögen**			
1. Rohstoffe	27.800,00		
2. Hilfsstoffe	4.500,00		
3. Betriebsstoffe	800,00		
4. Fertige Erzeugnisse	30.100,00		
5. Unfertige Erzeugnisse	3.200,00		
6. Forderungen a. LL	41.300,00		
7. Kasse	600,00		
8. Bank	40.000,00		
	904.100,00		904.100,00

Sie arbeiten in der BüKo OHG. Es fallen die folgenden Geschäftsfälle in der nächsten Periode an. Sämtliche Ein- und Ausgangsrechnungen weisen ein Zahlungsziel aus. Die Einkäufe von Werkstoffen werden aufwandsorientiert gebucht.

Nr.	Geschäftsfälle	Betrag
①	Die BüKo OHG kauft Holz ein und erhält die Rechnung zum Nettowert von + 19 % USt	12.000,00 EUR 2.280,00 EUR
②	Einkauf von Schrauben gegen Rechnung mit einem Nettowert von + 19 % USt	500,00 EUR 95,00 EUR
③	Erhalt einer Eingangsrechnung über den Kauf von Holz über netto + 19 % USt	1.800,00 EUR 342,00 EUR
④	Die Rechnungen aus Fall ① und ③ werden mit Banküberweisung bezahlt.	
⑤	Eingang einer Rechnung über eine Werbeanzeige netto + 19 % USt	8.000,00 EUR 1.520,00 EUR
⑥	Zahlung der Löhne per Banküberweisung.	18.000,00 EUR
⑦	Die BüKo OHG verkauft Seminarstühle gegen Ausgangsrechnung über netto + 19 % USt	95.800,00 EUR 18.202,00 EUR
⑧	Die BüKo OHG verkauft Seminarstühle gegen Rechnung über netto + 19 % USt	1.950,00 EUR 370,50 EUR
⑨	Der Käufer der Seminarstühle bezahlt die Ausgangsrechnungen aus den Fällen ⑦ + ⑧ per Banküberweisung.	

Abschlussangaben:

Laut Inventur wurden die folgenden Schlussbestände ermittelt:

Rohstoffe:	18.000,00 EUR
Hilfsstoffe:	2.400,00 EUR
Betriebsstoffe:	200,00 EUR
Unfertige Erzeugnisse:	2.000,00 EUR
Fertige Erzeugnisse:	39.000,00 EUR

Die übrigen Buchbestände stimmen mit denen aus der Inventur überein.

a) Buchen Sie die Geschäftsfälle ①–⑨ im Grundbuch.

b) Eröffnen Sie die Konten und buchen Sie die Geschäftsfälle ①–⑨ im Hauptbuch. Erfassen Sie die Abschlussangaben im Hauptbuch und führen Sie den Abschluss durch.

12 Bestandsveränderungen an fertigen und unfertigen Erzeugnissen

Kompetenzcheck

▶ **Kann-Liste: Grundlagen der Buchführung V**
- ☐ Ermittlung des Materialverbrauchs
- ☐ Einsatz von Handelswaren
- ☐ aufwandsorientierte Buchungsmethode
- ☐ Bestandsveränderungen an fertigen und unfertigen Erzeugnissen

Ich kann ...	Information	Aufgaben	Eigene Kompetenzeinschätzung
den Verbrauch an Material und den Einsatz von Handelswaren unter Verwendung der Skontrations- und Inventurmethode ermitteln und auf den entsprechenden Konten buchen.	Kapitel 9.1, 9.2 Kapitel 10	S. 103 Anwendungsaufgabe S. 105, Nr. 1 S. 107, Nr. 2, 3 S. 114, Nr. 1, 3	
den Einkauf von Handelswaren und Vorprodukten buchungstechnisch erfassen.	Kapitel 10	S. 109 ff., Nr. 2, 3 S. 114, Nr. 3	
unterscheiden, dass der Verkauf von fertigen Erzeugnissen und Handelswaren auf unterschiedlichen Ertragskonten erfasst wird.	Kapitel 10 Kapitel 11	S. 109 ff., Nr. 2, 3 S. 125, Nr. 4	
den Erfolg aus dem Einkauf und Verkauf von Handelswaren bestimmen.	Kapitel 10	S. 109 ff., Nr. 2, 3 S. 114, Nr. 1	
aufwandsorientierte Buchungen in der Beschaffung buchen und den Materialverbrauch sowohl bei einer Bestandsmehrung als auch einer Bestandsminderung ermitteln.	Kapitel 11	S. 116 ff., Nr. 1–3 S. 122, Nr. 1 S. 123, Nr. 2, 3	
die Auswirkungen von Bestandsveränderungen bei fertigen/unfertigen Erzeugnissen erklären und auf Konten buchen.	Kapitel 12	S. 132 ff., Nr. 1–2 S. 138, Nr. 1, 2 S. 139, Nr. 3	
... eigene Ergänzungen			

 Wissen Fertigkeiten Sozialkompetenz  Selbstständigkeit

13 Buchungen im Beschaffungsbereich

13.1 Rechnungseingang, Sofortrabatt, Liefererskonto und Bezugskosten

▶ **Fallsituation:** Wie werden Eingangsrechnungen in der BüKo OHG erfasst und beglichen?

Dank intensiver Verhandlung ist es Volker Reiners, dem Einkaufsleiter der BüKo OHG, gelungen, bei dem inländischen Lieferer für Muttern M8 (eloxiert), Thissen Handel GmbH, folgende Vertragskonditionen auszuhandeln:

- 10 % Stammkundenrabatt
- Zahlungsbedingung: 4 % Skonto innerhalb von 10 Tagen oder 30 Tage netto Kasse

Thissen Handel GmbH ■ Völklinger Str. 9 ■ 40209 Düsseldorf

BüKo OHG
Kaiser-Wilhelm-Ring 10
50877 Köln

Unser Zeichen:	sez
Ihre Bestellung vom:	11.12.20..
Unser Schreiben vom:	
Telefon:	0221-786
Rechnungsdatum:	18.12.20..

Rechnung-Nr.: 1200/583

Pos.	Menge	Art.-Nr.	Artikelbezeichnung	Stückpreis	Gesamt
1	2 000	M8-590	Muttern M8 (eloxiert)	0,10 EUR	200,00 EUR
2	2 000	HS8-17	Holzschrauben 8 mm	0,15 EUR	300,00 EUR
					500,00 EUR
				− Rabatt 10 %	50,00 EUR
				Summe	450,00 EUR
				+ 19 % USt	85,50 EUR
				Rechnungsbetrag	**535,50 EUR**

Zahlungsbedingungen: Zahlbar mit 4 % Skonto in 10 Tagen ab Rechnungsdatum oder 30 Tage netto Kasse.

Lieferung: ab Werk

Bankverbindung:
Sparda-Bank Düsseldorf eG ■ BIC: GENODED1SPE ■ IBAN: DE46 3706 0590 0078 9809 09

13 Buchungen im Beschaffungsbereich

Anwendungsaufgaben

1. Die Auszubildende Carina Crämer soll für die Lieferung zum Zeitpunkt des Rechnungseingangs berechnen:
   a) den Nettopreis, der für den Einkauf der Muttern und Holzschrauben gezahlt wird,
   b) die zu entrichtende Umsatzsteuer und
   c) den Rechnungsbetrag.

Nettopreis	Umsatzsteuer	Rechnungsbetrag

2. Nach steuer- und handelsrechtlichen Vorschriften müssen Eingangsrechnungen buchhalterisch erfasst werden. Orientieren Sie sich nachfolgend an den Beispielbuchungen in der Info-Box (siehe S. 145ff.).

   a) Bilden Sie den Buchungssatz beim Rechnungseingang am 19.12.20.. bei der BüKo OHG im Grundbuch.

   Auszug aus dem Kontenrahmen:
   2600 Vorsteuer, 2800 Bank, 4400 Verbindlichkeiten a. LL, 4800 Umsatzsteuer, 6000 Aufwendungen für Rohstoffe, 6001 Bezugskosten für Aufwendungen für Rohstoffe, 6002 Nachlässe für Aufwendungen für Rohstoffe, 6020 Aufwendungen für Hilfsstoffe, 6021 Bezugskosten für Aufwendungen für Hilfsstoffe, 6022 Nachlässe für Aufwendungen für Hilfsstoffe, 8010 Schlussbilanzkonto, 8020 GuV-Konto.

	Grundbuch		
Nr.	Buchungssatz	Soll	Haben
①	**Buchung der Eingangsrechnung:**		

   b) Erfassen Sie den Geschäftsfall (mit Gegenbuchung) auf den nachfolgenden Sachkonten im Hauptbuch.

S   H   S   H

S   H

3. Carina Crämer erhält den Auftrag, die Rechnung am 28.12.20.. per Banküberweisung zu begleichen.

   a) Berechnen Sie den Überweisungsbetrag, den die Thissen Handel GmbH erhält.

Überweisungsbetrag

   b) Erläutern Sie, wer vom Skontoabzug profitiert.

_____

_____

13 Buchungen im Beschaffungsbereich

c) Bilden Sie den Buchungssatz für die Banküberweisung am 28.12.20..

Grundbuch			
Nr.	Buchungssatz	Soll	Haben
②	Buchung des Zahlungsausgangs:		

Nebenrechnung:

d) Berechnen Sie den Bareinkaufspreis der Lieferung.

Kalkulationsschema	Werte
= Bareinkaufspreis	

4. Am 22.12.20.. geht bei der BüKo OHG die Rechnung der Spedition Gründlich & Co. ein, in der die Lieferung der Schrauben und Muttern von der Thissen Handel GmbH in Düsseldorf zur BüKo OHG in Köln wie folgt berechnet wird:

35,00 EUR Frachtkosten zzgl. 19 % USt (Zahlungsziel: 10 Tage)

a) Buchen Sie den Eingang dieser Rechnung im Grundbuch.

Grundbuch			
Nr.	Buchungssatz	Soll	Haben
③			

b) Berechnen Sie den Bezugspreis der gesamten Lieferung.

Bareinkaufspreis (siehe Aufgabe 3)	
+ Bezugskosten	
= Bezugspreis	

13 Buchungen im Beschaffungsbereich

5. Nehmen Sie im Grundbuch die erforderlichen Umbuchungen zum Ende der Geschäftsperiode für
   a) die Nachlässe für die Aufwendungen für die Hilfsstoffe (siehe Aufgabe 3),
   b) die Bezugskosten für Aufwendungen für die Hilfsstoffe (siehe Aufgabe 4) vor.

	Grundbuch		
Nr.	Buchungssatz	Soll	Haben
④	Umbuchungen der Nachlässe am Ende der Rechnungsperiode:		
⑤	Umbuchungen der Bezugskosten am Ende der Rechnungsperiode:		

6. Erfassen Sie die o. a. Geschäftsfälle (Aufgaben 2–5) auf den angesprochenen Sachkonten im Hauptbuch.

S 2600 Vorsteuer H

S 2800 Bank H

S 4400 Verbindlichkeiten a. LL H

S 6020 Aufw. f. Hilfsstoffe H

S 6021 Bezugskosten f. Aufw. f. Hilfsstoffe H

S 6022 Nachlässe f. Aufw. f. Hilfsstoffe H

7. Erläutern Sie allgemein, wie im Materialbeschaffungsbereich
   a) Sofortrabatte,
   b) Liefererskonti und
   c) Bezugskosten
   buchungstechnisch behandelt werden.

13 Buchungen im Beschaffungsbereich

Sofortrabatte	
Liefererskonti	
Bezugskosten	

 INFO-BOX

Beispielbuchungen und Definitionen

Nach steuerlichen (§ 6 EStG) und handelsrechtlichen (§ 255 HGB) Vorschriften sind eingekaufte Werkstoffe (Roh-, Hilfs-, Betriebsstoffe usw.) zu Anschaffungskosten zu aktivieren (d.h. auf der Aktivseite der Bilanz auszuweisen). Die sog. **aktivierungspflichtigen Anschaffungskosten** können mithilfe des nachfolgenden Schemas berechnet werden:

▶ aktivierungspflichtige Anschaffungskosten

Schema zur Berechnung der Anschaffungskosten:

Anschaffungspreis
− Anschaffungspreisminderungen (z. B. Sofortrabatte)
+ Anschaffungsnebenkosten (z. B. Fracht- und Verpackungskosten)
= **aktivierungspflichtige Anschaffungskosten**

Dieses Schema ähnelt dem Vorgehen zur Kalkulation des Bezugs- oder Einstandspreises.

▶ Bezugspreis bzw. Einstandspreis

Schema zur Kalkulation des Bezugspreises/Einstandspreises:

Listeneinkaufspreis
− Rabatt (z. B. Mengenrabatt, Großkundenrabatt)
= **Zieleinkaufspreis**
− Skonto
= **Bareinkaufspreis**
+ Bezugskosten (z. B. Fracht-, Versicherungs- und Verpackungskosten)
= **Bezugspreis/Einstandspreis**

13 Buchungen im Beschaffungsbereich

Beispielbuchungen (verbrauchsorientiert)

(1) Rechnungseingang

▶ Buchung Rechnungseingang

Beispielfall:

Die BüKo OHG kauft Holzplatten zur Fertigung der Seminarstühle bei der Thissen Handel GmbH ein (Nettopreis = 720,00 EUR). Am 05.11.20.. wird die Eingangsrechnung zugestellt. Darin enthalten ist neben einem Sofortrabatt von 10 % auch eine Skontogewährung bei Zahlung innerhalb von 14 Tagen in Höhe von 2 %.

Der Rechnungseingang wird als Verbindlichkeit der BüKo OHG gegenüber dem Lieferer Thissen Handel GmbH und als Erfolgsvorgang erfasst. Da es sich bei den Holzplatten um einen Hauptbestandteil der Seminarstühle handelt, werden diese auf dem Konto „6000 Aufwendungen für Rohstoffe" gebucht.

Sofortrabatte werden bei Eingangsrechnungen sofort abgezogen und in der Buchhaltung nicht gesondert erfasst. Auf den jeweiligen Materialkonten wird nur der jeweilige Nettorechnungsbetrag – nach Abzug des Rabattes – erfasst.

▶ Sofortrabatte

Der Anschaffungspreis ist demnach direkt um den Sofortrabatt zu mindern. Nachträgliche Preisminderungen hingegen werden auf dem Konto „6002 Nachlässe für Rohstoffe" erfasst.

Grundbuch				
Nr.	Buchungssatz		Soll	Haben
①	Buchung der Eingangsrechnung:				
	6000 Aufwendungen für Rohstoffe		720,00	
	2600 Vorsteuer		136,80	
	an 4400 Verbindlichkeiten a. LL				856,80

(2) Begleichung der Eingangsrechnung unter Berücksichtigung des Skontoabzuges

▶ Skontoabzug

Fortsetzung Beispielfall:

Am 18.11.20.. begleicht die BüKo OHG die erhaltene Rechnung unter Berücksichtigung des vereinbarten Skontoabzuges per Banküberweisung.

Skonto ist ein prozentualer Nachlass, der vom Kaufpreis entsprechend den Zahlungsbedingungen auf den Rechnungsbetrag bei Zahlung innerhalb einer bestimmten Frist gewährt wird (z. B. „zahlbar innerhalb von 14 Tagen mit 2 % Skonto netto Kasse").

Durch die **Nutzung des Skontoabzuges** verringern sich die bereits eingebuchten Verbindlichkeiten a. LL. Zusätzlich muss auch der ursprüngliche Vorsteuerbetrag gekürzt werden. Beim Nettoverfahren wird die Vorsteuer sofort korrigiert. Beim Bruttoverfahren würde die Vorsteuerkorrektur durch einen gesonderten Buchungssatz erfasst.

Hier wird das Nettoverfahren zu der unter ① gebuchten Eingangsrechnung dargestellt. Der Lieferer Thissen Handel GmbH gewährt bei vorzeitiger Zahlung ein Kundenskonto von 2 %. Der Zahlungsausgang ist um 2 % vom Rechnungsbetrag vermindert. Der Skontobetrag wird auf dem Konto „6002 Nachlässe für Aufwendungen für Rohstoffe" erfasst. Das Konto „Nachlässe für Aufwendungen für Rohstoffe" ist ein Unterkonto des Kontos „6000 Aufwendungen für Rohstoffe" und ist daher über das Aufwandskonto (6000 Aufwendungen für Rohstoffe) abzuschließen.

▶ Nettoverfahren

13 Buchungen im Beschaffungsbereich

Eingangsrechnungsbetrag:	856,80 EUR
Bruttoskontobetrag (2 % von 856,80 EUR):	17,14 EUR
Überweisungsbetrag (Zahlungsausgang):	856,80 EUR − 17,14 EUR = 839,66 EUR
Berechnung des VSt-Anteils des Bruttoskontobetrages:	$\frac{17,14 \text{ EUR} \cdot 19\%}{119\%}$ = 2,74 EUR
Berechnung des Aufwandsanteils des Bruttoskontobetrages (= Nettoskonto):	17,14 EUR − 2,74 EUR = 14,40 EUR

Grundbuch			
Nr.	Buchungssatz	Soll	Haben
②	**Buchung des Zahlungsausgangs bei Skontoziehung (Buchung im Nettoverfahren):**		
	4400 Verbindlichkeiten a. LL	856,80	
	an 2800 Bank		839,66
	an 6002 Nachlässe für Aufw. für Rohstoffe		14,40
	an 2600 Vorsteuer		2,74

Umbuchung der Nachlässe für Rohstoffe

Am Ende der Rechnungsperiode muss die Verringerung der Aufwendungen auf dem Konto „Aufwendungen für Rohstoffe" erfasst werden (Umbuchung der Nachlässe für Aufwendungen für Rohstoffe). Für das Beispiel unter ② erfolgt dies:

Grundbuch			
Nr.	Buchungssatz	Soll	Haben
③	**Umbuchung am Ende der Rechnungsperiode:**		
	6002 Nachlässe für Aufw. für Rohstoffe	14,40	
	an 6000 Aufwendungen für Rohstoffe		14,40

Erfassung von Bezugskosten ▶ Bezugskosten

Fortsetzung Beispielfall:

Am 24.11.20.. geht eine Rechnung der Spedition ALI Transport KG ein, in der die Lieferung der Holzplatten von der Thissen Handel GmbH zur BüKo OHG in Rechnung gestellt wird. Die Rechnung beläuft sich auf 23,80 EUR inkl. 19 % USt.

Um **Bezugskosten** verursachungsgerecht auszuweisen bzw. um einen genauen Überblick über den Beschaffungsbereich zu erhalten, werden Bezugskosten zunächst auf einem Unterkonto (hier: 6001 Bezugskosten für Aufwendungen für Rohstoffe) des zugehörigen Werkstoffeinkaufskontos (hier: Aufwendungen für Rohstoffe) erfasst.

Beispiele für Bezugskosten: Frachtkosten, Rollgeld, Versicherungen, Installation, Montage

Grundbuch			
Nr.	Buchungssatz	Soll	Haben
④	**Buchung der Bezugskosten:**		
	6001 Bezugskosten für Aufw. für Rohstoffe	20,00	
	2600 Vorsteuer	3,80	
	an 4400 Verbindlichkeiten a. LL		23,80

13 Buchungen im Beschaffungsbereich

Umbuchung der Bezugskosten für Rohstoffe

Am Ende der Rechnungsperiode werden die Unterkonten, auf denen die Bezugskosten erfasst wurden, über die zugehörigen Werkstoffeinkaufskonten abgeschlossen.

Grundbuch			
Nr.	Buchungssatz	Soll	Haben
⑤	Umbuchung am Ende einer Rechnungsperiode: 6000 Aufwendungen für Rohstoffe an 6001 Bezugskosten für Aufw. für Rohstoffe	20,00	20,00

Überblick: Aufwandsorientierte Buchungen von Eingangsrechnungen, Bezugskosten und Nachlässen

Auszug aus dem Kontenplan:		
6000 A. f. Rohstoffe	6001 A. f. Bezugskosten f. Rohstoffe	6002 A. f. Nachlässe f. Rohstoffe
6010 A. f. Vorprodukte	6011 A. f. Bezugskosten f. Vorprodukte	6012 A. f. Nachlässe f. Vorprodukte
6020 A. f. Hilfsstoffe	6021 A. f. Bezugskosten f. Hilfsstoffe	6022 A. f. Nachlässe f. Hilfsstoffe
6030 A. f. Betriebsstoffe	6031 A. f. Bezugskosten f. Betriebsstoffe	6032 A. f. Nachlässe f. Betriebsstoffe
6080 A. f. (H.-)Waren	6081 A. f. Bezugskosten für (H.-)Waren	6082 A. f. Nachlässe f. (H.-)Waren

Hinweis: Bestandsorientierte Buchungen von Eingangsrechnungen, Bezugskosten und Nachlässen

Werden die Buchungen nicht direkt aufwandsorientiert auf den Konten der Klasse 6 gebucht, kann man bei bestandsorientierten Buchungen folgende Konten verwenden.

Auszug aus dem Kontenplan:		
2000 Rohstoffe	2001 Bezugskosten für Rohstoffe	2002 Nachlässe für Rohstoffe
2010 Vorprodukte	2011 Bezugskosten für Vorprodukte	2012 Nachlässe für Vorprodukte
2020 Hilfsstoffe	2021 Bezugskosten für Hilfsstoffe	2022 Nachlässe für Hilfsstoffe
2030 Betriebsstoffe	2031 Bezugskosten für Betriebsstoffe	2032 Nachlässe für Betriebsstoffe
2280 (Handels-)Waren	2281 Bezugskosten für (Handels-)Waren	2282 Nachlässe für (Handels-)Waren

Die Buchungen erfolgen analog zu den aufwandsorientierten Buchungen.

Vertiefende Aufgaben

1. Am 07.04.20.. werden 2.000 Liter Klarlack zu 18,00 EUR je Liter abzüglich 5 % Rabatt von der FaGra GmbH an die BüKo OHG geliefert. Bilden Sie mithilfe des folgenden Auszugs aus dem Kontenrahmen den Buchungssatz für
   a) den Rechnungseingang dieser Lieferung,
   b) den Ausgleich der Rechnung unter Abzug von 2,5 % Skonto.

   Auszug aus dem Kontenrahmen:

   2400 Forderungen a. LL, 2600 Vorsteuer, 2800 Bank, 4400 Verbindlichkeiten a. LL, 4800 Umsatzsteuer, 6020 Aufwendungen für Hilfsstoffe, 6021 Bezugskosten für Aufwendungen für Hilfsstoffe, 6022 Nachlässe für Aufwendungen für Hilfsstoffe, 6030 Aufwendungen für Betriebsstoffe, 6031 Bezugskosten für Aufwendungen für Betriebsstoffe, 6032 Nachlässe für Aufwendungen für Betriebsstoffe.

2. Die BüKo OHG bezieht von dem Holzhersteller DanWood KG den Sitzrahmen, die Rücklehne sowie die beiden Vorder- und die beiden Hinterbeine aus Buche zur Herstellung der Seminarstühle Ergo Klapp® und Ergo Sim®. Wenn die BüKo OHG den gesamten Jahresbedarf in einer Lieferung bestellt, erhält sie folgende Konditionen:
   − 2.400 Sitzrahmen Buche: Gewicht 2.400 kg, Gesamtpreis 27.600,00 EUR ab Werk
   − 2.400 Rücklehnen Buche: Gewicht 1.440 kg, Gesamtpreis 15.600,00 EUR ab Werk

13 Buchungen im Beschaffungsbereich

- 4.800 Vorderbeine Buche: Gewicht 2.160 kg, Gesamtpreis 36.000,00 EUR ab Werk
- 4.800 Hinterbeine Buche: Gewicht 3.120 kg, Gesamtpreis 46.800,00 EUR ab Werk

Die BüKo OHG bezahlt mit 2,5 % Skonto auf die Lieferung. Es entstehen Bezugskosten mit Fracht von 2.800,00 EUR und Versicherung von 350,00 EUR.

Berechnen Sie

a) den Bezugspreis der gesamten Lieferung

b) für die 4.800 Vorderbeine
   - ba) den Frachtkostenanteil,
   - bb) den Versicherungsanteil und
   - bc) den Bezugspreis je Stück.

c) Bilden Sie mithilfe des folgenden Auszugs aus dem Kontenrahmen den Buchungssatz für
   - ca) den Rechnungseingang dieser Lieferung (inklusive Fracht und Versicherung).
   - cb) den Ausgleich der Rechnung unter Abzug von 2,5 % Skonto und unter Berücksichtigung der Bezugskosten.

Auszug aus dem Kontenrahmen:

2400 Forderungen a. LL, 2600 Vorsteuer, 2800 Bank, 4400 Verbindlichkeiten a. LL, 4800 Umsatzsteuer, 6010 Aufwendungen für Vorprodukte/Fremdbauteile, 6011 Bezugskosten für Aufwendungen für Vorprodukte/Fremdbauteile, 6012 Nachlässe für Aufwendungen für Vorprodukte/Fremdbauteile, 6030 Aufwendungen für Betriebsstoffe, 6031 Bezugskosten für Aufwendungen für Betriebsstoffe, 6032 Nachlässe für Aufwendungen für Betriebsstoffe.

13.2 Preisnachlässe aufgrund von Mängelrügen, Liefererboni und Rücksendungen

▶ **Fallsituation:** Reklamationen, nichts als Reklamationen

Die Auszubildende Carina Crämer ist in der BüKo OHG für die Bearbeitung aller Belege aus dem Einkauf zuständig. Frau Crämer stöhnt, dass sie so viele verschiedenartige Belege zu bearbeiten hat. Sie versucht verzweifelt, ein System zu finden, nach dem eine korrekte Erfassung solcher Belege möglich ist. Folgende Belege sind zu bearbeiten:

Beleg Nr. ①:

◆ LL ◆ **Textilausrüstung**

Lothar Lindemann KG ◆ Südstr. 58 ◆ 47803 Krefeld
BüKo OHG
Kaiser-Wilhelm-Ring 10
50877 Köln

RECHNUNG-Nr.: 86 Datum: 25.02.20..

Bezeichnung	Einzelpreis	Gesamtpreis
300 Stoffballen	120,00 EUR	36.000,00 EUR
− 10 % Sofortrabatt Jubiläumsjahr		3.600,00 EUR
		32.400,00 EUR
+ 19 % USt		6.156,00 EUR
Rechnungsbetrag		**38.556,00 EUR**

Zahlbar innerhalb von 10 Tagen ab Rechnungsdatum.

13 Buchungen im Beschaffungsbereich

Beleg Nr. ②:

Spediteur Flink 🚚 Habichtstr. 122 🚚 47803 Krefeld

BüKo OHG
Kaiser-Wilhelm-Ring 10
50877 Köln

SPEDITEUR FLINK GmbH
*Spedition
Güterbeförderung
Lagerung*

Datum: 26.02.20..
Rechnung: Nr. 97

Transport von Stoffballen pauschal	200,00 EUR
+ 19 % USt	38,00 EUR
Brutto	**238,00 EUR**

Zahlbar innerhalb von 5 Tagen ab Rechnungsdatum.

Beleg Nr. ③:

Kopie eines Schreibens aus dem Einkauf

BüKo OHG – Kaiser-Wilhelm-Ring 10 – 50877 Köln
Lothar Lindemann KG
Textilausrüstung
Südstr. 58
47803 Krefeld

Datum: 26.02.20..
Reklamation!

Reklamation zur Rechnung Nr. 86

Sehr geehrter Herr Lindemann,

bei der Kontrolle des gelieferten Stoffes aus oben genannter Rechnung haben wir festgestellt, dass 20 % der Lieferung nicht der erwarteten Qualität entspricht. Diese Stoffballen schicken wir umgehend auf Ihre Kosten zurück.

Mit freundlichen Grüßen

Hinweis: Zu dieser Reklamation erhalten wir von der Lothar Lindemann KG eine Gutschrift zur Rechnung Nr. 86.

Beleg Nr. ④:

◆ LL ◆ Textilausrüstung

Lothar Lindemann KG ◆ Südstr. 58 ◆ 47803 Krefeld
BüKo OHG
Kaiser-Wilhelm-Ring 10
50877 Köln

RECHNUNG-Nr.: 110   Datum: 28.02.20..

Bezeichnung	Einzelpreis	Gesamtpreis
1.000 m Polsterstoff „Frühling"	15,00 EUR/m	15.000,00 EUR
+ 19 % USt		2.850,00 EUR
Rechnungsbetrag		**17.850,00 EUR**

Zahlbar innerhalb von 10 Tagen ab Rechnungsdatum.

Am 6. März 20.. erhält Frau Crämer folgenden Beleg und die Mitteilung des Einkaufs:

Beleg Nr. ⑤:

BüKo OHG – Kaiser-Wilhelm-Ring 10 – 50877 Köln
Lothar Lindemann KG
Textilausrüstung
Südstr. 58
47803 Krefeld

Datum: 06.03.20..
Reklamation!

Reklamation zur Rechnung Nr. 110

Sehr geehrter Herr Lindemann,

bei der Kontrolle des gelieferten Stoffes aus oben genannter Rechnung mussten wir feststellen, dass 200 m des Stoffes kleinere Webfehler aufweisen. Den Stoff können wir noch verarbeiten und als Produkt 2. Wahl anbieten. Wir müssen unseren Kunden dann allerdings einen Preisnachlass von 10 % einräumen. Somit berechnen wir Ihnen ebenso einen Nachlass von 10 % für die 200 m Stoff.

Mit freundlichen Grüßen

Reiners

Hinweis: Zu dieser Reklamation erhalten wir von der Lothar Lindemann KG eine Gutschrift zur Rechnung Nr. 110.

Anwendungsaufgaben

1. Stellen Sie mithilfe der §§ 253 und 255 HGB fest (siehe Info-Box auf S. 153), mit welchem Wert Vermögensgegenstände grundsätzlich zu erfassen sind und welche Konsequenzen sich daraus für die Belege ① bis ⑤ ergeben. Stellen Sie hierbei auch den Unterschied zwischen den Belegen ③ und ⑤ heraus.

Bewertungsansatz für Vermögensgegenstände
Konsequenzen für die Belege ① bis ⑤
Beleg ①
Beleg ②
Beleg ③
Beleg ④
Beleg ⑤

13 Buchungen im Beschaffungsbereich

2. Ermitteln Sie die Gutschriftbeträge für die Belege ③ und ⑤. Beachten Sie dabei den § 17 UStG.

Ermittlung der Bruttogutschrift zu Beleg Nr. ③:

Ermittlung der Bruttogutschrift zu Beleg Nr. ⑤:

3. Buchen Sie die Belege ① bis ⑤ im Grund- und Hauptbuch der BüKo OHG. Orientieren Sie sich an den Beispielbuchungen in der Info-Box.

Grundbuch			
Beleg	Buchungssatz	Soll	Haben
①			
②			
③			
④			
⑤			

13 Buchungen im Beschaffungsbereich

S	2600 Vorsteuer	H

S	6000 Aufw. f. Rohstoffe	H

S	4400 Verbindlichkeiten a. LL	H

S	6001 Bezugskosten f. Aufw. f. Rohstoffe	H

S	6002 Nachlässe f. Aufw. f. Rohstoffe	H

ℹ️ INFO-BOX

Bewertungsansätze und Beispielbuchungen

Auszug aus dem Handelsgesetzbuch (HGB)

§ 253 Zugangs- und Folgebewertung

(1) Vermögensgegenstände sind höchstens mit den Anschaffungs- oder Herstellungskosten [...] anzusetzen.

▶ Anschaffungs- und Herstellungskosten

§ 255 Bewertungsmaßstäbe

(1) Anschaffungskosten sind die Aufwendungen, die geleistet werden, um einen Vermögensgegenstand zu erwerben und ihn in einen betriebsbereiten Zustand zu versetzen, soweit sie dem Vermögensgegenstand einzeln zugeordnet werden können. Zu den Anschaffungskosten gehören auch die Nebenkosten sowie die nachträglichen Anschaffungskosten. Anschaffungspreisminderungen sind abzusetzen.

Auszug aus dem Umsatzsteuergesetz (UStG)

§ 17 Änderung der Bemessungsgrundlage

(1) Hat sich die Bemessungsgrundlage für einen steuerpflichtigen Umsatz im Sinne des § 1 Abs. 1 Nr. 1 geändert, hat der Unternehmer, der diesen Umsatz ausgeführt hat, den dafür geschuldeten Steuerbetrag zu berichtigen. Ebenfalls ist der Vorsteuerabzug bei dem Unternehmer, an den dieser Umsatz ausgeführt wurde, zu berichtigen.

13 Buchungen im Beschaffungsbereich

Beispielbuchungen (verbrauchsorientiert):

Nachträgliche Anschaffungspreisminderungen (Reklamationen, Liefererboni) und Rücksendungen[1]

Beispielfall 1: Preisnachlass nach Reklamationen (Mängelrügen)

Das wurde bestellt …

(1) Die BüKo OHG hat bei der Lothar Lindemann KG groben Bezugsstoff für die Sitzflächen der Bürodrehstühle auf Ziel gekauft. Bei der Lieferung und bei der erfolgten Wareneingangsprüfung wird festgestellt, dass ein Teil der Stoffe eine leichte Farbabweichung aufweist. Die Stoffe können noch verwendet werden, es wird jedoch ein Preisnachlass von 20 % vereinbart. Die Lothar Lindemann KG erstellt eine Gutschrift in Höhe von 1.200,00 EUR netto zur Ausgangsrechnung Nr. 312 in Höhe von 6.000,00 EUR netto.

▶ Mängelrügen

… und das wurde geliefert:

	Grundbuch		
Nr.	Buchungssatz	Soll	Haben
①	**Buchung der Eingangsrechnung:**		
	6000 Aufwendungen für Rohstoffe	6.000,00	
	2600 Vorsteuer	1.140,00	
	an 4400 Verbindlichkeiten a. LL		7.140,00

(2) Buchung der Gutschrift zur Rechnung Nr. 312 mit Vorsteuerkorrektur

Die Höhe der Verbindlichkeiten muss um die Gutschrift vermindert werden. Ebenso muss der bereits eingebuchte Vorsteuerbetrag korrigiert werden. Die BüKo OHG errechnet als Grundlage der Vorsteuerkorrektur 1.200,00 EUR.

	Grundbuch		
Nr.	Buchungssatz	Soll	Haben
②	**Buchung der Gutschrift:**		
	4400 Verbindlichkeiten a. LL	1.428,00	
	an 6002 Nachlässe für Aufw. für Rohstoffe		1.200,00
	an 2600 Vorsteuer		228,00

(3) Umbuchung der Nachlässe für Rohstoffe

Am Ende der Rechnungsperiode muss die Verringerung der Aufwendungen auf dem Konto „Aufwendungen für Rohstoffe" erfasst werden. Für das Beispiel unter ① erfolgt dies so:

	Grundbuch		
Nr.	Buchungssatz	Soll	Haben
③	**Umbuchung am Ende der Rechnungsperiode:**		
	6002 Nachlässe für Aufw. für Rohstoffe	1.200,00	
	an 6000 Aufwendungen für Rohstoffe		1.200,00

---

[1] Die Buchungen des Rechnungseingangs, der Bezugskosten und die Berücksichtigung von Liefererskonto bei der Zahlung sind bereits im Kapitel 13.1 beschrieben.

(4) Begleichung der verminderten Eingangsrechnung

Die BüKo OHG bezahlt die erhaltene Rechnung unter Berücksichtigung des vereinbarten Gutschriftabzugs per Banküberweisung.

Grundbuch		
Nr. : **Buchungssatz**	**Soll**	**Haben**
④ **Buchung des Zahlungsausgangs:**		
4400 Verbindlichkeiten a. LL	5.712,00	
an 2800 Bank		5.712,00

Beispielfall 2: Buchung des Liefererbonus

(1) Die BüKo OHG ist langjähriger Kunde bei der Lothar Lindemann KG. Im Rahmenbeschaffungsvertrag zwischen den beiden Unternehmen ist vereinbart, dass die BüKo OHG am Ende eines Beschaffungszeitraumes von 6 Monaten einen Bonus in Höhe von 10 % auf alle Nettoumsätze vergütet bekommt. Die BüKo OHG hat im ersten Beschaffungshalbjahr einen Nettoumsatz von 68.000,00 EUR mit der Lothar Lindemann KG gemacht. Als Bonus werden am 04. 07. 6.800,00 EUR als Gutschrift von der Lothar Lindemann KG angezeigt. Die bereits gebuchte Vorsteuer für den Nettoumsatz muss um den Bonusbetrag korrigiert werden: 19 % von 6.800,00 EUR = 1.292,00 EUR.

▶ Liefererbonus

Grundbuch		
Nr. : **Buchungssatz**	**Soll**	**Haben**
① **Buchung des Liefererbonus:**		
4400 Verbindlichkeiten a. LL	8.092,00	
an 6002 Nachlässe für Aufw. für Rohstoffe		6.800,00
an 2600 Vorsteuer		1.292,00

(2) Umbuchung der Nachlässe für Rohstoffe

Am Ende der Rechnungsperiode muss die Verringerung der Aufwendungen auf dem Konto „Aufwendungen für Rohstoffe" erfasst werden. Für das Beispiel unter ① erfolgt dies folgendermaßen:

Grundbuch		
Nr. : **Buchungssatz**	**Soll**	**Haben**
② **Umbuchung am Ende der Rechnungsperiode:**		
6002 Nachlässe für Aufw. für Rohstoffe	6.800,00	
an 6000 Aufwendungen für Rohstoffe		6.800,00

Beispielfall 3: Rücksendungen

(1) Die BüKo OHG hat bei der Color Chemie AG Lacke für die Gestelllackierung der Konferenztische und der Bürodrehstühle gekauft. Bei einer Lieferung von 60 Lackfässern mit dem RAL-Farbton 7016 (anthrazitgrau) im Gesamtwert von 12.000,00 EUR netto ist in zehn Fässern ein anderer Farbton vorhanden.

▶ Rücksendungen

Dieser entspricht dem RAL-Farbton 7030 (steingrau) und ist für die BüKo OHG nicht zu verwenden. Die Fässer werden an die Color Chemie AG zurückgeschickt. Diese stellt eine Gutschrift in Höhe von 2.000,00 EUR netto aus.

13 Buchungen im Beschaffungsbereich

Grundbuch			
Nr.	Buchungssatz	Soll	Haben
①	Buchung der Eingangsrechnung:		
	6020 Aufwendungen für Hilfsstoffe	12.000,00	
	2600 Vorsteuer	2.280,00	
	an 4400 Verbindlichkeiten a. LL		14.280,00

(2) Buchung der Gutschrift für die Hilfsstoffe

Die Gutschrift in Höhe von 2.000,00 EUR netto zzgl. Umsatzsteuer verringert die Verbindlichkeiten um 2.380,00 EUR. Die Aufwendungen für Rohstoffe werden um den Nettowert von 2.000,00 EUR vermindert, die Vorsteuer um 380,00 EUR.

Grundbuch			
Nr.	Buchungssatz	Soll	Haben
②	Buchung der Gutschrift für Hilfsstoffe:		
	4400 Verbindlichkeiten a. LL	2.380,00	
	an 6020 Aufwendungen für Hilfsstoffe		2.000,00
	an 2600 Vorsteuer		380,00

(3) Begleichung der verminderten Eingangsrechnung

Die BüKo OHG bezahlt die erhaltene Rechnung von der Color Chemie AG unter Berücksichtigung des vereinbarten Gutschriftabzugs per Banküberweisung.

Grundbuch			
Nr.	Buchungssatz	Soll	Haben
③	Buchung des Zahlungsausgangs:		
	4400 Verbindlichkeiten a. LL	11.900,00	
	an 2800 Bank		11.900,00

Zusammenfassung: Buchungen im Einkaufsbereich (verbrauchsorientiert):

Der Einkauf an Roh-, Hilfs- und Betriebsstoffen ist wie folgt zu erfassen:

Soll	6000, 6020, 6030 Aufwendungen für Roh-, Hilfs- und Betriebsstoffe	Haben
Buchung aller **Einkäufe zum Nettowert** unter Abzug von Sofortrabatten	Buchung der **Rücksendungen** (Stornobuchung eines Einkaufes, da Mengenänderung)	
Saldo der Bezugskosten als Anschaffungsnebenkosten	**Saldo der Nachlässe** als Anschaffungspreisminderungen	
	Saldo = Anschaffungskosten	

Unterkonten:

Soll	6001, 6021, 6031 Bezugskosten zu den Aufw. f. Roh-, Hilfs- und Betriebsstoffe	Haben
Buchung von Transportkosten, Verpackungskosten, Versicherungskosten u. a.	Abschluss über das jeweilige Hauptkonto	

Soll	6002, 6022, 6032 Nachlässe zu den Aufw. f. Roh-, Hilfs- und Betriebsstoffe	Haben
Abschluss über das jeweilige Hauptkonto	Buchung von **nachträglichen Preisminderungen** aufgrund von Mängelrügen, Liefererskonti, Liefererboni	

Hinweis: Für 6010 Aufwendungen für Vorprodukte/Fremdbauteile und 6080 Aufwendungen für (Handels-)Waren gilt eine analoge Anwendung.

13 Buchungen im Beschaffungsbereich

Vertiefende Aufgaben

1. Sie arbeiten in der Öko-Tex GmbH und haben die folgenden Geschäftsfälle zu buchen. Es wird jeweils ein Umsatzsteuersatz von 19 % unterstellt. Buchen Sie die Geschäftsfälle ① bis ⑨ im Grundbuch der Öko-Tex GmbH verbrauchsorientiert.

Nr.	Geschäftsfälle	Betrag
①	Einkauf von Stoffballen auf Ziel im Wert von netto + 19 % USt gegen Erhalt der Eingangsrechnung 34	5.000,00 EUR 950,00 EUR
②	Zahlung der Transportrechnung für die Stoffballen an den Spediteur in bar. Der Nettobetrag beläuft sich auf + 19 % USt	140,00 EUR 26,60 EUR
③	Ein Teil der Stoffballen weist so schwerwiegende Webfehler auf, dass er nicht mehr zu verarbeiten ist. Diese Stoffballen werden zurückgeschickt. Der Gutschriftbetrag beläuft sich auf netto + 19 % USt	320,00 EUR 60,80 EUR
④	Einkauf von Nähseide auf Ziel lt. Eingangsrechnung Nr. 58 mit einem Nettowert von + 19 % USt	690,00 EUR 131,10 EUR
⑤	Ein Teil der Nähseide ist fehlerhaft. Sie reklamieren sie und erhalten einen Preisnachlass. Der Gutschriftbetrag beläuft sich auf netto + 19 % USt	87,00 EUR 16,53 EUR
⑥	Verkauf von fertigen Jeans auf Ziel gegen Ausgangsrechnung Nr. 789 für netto + 19 % USt	7.800,00 EUR 1.482,00 EUR
⑦	Am Ende eines Geschäftsjahres erhält die Öko-Tex GmbH von einem Lieferer für den getätigten Umsatz von Rohstoffen einen Bonus. Die Gutschrift weist netto aus + 19 % USt	1.100,00 EUR 209,00 EUR

2. Die Lothar Lindemann KG hatte im vergangenen Geschäftsjahr insgesamt Rohwolle mit einem Nettowert von 1.235.980,00 EUR eingekauft. Rohwolle im Wert von 85.430,00 EUR netto wurde zurückgesandt. Die Bezugskosten für die im Werk verbliebenen Rohstoffe beliefen sich auf 23.011,00 EUR netto. Die nachträglichen Preisminderungen betrugen 138.066,00 EUR. Die Buchungen erfolgen verbrauchsorientiert.

   a) Führen Sie die entsprechenden Konten der Lothar Lindemann KG in Bezug auf die Rohstoffe im Hauptbuch und schließen Sie die Konten ab.

   b) Ermitteln Sie den prozentualen Anteil der Bezugskosten und der nachträglichen Preisminderungen an den tatsächlich im Betrieb verbliebenen Rohstoffen. Begründen Sie, warum es sinnvoll ist, diese prozentualen Anteilswerte zu ermitteln.

3. Sie arbeiten in der Öko-Tex GmbH, die in dieser Periode ausschließlich die Jeanshose Angel herstellte. In der Buchhaltung sind die folgenden Geschäftsfälle zu erfassen. Buchen Sie die Geschäftsfälle im Grundbuch verbrauchsorientiert.

Nr.	Geschäftsfälle	Betrag
①	Einkauf von Jeansstoff von der Lothar Lindemann KG auf Ziel für netto + 19 % USt	120.000,00 EUR 22.800,00 EUR
②	Der Jeansstoff wird von dem Spediteur Flott geliefert und bar bezahlt mit brutto inklusive 19 % USt.	59,50 EUR
③	Der Jeansstoff weist kleinere Fehler auf. Die Öko-Tex GmbH einigt sich mit der Lothar Lindemann KG auf einen Preisnachlass von insgesamt 3 % des Rechnungsbetrages. Zwei Tage später erhält die Öko-Tex GmbH die Gutschrift per Post.	
④	Die Öko-Tex GmbH kauft Nähseide auf Ziel für netto + 19 % USt	650,00 EUR 123,50 EUR
⑤	Da ein Teil der Nähseide statt der Farbe Jeansblau die Farbe Weiß hat, wird sie zurückgesandt. Die Gutschrift beläuft sich auf netto + 19 % USt	200,00 EUR 38,00 EUR
⑥	Die Öko-Tex GmbH verkauft ihre Jeans an den Großhändler Eilatan GmbH auf Ziel für netto + 19 % USt	180.000,00 EUR 34.200,00 EUR
⑦	Die Öko-Tex GmbH zahlt Löhne per Banküberweisung	1.300.000,00 EUR
⑧	Der Großhändler Eilatan GmbH bezahlt seine Rechnung aus Fall ⑥ per Banküberweisung.	
⑨	Die Öko-Tex GmbH hat eine fällige Eingangsrechnung über Rohstoffe unter Abzug von 5 % Skonto bezahlt. Der Überweisungsbetrag lautet auf 28.262,50 EUR. Wie lautet der Buchungssatz der Überweisung?	

157

13 Buchungen im Beschaffungsbereich

13.3 Finanzierungsgewinn durch die Ausnutzung von Skonto

▶ **Fallsituation:** Warum pünktlich zahlen?

Herr Budtke hört durch Zufall das folgende Gespräch zwischen seinen Mitarbeitern Frau Straub und Herrn Reiners:

Frau Straub:	Ach, Herr Reiners hier ist ja die Rechnung über den Einkauf von Rohstoffen in Höhe von 27.840,00 EUR brutto von der Lothar Lindemann KG. Die Rechnung liegt hier schon seit 10 Tagen.
Herr Reiners:	Zeigen Sie mal her. Aber da steht doch, dass wir sogar noch 2 % Skonto abziehen können, wenn wir die Rechnung heute noch bezahlen. Die Zahlungsbedingung da unten lautet: 30 Tage netto Kasse, bei Zahlung innerhalb von 10 Tagen 2 % Skonto.
Frau Straub:	Zufällig habe ich gerade den letzten Kontoauszug in den Händen. Das Bankkonto unseres Betriebes sieht nicht so gut aus. Genauer gesagt: Wir haben kein Geld mehr.
Herr Reiners:	Das ist doch nur kurzfristig. In 20 Tagen hat unser Kunde, die Color Chemie AG, unsere Ausgangsrechnung über 69.600,00 EUR zu bezahlen.
Frau Straub:	Dann allerdings dürfen wir kein Skonto mehr abziehen. Ich habe mich gestern nach dem Überziehungszinssatz erkundigt. Er beträgt zurzeit 11 % p. a.

Herr Budtke überlegt, ob es sich wohl lohnt, die Rechnung unter Abzug von Skonto zu zahlen.

▶ Skontoabzug sinnvoll oder nicht?

Anwendungsaufgaben

1. Helfen Sie Herrn Budtke bei seiner Entscheidung, indem Sie die folgenden Berechnungen vornehmen:

   a) Berechnen Sie den Skontobetrag brutto und ermitteln Sie den Überweisungsbetrag.

Skontobetrag brutto	
Überweisungsbetrag	

   b) Ermitteln Sie die Anzahl der Tage, für die Sie einen Kredit beanspruchen, wenn Sie schon nach 10 Tagen zahlen (= Dauer des Lieferantenkredits).

Anzahl der Tage	

c) Berechnen Sie mithilfe der kaufmännischen Zinsformel (siehe Info-Box) die Kreditkosten (Zinsen für den Zeitraum der Kreditinanspruchnahme) und ermitteln Sie den Finanzierungsgewinn bzw. -verlust. Kennzeichnen Sie den Kreditzeitraum anhand des Zeitstrahls und ergänzen Sie die Zahlungsbeträge.

Zeitstrahl:

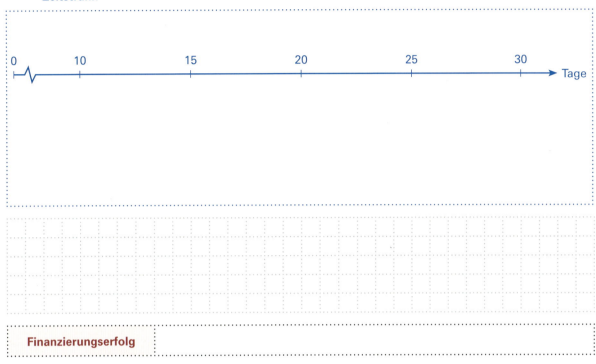

Finanzierungserfolg

2. Ermitteln Sie, welchem Jahreszinssatz der Skontoabzug (Effektivzins) für die kostenpflichtige Kreditzeit entspricht (Dreisatzlösung – siehe Info-Box).

INFO-BOX

Information zur Berechnung des Effektivzinssatzes beim Skontoabzug

Näherungs- bzw. Überschlagslösung zur Berechnung des Effektivzinssatzes: ▶ Näherungslösung per Dreisatz

$$\frac{\text{Tage der Kreditaufnahme}}{360 \text{ Tage}} = \frac{\text{Skontosatz}}{x}$$

$$\Leftrightarrow \quad x = \frac{\text{Skontosatz} \cdot 360 \text{ Tage}}{\text{Tage der Kreditaufnahme}}$$

Kaufmännische Zinsformel zur Berechnung der Kreditkosten: ▶ Zinsformel

$$\text{Zinsen} = \frac{\text{Kapital} \cdot \text{Zinssatz} \cdot \text{Tage (30)}}{100 \cdot 360}$$

Vertiefende Aufgaben

1. Sie arbeiten in der Buchhaltung der Öko-Tex GmbH. Es sind die folgenden Geschäftsfälle im Grundbuch verbrauchsorientiert zu erfassen. Es gilt ein USt-Satz von 19 % und es sind Nettobuchungen vorzunehmen.

   a) Sie kaufen am 10.05.20.. Stoffballen von der Lothar Lindemann KG zum Betrag von 34.600,00 EUR netto, die in Eingangsrechnung Nr. 406 in Rechnung gestellt werden. Die Zahlungsbedingung lautet: Zahlbar innerhalb von 10 Tagen mit 3 % Skonto, nach 30 Tagen netto.

   b) Am 20.05.20.. stellen Sie fest, dass Sie die Rechnung Nr. 406 von der Lothar Lindemann KG begleichen müssten, wenn Sie Skonto ziehen wollten. Sie haben allerdings das Geschäftskonto überzogen und müssten 12 % p.a. Sollzinsen für einen Kontokorrentkredit zahlen. Begründen Sie rechnerisch, ob sich der Skontoabzug lohnen würde. Bilden Sie den Buchungssatz unter der Voraussetzung, dass Sie unter Abzug von Skonto die Rechnung per Banküberweisung zahlen.

   c) Sie beziehen von der Adler GmbH Nähgarn im Wert von 780,00 EUR netto. Die Rechnung Nr. 67 wird mit dem 26.06.20.. mit einem Zahlungsziel von 14 Tagen mit 2 %, nach 30 Tagen netto, ausgestellt. Buchen Sie den Eingang der Rechnung im Grundbuch.

   d) Am 02.07.20.. bezahlen Sie die Rechnung Nr. 67 der Adler GmbH unter Abzug von 2 % Skonto per Banküberweisung. Buchen Sie die Zahlung im Grundbuch (Nettobuchung).

   e) Am 10.09.20.. liefern wir Hosen an den Großhändler Schick im Wert von 12.700,00 EUR netto. Die Rechnung Nr. 1.100 wird mit demselben Datum und einem Zahlungsziel von 40 Tagen ausgestellt.

   f) Am 10.10.20.. bezahlt der Großhändler Schick die Rechnung Nr. 1.100 per Banküberweisung.

   g) Die Zahlungsbedingung zur Rechnung Nr. 67 der Adler GmbH lautet: Zahlbar innerhalb von 14 Tagen mit 2 % Skonto, nach 30 Tagen netto. Berechnen Sie den Finanzierungsgewinn sowie den Jahreszinssatz des Skontoabzugs (Effektivzins). Die Sollzinsen für einen Kontokorrentkredit betragen 8 %.

2. Auf dem Konto eines Hilfsstofflieferers wurde bei der BüKo OHG eine Rechnung über 5.950,00 EUR brutto gebucht. Nach Abzug von Skonto werden dem Lieferer 5.860,75 EUR per Bank überwiesen.

   a) Berechnen Sie, wie viel Prozent Skonto abgezogen wurde.

   b) Ermitteln Sie die Vorsteuerkorrekteur in EUR (19 % USt).

   c) Bilden Sie für den Zahlungsausgang den Buchungssatz im Grundbuch nach dem Nettoverfahren.

3. a) Ermitteln Sie für die folgenden Zahlungsbedingungen den Effektivzinssatz p.a. bei einem Skontoabzug nach dem Überschlagsverfahren:

   aa) Zahlbar innerhalb von 14 Tagen mit 3 % Skonto, 60 Tage netto Kasse.
   ab) Zahlbar innerhalb von 8 Tagen mit 2 % Skonto, 30 Tage netto Kasse.
   ac) Zahlbar innerhalb von 10 Tagen mit 2 % Skonto, 90 Tage netto Kasse.

   b) Berechnen Sie für die Zahlungsbedingungen aa) bis ac) den Skontobetrag, die Sollzinsen und den Finanzierungserfolg für einen Rechnungsbetrag über 110.000,00 EUR brutto, wenn der Kontokorrentzinssatz 9,5 % p.a. beträgt.

13 Buchungen im Beschaffungsbereich

Reflexion und Zusammenfassung

▶ **Concept-Map:** Buchungen im Beschaffungsbereich

Erstellen Sie sich eine **Concept-Map** zur Zusammenfassung der Informationen zum Thema besondere Buchungen im Beschaffungsbereich. Mögliche Begriffe: Buchung der Eingangsrechnungen, Rücksendungen, Mängelrüge, Gutschriften, Skontoabzug, Bezugskosten, Sofortrabatt, Bonus.

▶ Concept-Map

Verdeutlichen Sie Zusammenhänge mit Farben, Linien oder Symbolen. Ein Beispiel für eine Concept-Map finden Sie auf S. 229.

14 Buchungen im Absatzbereich

Rechnungsausgang, Rücksendungen, nachträgliche Preisnachlässe, Frachtkosten und Vertriebsprovisionen

▶ **Fallsituation:** Lieferung der Green-Worker-Jeans

Die Öko-Tex GmbH ist ein Zulieferer der BüKo OHG. Neben der Lieferung von Möbelstoffen liegt ein Schwerpunkt der Geschäftstätigkeit auf der Produktion von ökologisch orientierter Kleidung, insbesondere Arbeitskleidung.

Öko-Tex GmbH • Steinmannweg 1 • 49479 Ibbenbüren

Altun GmbH
Blyth-Valley-Ring 10
40878 Ratingen

Ihr Zeichen:	MA/AL
Unser Zeichen:	VT/NT
Telefonnummer:	05451 72450
Datum:	25.06.20..

Mitteilung über Lieferfähigkeit/Liefertermin 28.06.20..

Sehr geehrte Damen und Herren,

die von Ihnen bestellten 1.000 Öko-Jeanshosen „Green Worker" (500 Jeans Nr. 1237/33 und 500 Jeans Nr. 1237/34) haben wir gestern fertiggestellt.

Wir halten die Ware zur Abholung durch die von Ihnen beauftragte Spedition bereit.

Mit freundlichen Grüßen

Nils Tanner

Nils Tanner
Geschäftsleitung

Anwendungsaufgaben

1. Erläutern Sie, welche Auswirkung die Vereinbarung der Lieferbedingung „ab Werk" auf den Käufer und den Verkäufer hat.

14 Buchungen im Absatzbereich

2. a) Schreiben Sie die Rechnung für die Lieferung der Öko-Tex GmbH als Geschäftsbrief **M1** (S. 165).

Notwendige Bestandteile laut Kaufvertrag:

1.000 Öko-Arbeitsjeans, Farbe kaki, (500 Stück Artikel-Nr. 1237/33 und 500 Stück Artikel-Nr. 1237/34), Stückpreis = 55,00 EUR abzüglich 15 % Rabatt. Gesamtpreis = 46.750,00 EUR. Bei Zahlung innerhalb von 10 Tagen 3 % Skonto, die gelieferte Ware bleibt bis zur vollständigen Bezahlung sämtlicher, auch in Zukunft entstehender Forderungen aus der Geschäftsbeziehung, Eigentum der Öko-Tex GmbH.

b) Bilden Sie aus der Sicht der Öko-Tex GmbH den Buchungssatz für

ba) den Rechnungsausgang und

bb) den Zahlungseingang (im Nettoverfahren).

Auszug aus dem Kontenrahmen:

2400 Forderungen a. LL, 2600 Vorsteuer, 2800 Bankguthaben, 4400 Verbindlichkeiten a. LL, 4800 Umsatzsteuer, 5000 Umsatzerlöse für eigene Erzeugnisse, 5001 Erlösberichtigungen, 6140 Frachten und Fremdlager, 6150 Vertriebsprovisionen.

Beachten Sie auch die Hinweise in der Info-Box auf S. 169 ff.

	Grundbuch		
Nr.	Buchungssatz	Soll	Haben
ba)			
bb)			

3. In der Finanzbuchhaltung der Öko-Tex GmbH liegen unter anderem Belege **M2** (S. 166 f.) vor, die eine Geschäftsbeziehung zu der Fashion Fitz OHG in Duisburg betreffen. Der Buchhalter der Öko-Tex GmbH, Achim Ahlert, beauftragt seinen Auszubildenden die Buchung vorzubereiten.

a) Analysieren Sie die Belege im Hinblick auf die zugrunde liegenden Geschäftsfälle und bilden Sie die Buchungssätze zu den Belegen ①–⑤.

	Grundbuch		
Nr.	Buchungssatz	Soll	Haben
①			
②			
③			

14 Buchungen im Absatzbereich

Grundbuch			
Nr.	Buchungssatz	Soll	Haben
④			
⑤			

b) Zehn Jeanshosen wiesen schwere Webfehler auf, sodass die Fashion Fitz OHG diese wieder an die Öko-Tex GmbH zurückschickt. Buchen Sie die Gutschrift (Beleg ⑥).

Grundbuch			
Nr.	Buchungssatz	Soll	Haben
⑥			

c) Am 29. März erfolgt die Banküberweisung durch das Unternehmen Fashion Fitz OHG. Wegen eines Produktionsengpasses konnten die zehn zurückgeschickten Jeanshosen nicht ersetzt werden.

ca) Ermitteln Sie den (Brutto-)Skonto, den das Unternehmen Fashion Fitz OHG abziehen darf.

cb) Bilden Sie den Buchungssatz für die Banküberweisung im Nettoverfahren.

Grundbuch		
Buchungssatz	Soll	Haben

14 Buchungen im Absatzbereich

Vorlage für die Ausgangsrechnung der Öko-Tex GmbH

M1

Öko-Tex

Öko-Tex GmbH · Steinmannweg 1 · 49479 Ibbenbüren

Ihr Zeichen:
Ihre Nachricht vom:
Unser Zeichen:
Unsere Nachricht vom:

Name:
Telefon:
Telefax:
E-Mail:

Datum:

Rechnung

Öko-Tex GmbH
Steinmannweg 5
49479 Ibbenbüren

Bankverbindungen:
Kreissparkasse Ibbenbüren
IBAN: DE26 4035 1060 0060 0000 00
BIC: WELADED1STF

14 Buchungen im Absatzbereich

Beleg Nr. ①:

Spedition Interspeed 3000 GmbH – Hafenstr. 78 – 44678 Bochum

Öko-Tex GmbH
Steinmannweg 1
49479 Ibbenbüren

Datum: 12.03.20..
Rechnung: Nr. 67898/20..

Wir lieferten am 08.03.20.. Ware an das Unternehmen *Fashion Fitz OHG*, Duisburg:

	450,00 EUR
+ Umsatzsteuer 19 %	85,50 EUR
	535,50 EUR

Der Betrag ist zahlbar sofort netto.

Beleg Nr. ②:

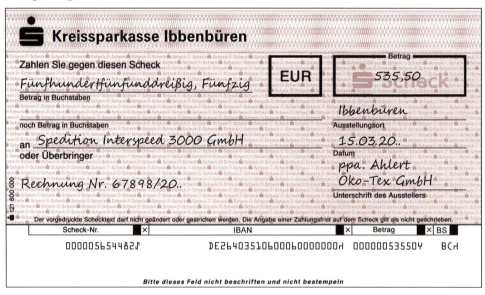

Kreissparkasse Ibbenbüren

Zahlen Sie gegen diesen Scheck
Fünfhundertfünfunddreißig, Fünfzig
Betrag in Buchstaben

noch Betrag in Buchstaben

an Spedition Interspeed 3000 GmbH
oder Überbringer

Rechnung Nr. 67898/20..

EUR 535,50

Ibbenbüren
Ausstellungsort
15.03.20..
Datum
ppa. Ahlert
Öko-Tex GmbH
Unterschrift des Ausstellers

Scheck-Nr. 000005654482   IBAN DE26403510600060000000   Betrag 000000053550   BS BCH

Beleg Nr. ③:

Öko-Tex GmbH • Steinmannweg 1 • 49479 Ibbenbüren

Fashion Fitz OHG
Rheinhäuser Landstr. 45
47123 Duisburg

Ihre Bestellung vom:	08.03.20..
Unser Schreiben vom:	10.03.20..
Telefonnummer:	05451 72450
Datum:	15.03.20..

Rechnung: Nr. 89098/99

Pos.	Menge	Bezeichnung	Einzelpreis	Rabatt	Gesamtpreis
1	100	Jeanshosen „Angel"	49,00 EUR	10 %	4.410,00 EUR
2	60	Jeansjacken „Diana"	75,00 EUR	10 %	4.050,00 EUR
	+ verauslagte Transporten				450,00 EUR
					8.910,00 EUR
	+ 19 % Umsatzsteuer				1.692,90 EUR
	Rechnungsbetrag				10.602,90 EUR

Zahlungsbedingungen: Zahlbar innerhalb 14 Tagen mit 2 % Skonto oder in 30 Tagen netto.

Bankverbindung:
IBAN: DE26 4035 1060 0060 0000 00   BIC: WELADED1STF

Beleg Nr. ④:

Fabian Kewitz – Mantelstr. 78 – 40883 Ratingen

Öko-Tex GmbH
Steinmannweg 1
49479 Ibbenbüren

Fabian Kewitz Handelsvertreter

Ihre Bestellung vom:	15.03.20..
Unser Schreiben vom:	17.03.20..
Telefonnummer:	0412 1234
Datum:	29.03.20..

Rechnung-Nr.: 45897

Für die Vermittlung eines Geschäfts mit dem Unternehmen Fashion Fitz OHG, Dusiburg, stelle ich in Rechnung:

	500,00 EUR
+ Umsatzsteuer 19 %	95,00 EUR
Gesamtrechnungsbetrag	595,00 EUR

Ich bitte um Überweisung auf mein Konto bei der Sparkasse Ratingen bis zum 08.04.20..

Bankverbindung:
IBAN: DE81 3345 0000 0888 8888 88 • BIC: WELADED1VEL

14 Buchungen im Absatzbereich

Beleg Nr. ⑤:

Überweisung

Nur für Überweisungen in Deutschland und in andere EU-/EWR-Staaten in Euro
Bitte Meldepflicht gemäß Außenwirtschaftsverordnung beachten!
Entgeltfreie Auskunft unter 0800 - 1234 111

Angaben zum Zahlungsempfänger: Name, Vorname/Firma (max. 27 Stellen, bei maschineller Beschriftung max. 35 Stellen)
Fabian Kewitz, Ratingen

IBAN: DE81 3345 0000 0888 8888 88

BIC des Kreditinstituts/Zahlungsdienstleisters (8 oder 11 Stellen): WELADED1VEL

Betrag: EUR 595,00

Kunden-Referenznummer - Verwendungszweck, ggf. Name und Anschrift des Zahlers - (nur für Zahlungsempfänger)
Rechnung Nr. 45897 vom 29.03.20..

Angaben zum Kontoinhaber: Öko-Tex GmbH, Ibbenbüren

IBAN: DE26 4035 1060 0060 0000 00   16

BITTE NICHT VERGESSEN: 07.04.20..   i.V. S. Steinmann
Datum   Unterschrift(en)

Beleg Nr. ⑥:

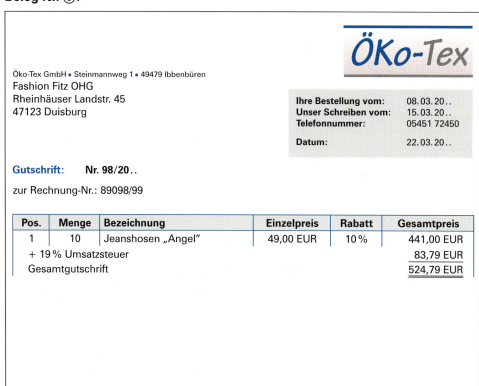

Öko-Tex GmbH • Steinmannweg 1 • 49479 Ibbenbüren

Fashion Fitz OHG
Rheinhäuser Landstr. 45
47123 Duisburg

Ihre Bestellung vom:	08.03.20..
Unser Schreiben vom:	15.03.20..
Telefonnummer:	05451 72450
Datum:	22.03.20..

Gutschrift: Nr. 98/20..

zur Rechnung-Nr.: 89098/99

Pos.	Menge	Bezeichnung	Einzelpreis	Rabatt	Gesamtpreis
1	10	Jeanshosen „Angel"	49,00 EUR	10 %	441,00 EUR
		+ 19 % Umsatzsteuer			83,79 EUR
		Gesamtgutschrift			524,79 EUR

4. Erläutern Sie allgemein, wie im Absatzbereich
   a) Rabatte,
   b) Skonti,
   c) Ausgangsfrachten und
   d) Rücksendungen

   buchungstechnisch behandelt werden.

Kundenrabatte	
Kundenskonti	
Ausgangsfrachten	
Rücksendungen	

 **INFO-BOX**

Beispielbuchungen im Absatzbereich

Der Kunde Wolfgang Kinnemann e.K. hat bei der Öko-Tex GmbH Jeanshosen im Wert von 1.000,00 EUR netto bestellt. Die Zahlungsbedingung lautet: Zahlbar innerhalb von 8 Tagen abzüglich 3 % Skonto, nach 30 Tagen ohne Abzug.

① **Rechnungsausgang**

Der Rechnungsausgang wird als Forderung der Öko-Tex GmbH gegenüber dem Kunden Wolfgang Kinnemann e.K. und als Erfolgsvorgang erfasst. ▶ Rechnungsausgang

Grundbuch			
Nr.	Buchungssatz	Soll	Haben
①	Buchung der Ausgangsrechnung:		
	2400 Forderungen a. LL	1.190,00	
	an 5000 Umsatzerlöse für eigene Erzeugnisse		1.000,00
	an 4800 Umsatzsteuer		190,00

14 Buchungen im Absatzbereich

② Rücksendungen ▶ Rücksendungen

Wenn Erzeugnisse oder Waren mit Mängeln behaftet sind oder falsch geliefert wurden, wird der bereits gebuchte Verkauf der Waren/Erzeugnisse auf Ziel rückgängig gemacht. Als Beleg dient häufig eine entsprechende Gutschriftanzeige an den Kunden. Wolfgang Kinnemann e. K. schickt Waren im Wert von 238,00 EUR (brutto) zurück.

Grundbuch			
Nr.	Buchungssatz	Soll	Haben
②	**Buchung der Rücksenung:**		
	5000 Umsatzerlöse für eigene Erzeugnisse	200,00	
	4800 Umsatzsteuer	38,00	
	an 2400 Forderungen a. LL		238,00

③ Nachträgliche Preisnachlässe bei Absatzbuchungen

Kunden erhalten häufig aufgrund von Skonti, Boni oder Mängelrügen **nachträglich** Preisnachlässe auf bereits gebuchte Ausgangsrechnungen. Diese verringern die bereits eingebuchten Umsatzerlöse. Zusätzlich muss auch der ursprüngliche Umsatzsteuerbetrag gekürzt werden. Beim Nettoverfahren wird die Umsatzsteuer sofort korrigiert. Beim Bruttoverfahren würde die Umsatzsteuerkorrektur durch einen gesonderten Buchungssatz erfasst.

▶ nachträgliche Preisnachlässe

Hier wird das Nettoverfahren zu der unter ① gebuchten Ausgangsrechnung dargestellt. Der Kunde Wolfgang Kinnemann e. K. erhält bei vorzeitiger Zahlung ein Kundenskonto von 3 %. Der Zahlungseingang ist um 3 % vom Rechnungsbetrag vermindert. Der Skontobetrag wird auf dem Konto Erlösberichtigungen erfasst.

▶ Kundenskonto

Rechenschritte:

Ausgangsrechnungsbetrag: 1.190,00 EUR

Bruttoskontobetrag (3 % von 1.190,00 EUR): 35,70 EUR

Überweisungsbetrag (Zahlungseingang): 1.190,00 EUR − 35,70 EUR = 1.154,30 EUR

Berechnung des USt-Anteils des Bruttoskontobetrages: $\frac{35{,}70 \text{ EUR} \cdot 19}{119}$ = 5,70 EUR

Berechnung des Erlösanteils des Bruttoskontobetrages (= Nettoskonto):
35,70 EUR − 5,70 EUR = 30,00 EUR

Grundbuch			
Nr.	Buchungssatz	Soll	Haben
③	**Buchung des Zahlungseingangs bei Kundenskontoziehung (Buchung im Nettoverfahren):**		
	2800 Bank	1.154,30	
	5001 Erlösberichtigungen	30,00	
	4800 Umsatzsteuer	5,70	
	an 2400 Forderungen a. LL		1.190,00

④ Am Ende der Rechnungsperiode muss die Verringerung der Umsatzerlöse auf dem Konto Umsatzerlöse erfasst werden. Eine Umbuchung der Erlösberichtigungen ist erforderlich. Für das Beispiel unter ③ erfolgt dies folgendermaßen:

Grundbuch			
Nr.	Buchungssatz	Soll	Haben
④	**Umbuchung am Ende der Rechnungsperiode:**		
	5000 Umsatzerlöse für eigene Erzeugnisse	30,00	
	an 5001 Erlösberichtigungen		30,00

14 Buchungen im Absatzbereich

⑤ Angenommen, die Öko-Tex GmbH hat dem Kunden Wolfgang Kinnemann e.K. mangelhafte Jeans mit leichten Farbfehlern zugesandt, die aber noch verkauft werden können. Die beiden Geschäftspartner einigen sich auf einen Preisnachlass von 40 % auf den Rechnungsbetrag. ▶ Mängelrüge

Auf die Ausgangsrechnung ① bezogen, erstellt die Öko-Tex GmbH eine Gutschriftanzeige in Höhe von 476,00 EUR (brutto) für den Preisnachlass.

Der verminderte Zahlungseingang wird im Nettoverfahren folgendermaßen in der Finanzbuchhaltung der Öko-Tex GmbH erfasst.

Überweisungsbetrag (Zahlungseingang):	1.190,00 EUR − 476,00 EUR = 714,00 EUR
USt-Anteil des Preisnachlasses:	$\dfrac{476{,}00\ \text{EUR} \cdot 19}{119} = 76{,}00\ \text{EUR}$
Erlösanteil des Preisnachlasses:	476,00 EUR − 76,00 EUR = 400,00 EUR

Grundbuch			
Nr.	Buchungssatz	Soll	Haben
⑤	**Buchung des Preisnachlasses (Buchung im Nettoverfahren) mit direktem Zahlungseingang:**		
	2800 Bank	714,00	
	5001 Erlösberichtigungen	400,00	
	4800 Umsatzsteuer	76,00	
	an 2400 Forderungen a. LL		1.190,00

Beachte: Eine andere Möglichkeit der Buchung besteht darin, die Erstellung der Gutschrift und den Zahlungseingang zeitlich zu trennen:

Grundbuch			
Nr.	Buchungssatz	Soll	Haben
⑤a	**Es wird die o.g. Gutschrift über 476,00 EUR (brutto) gebucht:**		
	5001 Erlösberichtigungen	400,00	
	4800 Umsatzsteuer	76,00	
	an 2400 Forderungen a. LL		476,00
⑤b	**Anschließend erfolgt der Zahlungseingang unter Berücksichtigung der Gutschrift:**		
	2800 Bank	714,00	
	an 2400 Forderungen a. LL		714,00

⑥ Am Ende der Rechnungsperiode muss die Verringerung der Umsatzerlöse auf dem Konto Umsatzerlöse erfasst werden. Umbuchung der Erlösberichtigung. Für das Beispiel unter ⑤ erfolgt dies wie folgt:

Grundbuch			
Nr.	Buchungssatz	Soll	Haben
⑥	**Umbuchung am Ende der Rechnungsperiode:**		
	5000 Umsatzerlöse für eigene Erzeugnisse	400,00	
	an 5001 Erlösberichtigungen		400,00

14 Buchungen im Absatzbereich

⑦ **Frachtkosten** für die Kundenauslieferungen werden auf einem eigenen Aufwandskonto erfasst, 6140 Frachten und Fremdlager. Für die Lieferung zu einem Kunden vorab verauslagte Frachtkosten werden diesem später mit in Rechnung gestellt. Angenommen, die Lieferung an den Kunden der Öko-Tex GmbH, Wolfgang Kinnemann e. K., wäre mit der Lieferbedingung „ab Werk" vereinbart worden. Die Öko-Tex GmbH hat auf Wunsch des Kunden für die Anlieferung die Spedition Freye GmbH aus Osnabrück beauftragt. Die Spedition stellt dafür 150,00 EUR Frachtkosten zzgl. 19 % USt in Rechnung. Diese werden von der Öko-Tex GmbH ausgelegt und bezahlt. Die ausgelegten Frachtkosten werden dem Rechnungsbetrag aufgeschlagen.

▶ Frachtkosten

	Grundbuch		
Nr.	Buchungssatz	Soll	Haben
⑦	**Erhalt der Frachtkostenrechnung:**		
	6140 Frachten und Fremdlager	150,00	
	2600 Vorsteuer	28,50	
	an 4400 Verbindlichkeiten a. LL		178,50

⑧ Der Rechnungsbetrag gegenüber Wolfgang Kinnemann e. K. erhöht sich um die 178,50 EUR. Warenwert 1.000,00 EUR + verauslagte Frachtkosten 150,00 EUR = 1.150,00 EUR Rechnungsbetrag (netto). Auf den Netto-Rechnungsbetrag wird die Umsatzsteuer aufgeschlagen.

1.150,00 EUR · 1,19 = 1.368,50 EUR

	Grundbuch		
Nr.	Buchungssatz	Soll	Haben
⑧	**Buchung der Ausgangsrechnung mit Frachtkosten:**		
	2400 Forderungen a. LL	1.368,50	
	an 5000 Umsatzerlöse für eigene Erzeugnisse		1.150,00
	an 4800 Umsatzsteuer		218,50

⑨ Bei einem indirekten Vertrieb werden Absatzmittler wie Handelsvertreter eingeschaltet, um Geschäftsabschlüsse vorzubereiten und abzuwickeln. Dafür stellen diese ggf. Vertriebsprovisionen in Rechnung. Diese werden auf dem Aufwandskonto 6150 Vertriebsprovision unter Berücksichtigung der Vorsteuer erfasst.

▶ Vertriebsprovisionen

Der Handelsvertreter Carsten Schwanke stellt der Öko-Tex GmbH für die Vermittlung von Geschäftsabschlüssen 2.000,00 EUR zzgl. Umsatzsteuer in Rechnung.

	Grundbuch		
Nr.	Buchungssatz	Soll	Haben
⑨	**Buchung des Rechnungseingangs:**		
	6150 Vertriebsprovision	2.000,00	
	2600 Vorsteuer	380,00	
	an 4400 Verbindlichkeiten a. LL		2.380,00

14 Buchungen im Absatzbereich

Überblick „Buchungen im Absatzbereich"

Erfassung über das entsprechende Umsatzkonto
wie z. B. 5000 Umsatzerlöse für eigene Erzeugnisse für eigene Erzeugnisse

Sonderfälle im Absatzbereich

Nachlässe
wie z. B. Skonto, Bonus und Preisminderung

Erfassung über das entsprechende Unterkonto
wie z. B. 5001 Erlösberichtigungen
(i. d. R. im Nettoverfahren, d. h. mit anteiliger Umsatzsteuerberichtigung)

Am Jahresende Abschluss über das übergeordnete Konto wie z. B. 5001 Erlösberichtigungen an 5000 Umsatzerlöse für eigene Erzeugnisse

Rücksendung
wie z. B. wegen mangelhafter Ware

Stornobuchung über das entsprechende Umsatzkonto wie z. B. 5000 Umsatzerlöse für eigene Erzeugnisse sowie Korrektur von 4800 Umsatzsteuer

---

Vertiefende Aufgaben

1. Die Color Chemie AG hat an die BüKo OHG am 17.10.20.. Textilfasern im Wert von 4.500,00 EUR zzgl. 19 % USt geliefert. Die Rechnung wurde mit einem Zahlungsziel versehen.

    Wegen einiger Fehler gewährt die Color Chemie AG am 20.10.20.. einen Preisnachlass von 8 % auf den Warenwert.

    Bilden Sie aus der Sicht der Color Chemie AG den Buchungssatz für

    a) den Rechnungsausgang am 17.10.20..,

    b) den Ausgang der Gutschrift am 20.10.20..,

    c) den Zahlungseingang (netto Kasse) am 16.11.20..

    Auszug aus dem Kontenrahmen:

    2400 Forderungen a. LL, 2600 Vorsteuer, 2800 Bankguthaben, 4400 Verbindlichkeiten a. LL, 4800 Umsatzsteuer, 5000 Umsatzerlöse für eigene Erzeugnisse, 5001 Erlösberichtigungen, 6140 Frachten und Fremdlager, 6150 Vertriebsprovisionen.

2. Die BüKo OHG verkauft an den Kunden Wiemann KG 50 Seminarstühle Ergo Sim® zum Listenpreis von 85,00 EUR je Stück. Aufgrund der langjährigen Geschäftsbeziehung zur Wiemann KG wird ein Sonderrabatt von 10 % eingeräumt. Die Lieferung erfolgt frei Haus per Spedition.

    a) Buchen Sie die Ausgangsrechnung. Das Zahlungsziel lautet: Zahlbar innerhalb von 10 Tagen ab Rechnungsdatum mit 4 % Skonto, nach 30 Tagen netto.

    b) Die Wiemann KG zahlt innerhalb der gesetzten Skontofrist. Buchen Sie den Zahlungseingang.

    c) Den Transport hat eine Spedition übernommen. Hierzu geht die Rechnung bei der BüKo OHG ein. Der Bruttorechnungsbetrag beläuft sich auf 297,50 EUR und ist zahlbar innerhalb von 5 Tagen ab Rechnungsdatum. Buchen Sie diese Speditionsrechnung.

    d) Aufgrund der oben erwähnten guten Geschäftsbeziehung wird der Wiemann KG am Ende des Geschäftsjahres ein Bonus in Höhe von 1.000,00 EUR zzgl. Umsatzsteuer gewährt. Buchen Sie die Bonusgewährung unter der Voraussetzung, dass der Betrag mit einer noch offenen Forderung verrechnet werden soll.

14 Buchungen im Absatzbereich

3. Sie sind Mitarbeiter der Lothar Lindemann KG. Das Unternehmen verkauft Stoffballen an die Öko-Tex GmbH. Die aktuelle Lieferung hat einen Netto-Warenwert in Höhe von 11.000,00 EUR. Hinzu kommen Frachtkosten in Höhe von 1.000,00 EUR, die von der Öko-Tex GmbH übernommen werden.

   a) Buchen Sie die Ausgangsrechnung an die Öko-Tex GmbH, wenn ein Zahlungsziel von 10 Tagen vorgesehen ist.

   b) Nach erfolgter Lieferung bemängelt die Öko-Tex GmbH eine Teilmenge der Stoffballen. Diese sind nicht zu verwenden und werden daher zurückgeschickt. Buchen Sie die Rücksendung mit einem Nettowert in Höhe von 800,00 EUR.

   c) Die Öko-Tex GmbH überweist den Restbetrag der Rechnung innerhalb der gesetzten Frist. Buchen Sie den Zahlungseingang aus Sicht der Lothar Lindemann KG.

   d) Einige Tage später meldet sich der Einkäufer der Öko-Tex GmbH. Er hat einen weiteren Materialfehler bei den Stoffballen festgestellt. Mit einem zusätzlichen Scherenschnitt sind die Stoffballen aber noch verwendbar. Die Lothar Lindemann KG erstellt daraufhin eine Gutschrift in Höhe von 400,00 EUR zzgl. Umsatzsteuer, die mit einer noch offenen Forderung verrechnet werden soll. Buchen Sie diese Gutschrift.

   e) An dem Geschäftsabschluss war die Handelsvertretung BUY GmbH beteiligt. Für die Vermittlungstätigkeit schickt die BUY GmbH eine Provisionsrechnung in Höhe von 200,00 EUR zzgl. Umsatzsteuer. Die Rechnung ist ohne Abzug innerhalb von 8 Tagen zu zahlen. Buchen Sie die Eingangsrechnung aus Sicht der Lothar Lindemann KG.

   f) Zum Ende des Monats ist u. a. das Konto „5001 Erlösberichtigungen" abzuschließen. Erstellen Sie den erforderlichen Buchungssatz.

4. Sie arbeiten in der BüKo OHG und haben die folgenden Geschäftsfälle zu buchen. Es wird jeweils ein Umsatzsteuersatz von 19 % unterstellt. Buchen Sie die Geschäftsfälle ① bis ⑤ im Grundbuch der BüKo OHG

Nr.	Geschäftsfälle
①	Die BüKo OHG verkauft an einen Kunden • 50 Seminarstühle Ergo Sim®, Gesamtwert zzgl. Umsatzsteuer 10.000,00 EUR • 20 Flipcharts, Gesamtwert zzgl. Umsatzsteuer 5.500,00 EUR Das Zahlungsziel lautet: Innerhalb von 10 Tagen ab Rechnungsdatum mit 5 % Skonto, nach 30 Tagen netto.
②	Der Kunde aus Fall ① zahlt die Rechnung innerhalb der gesetzten Skontofrist.
③	Die BüKo OHG liefert mit Zahlungsziel Seminarstühle im Nettowert von 4.000,00 EUR an einen Kunden.
④	Der Kunde aus Fall ③ reklamiert einen Teil der Stühle im Nettowert von 380,00 EUR da sie enorme Verarbeitungsfehler aufweisen und nicht verwendbar sind. Es wird eine entsprechende Gutschrift erstellt.
⑤	Ein Kunde überweist 52.479,00 EUR für eine fällige Rechnung. Hierzu hat er 2 % Skonto abgezogen. Wie lautet die vollständige Buchung für den Zahlungseingang?

14 Buchungen im Absatzbereich

Reflexion und Zusammenfassung

▶ **Concept-Map:** **Buchungen im Absatzbereich**

Erstellen Sie sich eine **Concept-Map** zur Zusammenfassung der Informationen zum Thema besondere Buchungen im Absatzbereich. Mögliche Begriffe: Lieferbedingungen, Frachtkosten, Rechnungsausgang, nachträgliche Preisnachlässe (Skonti, Boni, Mängelrügen).

▶ Concept-Map

Verdeutlichen Sie Zusammenhänge mit Farben, Linien oder Symbolen. Ein Beispiel für eine Concept-Map finden Sie auf S. 229.

 Wissen
 Fertigkeiten
 Sozialkompetenz
 Selbstständigkeit

15 Buchungen in der Anlagenwirtschaft

15.1 Anschaffungskosten, planmäßige Abschreibung und Restwert

▶ **Fallsituation:** Welcher Wertansatz?

Die Color Chemie AG hat im Januar des Berichtsjahres eine neue Maschine gekauft, zu der die nachfolgenden Rechnungen vorliegen.

Mönnigmann GmbH • Mönnigmannstr. 189-191 • 45135 Essen
Color Chemie AG
Maarstraße 67
50858 Köln

RECHNUNG Nr. 76145-10   Datum: 10.01.20..
                              (= Berichtsjahr)

Wir lieferten vereinbarungsgemäß am 10.01.20..:

Menge	Artikel	Gesamtpreis
1	Abfüllanlage für Textilreinigungsmittel	85.000,00 EUR
1	– Rabatt auf den Listenpreis	3.000,00 EUR
1	Transportkosten	2.000,00 EUR
	Nettosumme	84.000,00 EUR
	+ 19 % USt	15.960,00 EUR
	Rechnungsbetrag	99.960,00 EUR

Zahlbar innerhalb von 20 Tagen ab Rechnungsdatum ohne Abzug.

Mönnigmann GmbH • Mönnigmannstr. 189-191 • 45135 Essen
Color Chemie AG
Maarstraße 67
50858 Köln

RECHNUNG Nr. 42310   Datum: 15.01.20..
                           (= Berichtsjahr)

Zur Inbetriebnahme der neuen Abfüllanlage für Textilreinigungsmittel haben wir im Januar 20.. folgende Leistungen erbracht:

Menge	Artikel	Gesamtpreis
1	Erstellen eines Betonfundaments für eine neue Maschine	3.000,00 EUR
1	Montagearbeiten der neuen Maschine	2.000,00 EUR
1	Inbetriebnahme	1.000,00 EUR
	Nettosumme	6.000,00 EUR
	+ 19 % USt	1.140,00 EUR
	Rechnungsbetrag	7.140,00 EUR

Zahlbar innerhalb von 10 Tagen ab Rechnungsdatum ohne Abzug.

15 Buchungen in der Anlagenwirtschaft

Anwendungsaufgaben

Versetzen Sie sich in die Rolle der Auszubildenden Annika Müller, die zusammen mit Herrn Hax aus dem Rechnungswesen entscheiden soll, zu welchem Wert die im Januar angeschaffte Abfüllanlage zum 31.12. des Berichtsjahres in der Schlussbilanz aufgenommen wird. Die Nutzungsdauer beträgt 10 Jahre. Orientieren Sie sich an den nachfolgenden Aufgaben und beachten Sie die Hinweise in der Info-Box.

1. Ermitteln Sie zunächst die vollständigen Anschaffungskosten für die Abfüllanlage.

Anschaffungspreis	85.000,-
− Anschaffungspreisminderungen	3.000,-
+ Anschaffungsnebenkosten	3.000,- 2.000,- 2.000,- 2.000,-
= Summe der Anschaffungskosten	90.000,-

2. Erstellen Sie die Buchungssätze für die beiden Eingangsrechnungen von S. 176.

	Grundbuch		
Nr.	Buchungssatz	Soll	Haben
① a)	Buchung des Kaufs der Maschine: Maschine VSt an Vbk. a.LL.	84.000,- 15.960,-	99.960,-
① b)	Buchung der Montage usw.: Maschine VSt an Vbk. a.LL.	6.000,- 1.140,-	7.140,-

15 Buchungen in der Anlagenwirtschaft

3. Vermögensgegenstände verlieren im Laufe der Zeit an Wert. Dieser Wertverlust wird über sogenannte Abschreibungen erfasst.

   Diskutieren Sie zunächst die Gründe, die zu einer Abschreibung führen können, und halten Sie Ihre Ergebnisse in der folgenden Tabelle fest. Unterscheiden Sie hierbei nach planmäßigen und außerplanmäßigen Wertverlusten.

Form der Abschreibung	Gründe
planmäßig	• Alter • Softwarefehler
außerplanmäßig (durch unvorhergesehene Geschehnisse)	• Diebstahl • Wasserschaden

4. Berechnen Sie die Höhe der anzusetzenden Abschreibungen in Euro und in Prozent.

Ermittlung von Abschreibungsbetrag und Abschreibungssatz	
Abschreibung**betrag** in EUR pro Jahr	Anschaffungskosten geteilt durch Nutzungsdauer
Abschreibung**satz** in % pro Jahr	100 geteilt durch Nutzungsdauer

5. Erstellen Sie einen Abschreibungsplan über die geplante Laufzeit.

Abschreibungsplan für	Abfüllanlage für Textilreinigungsmittel	
Kaufdatum:	Januar 20..	
Anschaffungskosten:	90.000,00 EUR	
Nutzungsdauer:	10 Jahre laut AfA-Tabelle	
Abschreibungsmethode:	Lineare Abschreibung	
	Angabe in EUR	**Angabe in %**
Anschaffungskosten aus Januar des ersten Nutzungsjahres	90.000	100 %
– Abschreibungsbetrag des 1. Nutzungsjahres	9.000	10
= Restwert zum 31.12. des 1. Nutzungsjahres	81	90
– Abschreibungsbetrag des 2. Nutzungsjahres	9	10
= Restwert zum 31.12. des 2. Nutzungsjahres	72	80
– Abschreibungsbetrag des 3. Nutzungsjahres	9	10
= Restwert zum 31.12. des 3. Nutzungsjahres	63	70
– Abschreibungsbetrag des 4. Nutzungsjahres	9	10
= Restwert zum 31.12. des 4. Nutzungsjahres	54	60
– Abschreibungsbetrag des 5. Nutzungsjahres	9	10
= Restwert zum 31.12. des 5. Nutzungsjahres	45	50
– Abschreibungsbetrag des 6. Nutzungsjahres	9	10
= Restwert zum 31.12. des 6. Nutzungsjahres	36	40
– Abschreibungsbetrag des 7. Nutzungsjahres	9	10
= Restwert zum 31.12. des 7. Nutzungsjahres	27	30
– Abschreibungsbetrag des 8. Nutzungsjahres	9	10
= Restwert zum 31.12. des 8. Nutzungsjahres	18	20
– Abschreibungsbetrag des 9. Nutzungsjahres	9	10
= Restwert zum 31.12. des 9. Nutzungsjahres	9	10
– Abschreibungsbetrag des 10. Nutzungsjahres	9	10
= Restwert zum 31.12. des 10. Nutzungsjahres	0	0

15 Buchungen in der Anlagenwirtschaft

6. Buchen Sie die Abschreibung zum Ende des 1. Nutzungsjahres und erstellen Sie den Buchungssatz, mit dem Sie das Konto 6520 Abschreibungen auf Sachanlagen abschließen.

		Grundbuch		
Nr.	Buchungssatz		Soll	Haben
② a)	Buchung der Abschreibung: Abschreibungen auf Sachanlagen 9000,- an Maschine		9000,-	9000,-
② b)	Abschluss des Kontos „6520 Abschr. auf Sachanlagen": GuV Konto an Abschreibung auf Sachanlagen		9000,-	9.000,-

7. Ermitteln Sie den Restwert zum Ende des 1. Nutzungsjahres und bilden Sie den Buchungssatz, mit dem Sie den Restwert in das SBK überführen.

Berechnung zur Ermittlung des Restwertes zum Ende des 1. Nutzungsjahres		
Anschaffungskosten aus Januar des Nutzungsjahres	90.000	EUR
− Abschreibungsbetrag des Nutzungsjahres	9.000	EUR
= Restwert zum 31.12. des Nutzungsjahres	81.000	EUR

		Grundbuch		
Nr.	Buchungssatz		Soll	Haben
③	Schlussbilanzkonto an Maschinen		81.000	81.000

8. Stellen Sie die gesamte Fallsituation auf den angesprochenen Konten dar. Beschränken Sie sich beim Abschluss der Konten auf die Konten 0700 und 6520.

S	0700 Maschinen	H		S	6520 Abschreibungen auf Sachanlagen	H
	84.000	9.000			9.000	9.000
	6.000	SB 81.000			9.000	9.000
	90.000	90.000				

S	2600 Vorsteuer	H
	15.960	
	7.140	

S	8020 GuV-Konto	H
	9.000	

S	8010 Schlussbilanzkonto	H
	81.000	

S	4400 Verbindlichkeiten a. LL	H
		99.960
		7.140

S. 73

15 Buchungen in der Anlagenwirtschaft

GuV
Aufwendungen | Erträge

Fortsetzung der Anwendungsaufgaben

9. Erläutern Sie die Auswirkungen, die die Vornahme von Abschreibungen auf den Jahreserfolg, die Schlussbilanz und die vom Unternehmen zu zahlenden Ertragssteuern (= gewinnabhängige Steuern) hat.

Auswirkungen auf den Jahreserfolg (GuV)	Abschreibungen sind Aufw., die sich auf den Jahreserfolg mindernd auswirken. I.d.R. mindern sie den Gewinn.
Auswirkungen auf die Schlussbilanz	Der Abschreibungsaufw. mindert das EK. Gleichzeitig sinkt der Wert der techn. Anlagen und Maschinen. Aktiv-Passiv-Minderung tritt ein.
Auswirkungen auf die Höhe der Ertragsteuern	Der Abschreibungsaufw. mindert den Erfolg (Gewinn) sodass die gewinnabhängige Steuerlast sinken wird.

10. Diskutieren Sie die Notwendigkeit der Erfassung eines Wertverlustes von Anlagegütern für die Kalkulation von Verkaufspreisen für fertige Erzeugnisse. Vervollständigen Sie in diesem Zusammenhang den folgenden Abschreibungskreislauf und beschreiben Sie den Prozess.

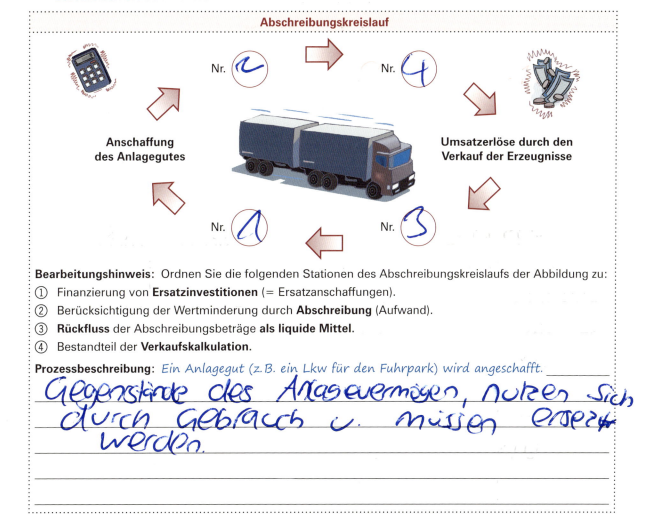

Abschreibungskreislauf

Anschaffung des Anlagegutes — Nr. 2 — Nr. 4 — Umsatzerlöse durch den Verkauf der Erzeugnisse — Nr. 3 — Nr. 1

Bearbeitungshinweis: Ordnen Sie die folgenden Stationen des Abschreibungskreislaufs der Abbildung zu:
① Finanzierung von **Ersatzinvestitionen** (= Ersatzanschaffungen).
② Berücksichtigung der Wertminderung durch **Abschreibung** (Aufwand).
③ **Rückfluss** der Abschreibungsbeträge **als liquide Mittel**.
④ Bestandteil der **Verkaufskalkulation**.

Prozessbeschreibung: *Ein Anlagegut (z.B. ein Lkw für den Fuhrpark) wird angeschafft.*
Gegenstände des Anlagevermögens nutzen sich durch Gebrauch u. müssen ersetzt werden.

11. Unterscheiden Sie Abschreibungen von den Aufwendungen, die Sie bislang im Unterricht kennengelernt haben.

Abschreib sind ausgabeunwirksame Aufw. Zum Zeitpunkt der Buchung der Abschreibung findet kein Geldabfluss statt.

12. Erläutern Sie, ob die lineare Abschreibung, also die Abschreibung mit jährlich gleichbleibenden Beträgen, dem reellen Wertverlust von Anlagegütern entspricht. Finden Sie praxisrelevante Beispiele.

INFO-BOX

Für das Anlagevermögen (und auch für das Umlaufvermögen) gilt das Anschaffungskostenprinzip. Danach sind Vermögensgegenstände höchstens mit den Anschaffungskosten, vermindert um Abschreibungen (Wertverluste), anzusetzen.

▶ Anschaffungskostenprinzip

Die Bewertung des Anlagevermögens vollzieht sich demnach in **drei Schritten:**

1. Ermittlung der Anschaffungskosten
2. Ermittlung der Abschreibungen, also der möglichen Wertverluste
3. Ermittlung des Wertes, zu dem der Vermögensgegenstand in der Bilanz angesetzt wird

Schritt 1: Ermittlung der Anschaffungskosten

Das HGB führt hierzu im § 255 (1) folgenden Wortlaut:

▶ Anschaffungskosten

Auszug aus dem Handelsgesetzbuch (HGB)

§ 255 Bewertungsmaßstäbe

(1) Anschaffungskosten sind die Aufwendungen, die geleistet werden, um einen Vermögensgegenstand zu erwerben und ihn in einen betriebsbereiten Zustand zu versetzen, soweit sie dem Vermögensgegenstand einzeln zugeordnet werden können. Zu den Anschaffungskosten gehören auch die Nebenkosten sowie die nachträglichen Anschaffungskosten. Anschaffungspreisminderungen, die dem Vermögensgegenstand einzeln zugeordnet werden können, sind abzusetzen.

15 Buchungen in der Anlagenwirtschaft

Aus diesen gesetzlichen Vorgaben lässt sich folgende Rechenregel ableiten:

Schema zur Ermittlung der Anschaffungskosten	
Anschaffungspreis	Dies ist der Listenpreis, der i. d. R. auf der Rechnung ausgewiesen ist. Hierzu zählen auch Sonderausstattungen, die dem Vermögensgegenstand zuzurechnen sind.
− Anschaffungspreisminderungen	Abgezogen werden • mögliche Rabatte auf Grundlage von Mengen- oder persönlichen Konditionen, • Skontonachlässe durch frühzeitige Zahlungen, • Bonuszahlungen, die auf Grundlage von Umsatzgrenzen vereinbart sind, • nachträgliche Preisnachlässe, die bspw. aufgrund von Mängeln greifen.
+ Anschaffungsnebenkosten	Hinzu gerechnet werden • Bezugskosten, wie Transport- und Verpackungskosten oder einmalige Frachtversicherungen, • Kosten der Inbetriebnahme, wie Montagetätigkeiten oder erforderliche Baumaßnahmen, • Kosten für amtliche Betriebsgenehmigungen, wie bspw. Zulassung eines Lkw, • Gebühren, wie bspw. Makler- oder Notargebühren, • nachträgliche Kosten, wie bspw. Umbauten an Fahrzeugen oder Werbelackierungen o. Ä.
= Summe der Anschaffungskosten	Diese Summe ist **aktivierungspflichtig**. Dies bedeutet, dass der Vermögensgegenstand mit diesen vollständigen Anschaffungskosten in die Buchhaltung (als Mehrung auf einem entsprechenden Aktivkonto) aufgenommen werden muss.
Bitte beachten:	• Gerechnet wird ausschließlich mit Nettowerten, d. h. ohne Umsatzsteuer. • Kosten einer Finanzierung, bspw. Kreditzinsen, zählen nicht zu den Anschaffungskosten. • Hinzugerechnet werden nur einmalig auftretende Kosten: Die erste Tankfüllung für einen Lkw, die Versicherung oder aber die Kfz-Steuer sind wiederkehrende Kosten, die direkt als Aufwand gebucht werden.

▶ Anschaffungspreisminderungen

▶ Anschaffungsnebenkosten

Beispiel:

Die Color Chemie AG kauft am 15. Januar 20.. einen neuen Pkw (AUDI A3) zum Listenpreis in Höhe von 26.500,00 EUR. Hinzu kommen eine Klimaautomatik für 500,00 EUR, ein Navigationssystem für 1.000,00 EUR, eine Anhängerkupplung für 800,00 EUR und eine Sitzheizung für 300,00 EUR. Die Überführungskosten des Fahrzeugs betragen 600,00 EUR, die Zulassung inkl. Kennzeichen wird mit 300,00 EUR berechnet. Alle bisher genannten Werte verstehen sich netto, also zzgl. Umsatzsteuer. Die erste Tankfüllung kostet 70,00 EUR. Die Versicherung für das erste Jahr wird mit 800,00 EUR angesetzt.

Unter Beachtung des o. g. Berechnungsschemas ergeben sich Anschaffungskosten in Höhe von 30.000,00 EUR. Wir gehen davon aus, dass das von uns beauftragte Autohaus die Zulassung des Pkw übernommen hat und uns eine komplette Rechnung über alle o. g. Beträge ausstellt. Der Rechnungsbetrag ist zahlbar in 10 Tagen ohne Abzug. Der Buchungssatz für die Aktivierung (d. h. für die Aufnahme des Pkw in das Anlagevermögen) lautet dann:

Grundbuch			
Nr.	Buchungssatz	Soll	Haben
①	0840 Fuhrpark	30.000,00	
	2600 Vorsteuer	5.700,00	
	an 4400 Verbindlichkeiten a. LL		35.700,00

Beachte: Bei den Konten des Anlagevermögens existieren **keine** Unterkonten, wie bspw. „Bezugskosten". Anschaffungsnebenkosten werden direkt auf dem Hauptkonto des Anlagevermögens erfasst.

Schritt 2: Ermittlung des Abschreibungsbetrages (des Wertverlustes)

▶ Abschreibungen auf Sachanlagen

Vermögensgegenstände können während des Zeitverlaufs an Wert verlieren. Dies ist Ihnen sicherlich auch aus dem privaten Bereich bekannt: Ein Smartphone, das Sie heute kaufen und in wenigen Wochen wieder verkaufen wollen, wird sicherlich an Wert verlieren. Ebenso verhält es sich bei Kleidung oder auch Fahrzeugen (Oldtimer ausgenommen). Dieser **Wertverlust** wird mithilfe eines **Aufwandskontos** erfasst. Es trägt die Bezeichnung **6520 Abschreibungen auf Sachanlagen**.

Das HGB führt hierzu im § 253 folgenden Wortlaut:

> **Auszug aus dem Handelsgesetzbuch (HGB)**
>
> **§ 253 Wertansätze der Vermögensgegenstände und Schulden**
>
> *Absatz (1): Vermögensgegenstände sind höchstens mit den Anschaffungs- oder Herstellungskosten, vermindert um die Abschreibungen nach den Absätzen 3 bis 5, anzusetzen. [...]*
>
> *Absatz (3): Bei Vermögensgegenständen des Anlagevermögens, deren Nutzung zeitlich begrenzt ist, sind die Anschaffungs- oder die Herstellungskosten um planmäßige Abschreibungen zu vermindern. Der Plan muss die Anschaffungs- oder Herstellungskosten auf die Geschäftsjahre verteilen, in denen der Vermögensgegenstand voraussichtlich genutzt werden kann. [...]*

Aus diesen gesetzlichen Vorgaben heraus lässt sich folgendes Schaubild ableiten:

Abschreibungen auf Sachanlagen	
Abnutzbare Anlagegüter, deren Nutzung zeitlich begrenzt ist	**Nicht abnutzbare Anlagegüter, deren Nutzung zeitlich nicht begrenzt ist**
Hierzu zählen: • immaterielle Vermögensgegenstände des Anlagevermögens, wie bspw. Patente oder sonstige Rechte • materielle Vermögensgegenstände des Anlagevermögens, wie bspw. Gebäude, technische Anlagen und Maschinen, der Fuhrpark oder die Betriebs- und Geschäftsausstattung	Hierzu zählen: • Grundstücke • Finanzanlagen
• Bei diesen Anlagegütern erfolgt die Erfassung des Wertverlustes über **planmäßige**, d. h. regelmäßige bzw. in der Höhe gleichbleibende **Abschreibungen** auf Grundlage der Nutzungsdauer. Diese planmäßige Abschreibung wird auch als **lineare Abschreibung** bezeichnet, da der Wertverlust dabei gleichmäßig auf die Nutzungsjahre verteilt wird. • Zusätzlich ist eine **außerplanmäßige Abschreibung** möglich, sofern eine außergewöhnliche und dauernde Wertminderung eintritt. Dies kann z. B. ein Brand, ein Unfall, ein plötzlicher technologischer Sprung oder ein ähnliches Ereignis sein.	• Bei diesen Anlagegütern ist **keine planmäßige Abschreibung** möglich. • Ein Wertverlust kann **ausschließlich** über eine **außerplanmäßige Abschreibung** erfasst werden. **Hinweise:** **Ein Beispiel zur Behandlung einer außerplanmäßigen** Abschreibung erfolgt im Kapitel 15.3.

15 Buchungen in der Anlagenwirtschaft

Die o.g. Nutzungsdauer wird für nahezu alle Vermögensgegenstände in den sog. Abschreibungstabellen des Bundesministeriums der Finanzen vorgegeben.   ▶ AfA-Tabellen

Auszug aus der AfA-Tabelle für die allgemein verwendbaren Anlagengüter (AfA = Absetzung für Abnutzung)			
Anlagegüter	**Nutzungsdauer in Jahren**	**Anlagegüter**	**Nutzungsdauer in Jahren**
Kühlhallen	20 Jahre	Sägen aller Art (stationär)	14 Jahre
Silobauten aus Beton	33 Jahre	Abfüllanlagen	10 Jahre
Windkraftanlagen	16 Jahre	Laborgeräte	13 Jahre
Hochregallager	15 Jahre	Mobilfunkendgeräte	5 Jahre
Personenkraftwagen	6 Jahre	PC, Drucker, Monitore	3 Jahre
Lastkraftwagen	9 Jahre	Büromöbel	13 Jahre
Biegemaschinen	13 Jahre	Sonstige Be- und Verarbeitungsmaschinen	13 Jahre

Zurück zu unserem Beispiel:

Kauf eines Pkw mit Anschaffungskosten in Höhe von 30.000,00 EUR. Es handelt sich um ein abnutzbares Anlagegut, dessen Nutzungsdauer mit Blick auf den o.g. Auszug aus den AfA-Tabellen mit sechs Jahren vorgegeben ist. Die Gründe für den Wertverlust des Pkw sind sicherlich im Gebrauch/in der Nutzung zu sehen, denn eine zunehmende Kilometerleistung mindert den Wert des Fahrzeugs.

Die Höhe der Abschreibung lässt sich sowohl in Euro als auch prozentual (ausgehend von den Anschaffungskosten) bestimmen.

Ermittlung von Abschreibungsbetrag und Abschreibungssatz			
Abschreibungs**betrag** in EUR pro Jahr	$= \dfrac{\text{Anschaffungskosten}}{\text{Nutzungsdauer in Jahren}}$	$= \dfrac{30.000,00 \text{ EUR}}{6 \text{ Jahre}}$	$= 5.000,00$ EUR pro Jahr
Abschreibungs**satz** in % pro Jahr	$= \dfrac{100\%}{\text{Nutzungsdauer in Jahren}}$	$= \dfrac{100\%}{6 \text{ Jahre}}$	$= 16{,}67\% \ (= 16\,^2/_3\,\%)$

Nun ist es erforderlich, den ermittelten Abschreibungsbetrag in einen Buchungssatz umzuwandeln, sodass der Wert des Kontos Fuhrpark gemindert werden kann:

Grundbuch			
Nr.	Buchungssatz	Soll	Haben
②a)	6520 Abschreibungen auf Sachanlagen	5.000,00	
	an 0840 Fuhrpark		5.000,00

Wie Sie oben bereits festgestellt haben, handelt es sich bei dem Konto 6520 Abschreibungen auf Sachanlagen um ein Aufwandskonto. Dieses wird am Ende des Geschäftsjahres über das Gewinn- und Verlust-Konto (GuV) abgeschlossen:

Grundbuch			
Nr.	Buchungssatz	Soll	Haben
②b)	8020 GuV-Konto	5.000,00	
	an 6520 Abschreibungen auf Sachanlagen		5.000,00

15 Buchungen in der Anlagenwirtschaft

Der Wertverlust lässt sich für die Nutzungsdauer in einem zeitlichen Verlauf, dem sog. **Abschreibungsplan**, darstellen:

Abschreibungsplan für		Pkw, AUDI A3	
Kaufdatum:		15.01.20..	
Anschaffungskosten:		30.000,00 EUR	
Nutzungsdauer:		6 Jahre laut AfA-Tabelle	
Abschreibungsmethode:		Lineare Abschreibung	
		Angabe in EUR	**Angabe in %**
	Anschaffungskosten aus Januar des 1. Nutzungsjahres	30.000,00	
−	Abschreibungsbetrag des 1. Nutzungsjahres	5.000,00	16,67
=	Restwert zum 31.12. des 1. Nutzungsjahres	25.000,00	
−	Abschreibungsbetrag des 2. Nutzungsjahres	5.000,00	16,67
=	Restwert zum 31.12. des 2. Nutzungsjahres	20.000,00	
−	Abschreibungsbetrag des 3. Nutzungsjahres	5.000,00	16,67
=	Restwert zum 31.12. des 3. Nutzungsjahres	15.000,00	
−	Abschreibungsbetrag des 4. Nutzungsjahres	5.000,00	16,67
=	Restwert zum 31.12. des 4. Nutzungsjahres	10.000,00	
−	Abschreibungsbetrag des 5. Nutzungsjahres	5.000,00	16,67
=	Restwert zum 31.12. des 5. Nutzungsjahres	5.000,00	
−	Abschreibungsbetrag des 6. Nutzungsjahres	4.999,00	ca. 16,67
=	Restwert zum 31.12. des 6. Nutzungsjahres	1,00	Summe = 100

Sofern der Vermögensgegenstand nach Ende der vorgeschriebenen Nutzungsdauer im Unternehmen verbleibt, wird ein Erinnerungswert in Höhe von 1,00 EUR angesetzt. Mit diesem Wert würde dann also der Pkw zum Ende des 6. Nutzungsjahres in der Schlussbilanz stehen.

▶ Restwert/ Erinnerungswert

Schritt 3: Ermittlung des Restwertes zum Ende des 1. Nutzungsjahres

Die Berechnung des Restwertes stellt nun kein Problem mehr dar und lässt sich bereits aus dem o.g. Abschreibungsplan ablesen. Von den Anschaffungskosten ziehen wir den Wertverlust (den Abschreibungsbetrag) ab:

Berechnung zur Ermittlung des Restwertes zum Ende des 1. Nutzungsjahres	
Anschaffungskosten aus Januar des 1. Nutzungsjahres	30.000,00 EUR
− Abschreibungsbetrag des 1. Nutzungsjahres	5.000,00 EUR
= Restwert zum 31.12. des 1. Nutzungsjahres	25.000,00 EUR

Der Buchungssatz zur Überführung des Restwertes in das SBK lautet:

Grundbuch			
Nr.	Buchungssatz	Soll	Haben
③	8010 Schlussbilanzkonto an 0840 Fuhrpark	25.000,00	25.000,00

Zusammenfassung der Schritte 1 bis 3 auf den entsprechenden Konten:

Schauen wir uns an, wie sich die gesamte Situation auf den angesprochenen Konten gestaltet:

Soll	0840 Fuhrpark		Haben		Soll	6520 Abschr. auf Sachanlagen		Haben
①	30.000,00	② a)	5.000,00		② a)	5.000,00	② b) GuV	5.000,00
		③ SBK	25.000,00			5.000,00		5.000,00
	30.000,00		30.000,00					

Soll	2600 Vorsteuer	Haben		Soll	8020 GuV	Haben
①	5.700,00			② b) AfA	5.000,00	

Soll	4400 Verbindlichkeiten a. LL		Haben		Soll	8010 SBK		Haben
		①	35.700,00		③ Fuhrp.	25.000,00		

Auf den weiteren Abschluss der Konten wird verzichtet.

Vertiefende Aufgaben

1. Die Lothar Lindemann KG kauft im Januar einen Webautomaten. Der Kaufpreis der Maschine beträgt 380.000,00 EUR. Hinzu kommen 5.000,00 EUR für den Transport und insgesamt 15.000,00 EUR für den Aufbau und die umfangreiche Inbetriebnahme des Webautomaten. Alle Werte verstehen sich netto. Die Nutzungsdauer beträgt 16 Jahre.

   a) Ermitteln Sie die Anschaffungskosten für den Webautomaten und bilden Sie den Buchungssatz für den Kauf, wenn Sie davon ausgehen, dass ein Zahlungsziel von 10 Tagen besteht.

   b) Erstellen Sie einen Abschreibungsplan für die ersten 4 Jahre der Nutzung. Geben Sie dabei die Abschreibungen in Euro und auch in Prozent an.

   c) Bilden Sie den Buchungssatz für die Abschreibung im 1. Nutzungsjahr.

   d) Ermitteln Sie den Wert der Maschine am 31.12. des 1. Nutzungsjahres, mit dem sie in die Schlussbilanz eingeht. Erstellen Sie auch den erforderlichen Buchungssatz.

2. Die Lothar Lindemann KG hat in ihrer EDV-Anlagenliste die folgenden betrieblichen Vermögensgegenstände im Januar des Jahres neu aufgenommen. Ermitteln Sie für das 1. und 2. Nutzungsjahr die jeweiligen Abschreibungen in Euro und Prozent. Geben Sie auch den jeweiligen Restwert zum Ende des Geschäftsjahres (31.12.) an.

Anlagennummer	Bezeichnung	Anschaffungskosten	Nutzungsdauer
0100	Webautomat	700.000,00 EUR	14 Jahre
0101	Pkw	48.000,00 EUR	6 Jahre
0102	Schreibtischkombination	2.210,00 EUR	13 Jahre
0103	PC	4.200,00 EUR	3 Jahre

15 Buchungen in der Anlagenwirtschaft

15.2 Zeitanteilige Abschreibungen

▶ **Fallsituation:** Welcher Wert ist anzusetzen, wenn der Vermögensgegenstand nicht im Januar, sondern zu einem späteren Zeitpunkt angeschafft wird?

Der Kauf der Abfüllanlage für Textilreinigungsmittel erfolgte am 10.01. des Geschäftsjahres. Somit ergaben sich für alle Jahre der Nutzung gleichbleibende Abschreibungsbeträge. Doch wie verhalten sich die Abschreibungsbeträge, wenn die Abfüllanlage am 15.04. des Geschäftsjahres gekauft und am 20.04. in Betrieb genommen worden wäre? Beide Belege sind noch einmal mit einem veränderten Datum abgebildet:

Mönnigmann GmbH • Mönnigmannstr. 189-191 • 45135 Essen
Color Chemie AG
Maarstraße 67
50858 Köln

RECHNUNG Nr. 76145-10   Datum: 15.04.20..
                                    (= Berichtsjahr)

Wir lieferten vereinbarungsgemäß am 15.04.20..:

Menge	Artikel	Gesamtpreis
1	Abfüllanlage für Textilreinigungsmittel	85.000,00 EUR
1	– Rabatt auf den Listenpreis	3.000,00 EUR
1	Transportkosten	2.000,00 EUR
	Nettosumme	84.000,00 EUR
	+ 19 % USt	15.960,00 EUR
	Rechnungsbetrag	99.960,00 EUR

Mönnigmann GmbH • Mönnigmannstr. 189-191 • 45135 Essen
Color Chemie AG
Maarstraße 67
50858 Köln

RECHNUNG Nr. 42310   Datum: 20.04.20..
                                 (= Berichtsjahr)

Zur Inbetriebnahme der neuen Abfüllanlage für Textilreinigungsmittel haben wir im April 20.. folgende Leistungen erbracht:

Menge	Artikel	Gesamtpreis
1	Erstellen eines Betonfundaments für eine neue Maschine	3.000,00 EUR
1	Montagearbeiten der neuen Maschine	2.000,00 EUR
1	Inbetriebnahme	1.000,00 EUR
	Nettosumme	6.000,00 EUR
	+ 19 % USt	1.140,00 EUR
	Rechnungsbetrag	7.140,00 EUR

15 Buchungen in der Anlagenwirtschaft

Harald Hax: Frau Müller, Sie sollen nun die Entscheidung treffen, zu welchem Wert die Abfüllanlage zum 31.12. des Berichtsjahres in der Schlussbilanz aufgenommen wird, wenn der Kauf und die Inbetriebnahme im April erfolgt sind. Die Nutzungsdauer beträgt weiterhin 10 Jahre. Orientieren Sie sich an den nachfolgenden Aufgaben und beachten Sie die Hinweise in der Info-Box.

Annika Müller: Herr Hax, ich gehe nach den unten auf der Arbeitsanweisung aufgelisteten Arbeitsaufträgen vor.

Anwendungsaufgaben

1. Kreuzen Sie die zutreffenden Aussagen zu den Folgen einer Anschaffung der Maschine zu einem späteren Zeitpunkt als den ersten Monat eines Geschäftsjahres an.

Die Anschaffung der Maschine zu einem späteren Zeitpunkt im Geschäftsjahr hat Auswirkungen auf die Höhe der Anschaffungskosten.	
Die Anschaffung der Maschine zu einem späteren Zeitpunkt im Geschäftsjahr hat keine Auswirkungen auf die Höhe der Anschaffungskosten.	X
Die Buchungen der Eingangsrechnungen sowie die Höhe der Abschreibungsbeträge und Abschreibungssätze für die vollen Nutzungsjahre müssen aufgrund der Anschaffung der Maschine zu einem späteren Zeitpunkt im Geschäftsjahr neu berechnet werden.	~~X~~
Die Buchungen der Eingangsrechnungen sowie die Höhe der Abschreibungsbeträge und Abschreibungssätze für die vollen Nutzungsjahre müssen aufgrund der Anschaffung der Maschine zu einem späteren Zeitpunkt im Geschäftsjahr nicht neu berechnet werden.	X

2. Berechnen Sie die Höhe der anzusetzenden Abschreibungen in Euro und Prozent für das Jahr der Anschaffung.

Ermittlung von Abschreibungsbetrag und Abschreibungssatz für das Jahr der Anschaffung (9 Monate Nutzungsdauer)	
Abschreibungs**betrag** in EUR im Jahr der Anschaffung	$\dfrac{90.000}{10} = 9000{,}-$ $\dfrac{9000 \cdot 9}{12} = 6750{,}-$
Abschreibungs**satz** in % im Jahr der Anschaffung	$\dfrac{100}{10} = 10\%$ $\dfrac{10 \cdot 9}{12} = 7{,}5\%$

15 Buchungen in der Anlagenwirtschaft

3. Erstellen Sie einen Abschreibungsplan über die geplante Laufzeit der neuen Maschine.

Abschreibungsplan für	Abfüllanlage für Textilreinigungsmittel	
Kaufdatum:	April 20..	
Anschaffungskosten:	90.000,00 EUR	
Nutzungsdauer:	10 Jahre laut AfA-Tabelle	
Abschreibungsmethode:	Lineare Abschreibung	
	Angabe in EUR	**Angabe in %**
Anschaffungskosten aus April des 1. Nutzungsjahres	90.000,—	100
− Abschreibungsbetrag des 1. Nutzungsjahres	6.750 ~~9.000~~	7,5 ~~10~~
= Restwert zum 31.12. des 1. Nutzungsjahres	83.250 ~~84.000~~	92,5
− Abschreibungsbetrag des 2. Nutzungsjahres	6.750 ~~9.000~~	7,5 ~~10~~
= Restwert zum 31.12. des 2. Nutzungsjahres	76.500,—	
− Abschreibungsbetrag des 3. Nutzungsjahres	6.750	7,5
= Restwert zum 31.12. des 3. Nutzungsjahres	69.750	
− Abschreibungsbetrag des 4. Nutzungsjahres	6.750	7,5
= Restwert zum 31.12. des 4. Nutzungsjahres	63.000	
− Abschreibungsbetrag des 5. Nutzungsjahres	6.750	7,5
= Restwert zum 31.12. des 5. Nutzungsjahres	56.250	
− Abschreibungsbetrag des 6. Nutzungsjahres	6.750	7,5
= Restwert zum 31.12. des 6. Nutzungsjahres	49.500	
− Abschreibungsbetrag des 7. Nutzungsjahres	6.750	7,5
= Restwert zum 31.12. des 7. Nutzungsjahres	42.750	
− Abschreibungsbetrag des 8. Nutzungsjahres	6.750	7,5
= Restwert zum 31.12. des 8. Nutzungsjahres	36.000	
− Abschreibungsbetrag des 9. Nutzungsjahres	6.750	7,5
= Restwert zum 31.12. des 9. Nutzungsjahres	29.250	
− Abschreibungsbetrag des 10. Nutzungsjahres	6.750	7,5
= Restwert zum 31.12. des 10. Nutzungsjahres	22.500	
− Abschreibungsbetrag des 11. Nutzungsjahres	6.750	7,5
= Restwert zum 31.12. des 11. Nutzungsjahres	15.750 1,—	

Erinnerungswert

15 Buchungen in der Anlagenwirtschaft

4. Notieren Sie den erforderlichen Buchungssatz zur Erfassung der Abschreibung im ersten Jahr der Nutzung und erstellen Sie den Buchungssatz, mit dem Sie das Konto 6520 Abschreibungen auf Sachanlagen abschließen.

	Grundbuch		
Nr.	Buchungssatz	Soll	Haben
①	Buchung der Abschreibung: A.a.S an Maschine	6.750,-	6.750,-
②	Abschluss des Kontos „6520 Abschreibungen auf Sachanlagen": ~~Maschine~~ ~~SBK~~ Maschine an A.a.S.	6.750,-	6.750,-

5. Ermitteln Sie den verbleibenden Restwert der Abfüllanlage zum Ende des 1. Nutzungsjahres und erstellen Sie den Buchungssatz, mit dem Sie diesen Restwert in das SBK überführen können.

Berechnung zur Ermittlung des Restwertes zum Ende des 1. Nutzungsjahres	
Anschaffungskosten aus April des 1. Nutzungsjahres	90.000 EUR
– Abschreibungsbetrag des 1. Nutzungsjahres	6.750 EUR
= Restwert zum 31.12. des 1. Nutzungsjahres	83.250 EUR

	Grundbuch		
Nr.	Buchungssatz	Soll	Haben
③	SBK an Maschine	~~87.000~~ 83.250	~~87.000,-~~ 83.250,-

15 Buchungen in der Anlagenwirtschaft

 **INFO-BOX**

Zeitanteilige Abschreibung

▶ Abschreibungen: zeitanteilig

Schritt 1: Ermittlung der Anschaffungskosten

Fortsetzung unseres Beispiels:

Wir greifen hier wieder auf den Kauf des Pkw AUDI A3 zurück. Dieser wird nun nicht im Januar, sondern am 21. Mai des aktuellen Geschäftsjahres angeschafft. Für die Ermittlung der Anschaffungskosten hat der Zeitpunkt des Kaufs keine Auswirkung. Die Anschaffungskosten betragen weiterhin 30.000,00 EUR. Der Rechnungsbetrag ist zahlbar in 10 Tagen ohne Abzug.

Der Buchungssatz für die Aktivierung (d. h. für die Aufnahme des Pkw in das Anlagevermögen) lautet unverändert:

Grundbuch			
Nr.	Buchungssatz	Soll	Haben
①	0840 Fuhrpark	30.000,00	
	2600 Vorsteuer	5.700,00	
	an 4400 Verbindlichkeiten a. LL		35.700,00

Schritt 2: Ermittlung des Abschreibungsbetrages (des Wertverlustes)

Durch den Kauf im Mai steht der Pkw im Jahr der Anschaffung nur acht Monate zur Verfügung. Und das Finanzamt nimmt es genau: Bei diesem Kauf im Mai dürfen für das Anschaffungsjahr (= 1. Jahr der Nutzung) nur $^{8}/_{12}$ der gesamten Jahresabschreibung (5.000,00 EUR) angesetzt werden. In den folgenden 5 Jahren darf dann jeweils der volle Jahresabschreibungsbetrag verrechnet werden. Im siebten Jahr der Nutzung verbleibt noch eine Nutzungsdauer von 4 Monaten, für die der Abschreibungsaufwand angesetzt werden darf.

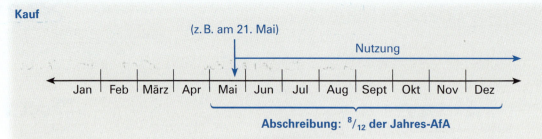

Hinweis: Monat, in dem der **Kauf** erfolgt, wird **mitgerechnet!**

Die Höhe der Abschreibung im Jahr der Anschaffung (8 Monate), in den Folgejahren (jeweils volle Jahresabschreibung für 12 Monate) und im 7. Nutzungsjahr (4 Monate) lässt sich auch hier sowohl in Euro als auch prozentual (ausgehend von den Anschaffungskosten) bestimmen. Es empfiehlt sich, zunächst mit der Berechnung des jährlichen Abschreibungsbetrages zu beginnen. Anschließend wird es Ihnen problemlos möglich sein, die zeitanteilige Abschreibung zu ermitteln.

15 Buchungen in der Anlagenwirtschaft

Ermittlung von Abschreibungsbetrag und Abschreibungssatz für ein volles Nutzungsjahr (12 Monate Nutzungsdauer)			
Abschreibungs**betrag** in EUR pro Jahr für ein volles Nutzungsjahr	= $\dfrac{\text{Anschaffungskosten}}{\text{Nutzungsdauer in Jahren}}$	= $\dfrac{30.000,00 \text{ EUR}}{6 \text{ Jahre}}$	= 5.000,00 EUR pro Jahr
Abschreibungs**satz** in % pro Jahr für ein volles Nutzungsjahr	= $\dfrac{100\%}{\text{Nutzungsdauer in Jahren}}$	= $\dfrac{100\%}{6 \text{ Jahre}}$	= 16,67 % (= 16 $^2/_3$ %)

Ermittlung von Abschreibungsbetrag und Abschreibungssatz für das Jahr der Anschaffung (8 Monate Nutzungsdauer)			
Abschreibungs**betrag** in EUR im Jahr der Anschaffung	= $\dfrac{\text{Jahres-AfA Betrag} \cdot \text{Nutzungsdauer in Monaten}}{12 \text{ Monate}}$	= $\dfrac{5.000,00 \text{ EUR} \cdot 8 \text{ Mon.}}{12 \text{ Mon.}}$	= 3.333,33 EUR im Jahr der Anschaffung (1. Nutzungsjahr)
Abschreibungs**satz** in % im Jahr der Anschaffung	= $\dfrac{\text{Jahres-AfA Satz} \cdot \text{Nutzungsdauer in Monaten}}{12 \text{ Monate}}$	= $\dfrac{16,67\% \cdot 8 \text{ Mon.}}{12 \text{ Mon.}}$	= 11,11 % im Jahr der Anschaffung (1. Nutzungsjahr)

Ermittlung von Abschreibungsbetrag und Abschreibungssatz für das letzte Jahr der Nutzung (4 Monate Nutzungsdauer)			
Abschreibungs**betrag** in EUR im letzten Jahr der Nutzung	= $\dfrac{\text{Jahres-AfA Betrag} \cdot \text{Nutzungsdauer in Monaten}}{12 \text{ Monate}}$	= $\dfrac{5.000,00 \text{ EUR} \cdot 4 \text{ Mon.}}{12 \text{ Mon.}}$	= 1.666,67 EUR im letzten Jahr der Nutzung (7. Jahr)
Abschreibungs**satz** in % im letzten Jahr der Nutzung	= $\dfrac{\text{Jahres-AfA Satz} \cdot \text{Nutzungsdauer in Monaten}}{12 \text{ Monate}}$	= $\dfrac{16,67\% \cdot 4 \text{ Mon.}}{12 \text{ Mon.}}$	= 5,56 % im letzten Jahr der Nutzung (7. Jahr)

Der Buchungssatz für den ermittelten Abschreibungsbetrag im Jahr der Anschaffung verändert sich lediglich in der Höhe des Betrags:

Grundbuch			
Nr.	Buchungssatz	Soll	Haben
② a)	6520 Abschreibungen auf Sachanlagen	3.333,33	
	an 0840 Fuhrpark		3.333,33

Der Abschluss des Kontos „6520 Abschreibungen auf Sachanlagen" erfolgt über das GuV-Konto:

Grundbuch			
Nr.	Buchungssatz	Soll	Haben
② b)	8020 GuV-Konto	3.333,33	
	an 6520 Abschreibungen auf Sachanlagen		3.333,33

15 Buchungen in der Anlagenwirtschaft

Der Wertverlust lässt sich für die Nutzungsdauer auch hier in einem **Abschreibungsplan** darstellen. Sie erkennen an der rechten Zusatzspalte „Nutzungsdauer in Monaten", dass sich die Nutzung insgesamt auf sechs Jahre bezieht.

Abschreibungsplan für	Pkw, AUDI A3		
Kaufdatum:	21.05.20..		
Anschaffungskosten:	30.000,00 EUR		
Nutzungsdauer:	6 Jahre laut AfA-Tabelle		
Abschreibungsmethode:	Lineare Abschreibung		
	Angabe in EUR	Angabe in %	Nutzungsdauer in Monaten
Anschaffungskosten aus Mai des 1. Nutzungsjahres	30.000,00		
− Abschreibungsbetrag des 1. Nutzungsjahres	3.333,33	11,11 %	8
= Restwert zum 31.12. des 1. Nutzungsjahres	26.666,67		
− Abschreibungsbetrag des 2. Nutzungsjahres	5.000,00	16,67 %	12
= Restwert zum 31.12. des 2. Nutzungsjahres	21.666,67		
− Abschreibungsbetrag des 3. Nutzungsjahres	5.000,00	16,67 %	12
= Restwert zum 31.12. des 3. Nutzungsjahres	16.666,67		
− Abschreibungsbetrag des 4. Nutzungsjahres	5.000,00	16,67 %	12
= Restwert zum 31.12. des 4. Nutzungsjahres	11.666,67		
− Abschreibungsbetrag des 5. Nutzungsjahres	5.000,00	16,67 %	12
= Restwert zum 31.12. des 5. Nutzungsjahres	6.666,67		
− Abschreibungsbetrag des 6. Nutzungsjahres	5.000,00	16,67 %	12
= Restwert zum 31.12. des 6. Nutzungsjahres	1.666,67		
− Abschreibungsbetrag des 7. Nutzungsjahres	1.666,66	ca. 5,56 %	4
= Restwert zum 30.04. (Ende der Nutzungsdauer) bzw. zum 31.12. des 7. Nutzungsjahres	1,00	Summe = 100 %	Summe = 72 Monate = 6 Jahre

Auch hier gilt: Sofern der Vermögensgegenstand nach Ende der vorgeschriebenen Nutzungsdauer im Unternehmen verbleibt, wird ein Erinnerungswert in Höhe von 1,00 EUR angesetzt.

Schritt 3: Ermittlung des Restwertes zum Ende des 1. Nutzungsjahres

Die Berechnung des Restwertes ergibt sich wie folgt:

Berechnung zur Ermittlung des Restwertes zum Ende des 1. Nutzungsjahres	
Anschaffungskosten aus Mai des 1. Nutzungsjahres	30.000,00 EUR
− Abschreibungsbetrag des 1. Nutzungsjahres	3.333,33 EUR
= Restwert zum 31.12. des 1. Nutzungsjahres	**26.666,67 EUR**

Der Buchungssatz zur Überführung des Restwertes in das SBK lautet:

Grundbuch			
Nr.	Buchungssatz	Soll	Haben
③	8010 Schlussbilanzkonto an 0840 Fuhrpark	26.666,67	26.666,67

Auf die Darstellung der entsprechenden Konten wird an dieser Stelle verzichtet.

15 Buchungen in der Anlagenwirtschaft

Vertiefende Aufgaben

1. Die Lothar Lindemann KG kauft im Juli einen Webautomaten. Der Kaufpreis der Maschine beträgt 380.000,00 EUR. Hinzu kommen 5.000,00 EUR für den Transport und insgesamt 15.000,00 EUR für den Aufbau und die umfangreiche Inbetriebnahme des Webautomaten. Alle Werte verstehen sich netto, also zzgl. Umsatzsteuer. Die Nutzungsdauer beträgt 16 Jahre.
   a) Ermitteln Sie die Anschaffungskosten für den Webautomaten und bilden Sie den Buchungssatz für den Kauf, wenn Sie davon ausgehen, dass ein Zahlungsziel von 10 Tagen besteht.
   b) Erstellen Sie einen Abschreibungsplan für die ersten 4 Jahre der Nutzung und auch für das letzte Jahr der Nutzung. Geben Sie dabei die Abschreibungen in Euro und in Prozent an.
   c) Bilden Sie den Buchungssatz für die Abschreibung im 1. Nutzungsjahr.
   d) Ermitteln Sie den Wert der Maschine, mit dem sie am 31.12. des 1. Nutzungsjahres in die Schlussbilanz eingeht. Erstellen Sie auch den erforderlichen Buchungssatz.

2. Die Lothar Lindemann KG hat in ihrer EDV-Anlagenliste die folgenden betrieblichen Vermögensgegenstände im laufenden Geschäftsjahr neu aufgenommen. Ermitteln Sie für das 1. und 2. Nutzungsjahr die jeweiligen Abschreibungen in Euro und Prozent. Geben Sie auch den jeweiligen Restwert zum Ende des Geschäftsjahres (31.12.) an.

Kaufdatum	Anlagennummer	Bezeichnung	Anschaffungskosten	Nutzungsdauer
02.02.	0100	Webautomat	700.000,00 EUR	14 Jahre
05.05.	0101	Pkw	48.000,00 EUR	6 Jahre
09.09.	0102	Schreibtischkombination	2.210,00 EUR	13 Jahre
11.11.	0103	PC	4.200,00 EUR	3 Jahre

3. Die BüKo OHG kauft am 15.03. des Jahres 01 eine Maschine für 50.000,00 EUR zuzüglich Umsatzsteuer. Für den Transport der Maschine berechnet ein Spediteur 500,00 EUR zuzüglich Umsatzsteuer. Aufgestellt und angeschlossen wird die Maschine von einem Montagebetrieb, der hierfür 2.500,00 EUR zuzüglich Umsatzsteuer in Rechnung stellt. Die Nutzungsdauer der Maschine beträgt 14 Jahre.
   a) Ermitteln Sie die Anschaffungskosten der Maschine.
   b) Buchen Sie die drei o.g. Rechnungen unter der Voraussetzung, dass der Lieferer der Maschine und auch der Spediteur ein Zahlungsziel von 10 Tagen haben; der Montagebetrieb wird sofort nach Beendigung der Arbeiten in bar bezahlt.
   c) Ermitteln Sie den Wert, mit dem die Maschine am 31.12. des Jahres 01 (1. Nutzungsjahr) und am 31.12. des Jahres 02 (2. Nutzungsjahr) in die Schlussbilanz eingeht.

4. Die BüKo OHG schafft Anfang April des Jahres 01 einen neuen Firmenwagen an. Die Nutzungsdauer des Pkw beträgt 6 Jahre.
   a) Ermitteln Sie die Anschaffungskosten des Pkw auf Grundlage der nachfolgenden Daten.

Listenpreis (brutto):	49.742,00 EUR
Überführungskosten (netto):	650,00 EUR
Autoradio (brutto):	690,20 EUR
Erste Tankfüllung (brutto):	50,00 EUR
Fahrzeugbrief (netto):	8,00 EUR
Zulassungskosten inkl. Nummernschilder (netto):	100,00 EUR
Versicherungen für das erste Jahr:	630,00 EUR
Kfz-Steuer für ein Jahr:	330,00 EUR

   b) Ermitteln Sie den Wert, mit dem der Pkw am 31.12. des Jahres 01 (1. Nutzungsjahr) und am 31.12. des Jahres 02 (2. Nutzungsjahr) in die Schlussbilanz eingeht.

15.3 Außerplanmäßige Abschreibungen

▶ **Fallsituation:** Wie lässt sich ein unerwarteter Wertverlust erfassen?

Annika Müller beschäftigt sich weiter mit der angeschafften Abfüllanlage der Color Chemie AG. Die Anlage wurde im Januar gekauft und unterliegt einer vom Finanzamt vorgeschriebenen linearen Abschreibung mit einer Abschreibungsdauer von zehn Jahren.

Zum Ende des 6. Nutzungsjahres beträgt der Restwert laut Abschreibungsplan 36.000,00 EUR. Dieser Betrag stellt gleichzeitig auch den Anfangsbestand des 7. Nutzungsjahres dar. Zum Ende des 7. Nutzungsjahres wird der Markt für Abfüllanlagen durch umfangreiche technische Neuentwicklungen überrascht. Die Color Chemie AG hat berechtigte Sorgen in Bezug auf den tatsächlichen Restwert der Maschine und bestellt einen Gutachter. Dieser stellt fest, dass der Wert der vorhandenen Abfüllanlage zum Ende des 7. Nutzungsjahres nur noch 15.000,00 EUR beträgt.

Anwendungsaufgaben

Versetzen Sie sich in die Rolle von Annika Müller, die zusammen mit Herrn Hax aus dem Rechnungswesen eine Entscheidung herbeiführen soll, zu welchem Wert die Abfüllanlage zum 31.12. des 7. Nutzungsjahres in der Schlussbilanz aufgenommen wird. Orientieren Sie sich an den nachfolgenden Aufgaben und beachten Sie die Hinweise in der Info-Box!

1. a) Stellen Sie zunächst einen Abschreibungsplan auf, der mit dem Restwert des 6. Nutzungsjahres i. H. v. 36.000,00 EUR beginnt und vervollständigen Sie diesen Plan bis zum Ende des 10. Nutzungsjahres. Beachten Sie dabei folgende ergänzende Fragestellungen:

- Mit welcher zusätzlichen Abschreibungsposition können Sie im 7. Nutzungsjahr der Tatsache gerecht werden, dass der Restwert der Abfüllanlage laut Gutachter nur noch 15.000,00 EUR beträgt?
- In welcher Höhe werden die jährlichen Abschreibungsbeträge für die Restnutzungsdauer des 8., 9. und 10. Nutzungsjahres erfasst?

Abschreibungsplan für	Abfüllanlage für Textilreinigungsmittel
Kaufdatum:	Januar 20..
Anschaffungskosten:	90.000,00 EUR
Nutzungsdauer:	10 Jahre laut AfA-Tabelle
Abschreibungsmethode:	Lineare Abschreibung
	Angabe in EUR
⋮	⋮
= Restwert zum 31.12. des 6. Nutzungsjahres	**36.000,00**
–	
–	
= Restwert zum 31.12. des 7. Nutzungsjahres	
–	
= Restwert zum 31.12. des 8. Nutzungsjahres	
–	
= Restwert zum 31.12. des 9. Nutzungsjahres	
–	
= Restwert zum 31.12. des 10. Nutzungsjahres	

15 Buchungen in der Anlagenwirtschaft

b) Erstellen Sie den Buchungssatz, mit dem der Anfangsbestand der Abfüllanlage zu Beginn des 7. Nutzungsjahres erfasst wird.

Grundbuch			
Nr.	Buchungssatz	Soll	Haben
①			

2. Erstellen Sie den erforderlichen Buchungssatz zur Erfassung der Abschreibung im 7. Nutzungsjahr.

Grundbuch			
Nr.	Buchungssatz	Soll	Haben
②			

3. Erstellen Sie die Buchungssätze, mit denen Sie die beiden Konten der Abschreibung zum Ende des 7. Nutzungsjahres abschließen können.

Grundbuch			
Nr.	Buchungssatz	Soll	Haben
③ a)			
③ b)			

4. Erstellen Sie den Buchungssatz, mit dem Sie den Restwert der Abfüllanlage am Ende des 7. Nutzungsjahres in das SBK überführen können.

Grundbuch			
Nr.	Buchungssatz	Soll	Haben
④			

5. Stellen Sie den Sachverhalt auf den im Hauptbuch angesprochenen Konten dar (ohne Eröffnungsbilanzkonto). Schließen Sie die Konto 0700, 6520 und 6550 ab!

S	0700 Maschinen	H		S	6550 Außerplanmäßige Abschreibungen	H
				S	8020 GuV	H
S	6520 Abschreibungen auf Sachanlagen	H				
				S	8010 SBK	H

6. Erläutern Sie mit eigenen Worten die Bedeutung und die Auswirkung des Niederstwertprinzips auf den Jahreserfolg, die Schlussbilanz und die vom Unternehmen zu zahlenden Ertragssteuern (= gewinnabhängige Steuern).

___

 INFO-BOX

Außerplanmäßige Abschreibung durch Anwendung des Niederstwertprinzips

Gegenstände des Anlagevermögens unterliegen einem Wertverlust. Dieser wird über Abschreibungen am Ende eines Geschäftsjahres erfasst. Treten Wertminderungen ein, die den Betrag der normalen (der planmäßigen) Abschreibung übersteigen, so spricht man von „außerplanmäßigen Abschreibungen".

Werfen wir zunächst erneut einen Blick in das Gesetz. Das HGB führt hierzu im § 253 folgenden Wortlaut:

▶ außerplanmäßige Abschreibungen

> *Absatz (1): Vermögensgegenstände sind höchstens mit den Anschaffungs- oder Herstellungskosten, vermindert um die Abschreibung nach den Absätzen 3 und 5 anzusetzen. [...]*
>
> *Absatz (3): Bei Vermögensgegenständen des Anlagevermögens, deren Nutzung zeitlich begrenzt ist, sind die Anschaffungs- oder die Herstellungskosten um planmäßige Abschreibungen zu vermindern. [...] <u>Ohne Rücksicht darauf, ob ihre Nutzung zeitlich begrenzt ist, sind bei Vermögensgegenständen des Anlagevermögens bei voraussichtlich dauernder Wertminderung außerplanmäßige Abschreibungen vorzunehmen, um diese mit dem niedrigeren Wert anzusetzen, der ihnen am Abschlussstichtag beizulegen ist.</u> Bei Finanzanlagen können außerplanmäßige Abschreibungen auch bei voraussichtlich nicht dauernder Wertminderung vorgenommen werden.*

Hinweis: Sollte die Wertminderung nicht von Dauer, sondern nur kurzfristig sein, so muss keine außerplanmäßige Abschreibung erfolgen. Grundstücke unterliegen keiner planmäßigen Abschreibung. Ein Wertverlust lässt sich ausschließlich über außerplanmäßige Abschreibungen erfassen.

Die im Gesetzestext unterstrichenen Stellen weisen auf das sog. **Niederstwertprinzip** hin. Dieses gilt für das Anlagevermögen (und auch für das Umlaufvermögen) und beinhaltet kurz gesagt: **Von zwei möglichen Wertansätzen ist stets der niedrigere Wert zu wählen!** Dieser niedrigere Wert lässt sich buchungstechnisch unter Zuhilfenahme des Kontos **6550 Außerplanmäßige Abschreibungen** erfassen. Vergessen werden darf aber nicht die planmäßige Abschreibung. Sie wird – wie gewohnt – mithilfe des Kontos **6520 Abschreibungen auf Sachanlagen** erfasst. Somit besteht die Möglichkeit, beide Wertverluste in einem Buchungssatz zu erfassen (vgl. Aufgabe 2 der Anwendungsaufgaben).

▶ Niederstwertprinzip

Neben der separaten Erfassung dieser beiden Wertverluste entsteht eine weitere Besonderheit: Der verbleibende Restwert eines Vermögensgegenstandes bedarf einer Anpassung der noch verbleibenden Abschreibungsbeträge.

15 Buchungen in der Anlagenwirtschaft

Vertiefende Aufgaben

1. Die Color Chemie AG hat vor einigen Jahren ein Grundstück gekauft, auf dem in naher Zukunft das neue Logistikzentrum errichtet werden soll. Die Anschaffungskosten des Grundstücks betrugen 100.000,00 EUR. Treffen Sie eine begründete Entscheidung, zu welchem Wert dieses Grundstück zum 31.12. im 8. Nutzungsjahr in der Schlussbilanz aufgenommen wird, wenn Sie von folgenden Sachverhalten ausgehen. Geben Sie auch an, welche Buchungen eventuell erforderlich sind.
   a) Der Wert des Grundstücks ist aufgrund einer vorher nicht bekannten Bodenbelastung auf 60.000,00 EUR gefallen.
   b) Der Wert des Grundstücks ist auf mittlerweile 150.000,00 EUR gestiegen, da in unmittelbarer Nähe ein weiteres Industriegebiet entstanden ist.

2. Die Lothar Lindemann KG hat am 01.03. des Jahres 01 einen Pkw für 46.800,00 EUR netto angeschafft. Das Fahrzeug soll laut Plan auf sechs Jahre linear abgeschrieben werden. Zum Ende des Jahres 02 hat der Pkw einen Unfall und erleidet eine Wertminderung in Höhe von 7.000,00 EUR. Erstellen Sie einen Abschreibungsplan für den Pkw bis zum Ende der Laufzeit.

3. Die Öko-Tex GmbH schafft am 25.05. des Jahres 01 eine Maschine zum Preis von 72.000,00 EUR netto an. Zusätzlich wurden noch Transportkosten in Höhe von 1.800,00 EUR und Montagekosten in Höhe von 3.000,00 EUR netto berechnet. Zum Ende des Jahres 03 (3. Nutzungsjahr) sinkt der Wert der Maschine aufgrund eines Wasserschadens auf 40.000,00 EUR. Gehen Sie von einer achtjährigen Nutzungsdauer aus.
   a) Erstellen Sie einen Abschreibungsplan für die ersten 5 Jahre.
   b) Erfassen Sie die Buchungen, die zum Ende des 3. Nutzungsjahres erforderlich sind.

15.4 Anschaffungskosten und Minderung durch Skontoabzug

▶ **Fallsituation:** Hat eine frühzeitige Bezahlung einer Rechnung eine Auswirkung auf die Höhe der Anschaffungskosten?

Auch hier verwenden wir wieder das Beispiel der Color Chemie AG. Anschaffungsmonat ist der Januar, die Rechnung der Mönnigmann Maschinenfabrik GmbH weist nun ein verändertes Zahlungsziel auf. Der Lieferer gewährt bei frühzeitiger Zahlung einen Skontoabzug in Höhe von 5 %. Die Eingangsrechnung vom Montageservice Vogel e.K. bleibt unverändert. In der Buchhaltung der Color Chemie AG entsteht die Frage, wie sich die Möglichkeit der Skontonutzung auf die Höhe der Anschaffungskosten auswirken kann.

Auszüge beider Rechnungen sind nachfolgend abgebildet:

Maschinenfabrik GmbH
MÖNNIGMANN
Mönnigmannstraße 189-191
45135 Essen

Mönnigmann GmbH • Mönnigmannstr. 189-191 • 45135 Essen
Color Chemie AG
Maarstraße 67
50858 Köln

RECHNUNG Nr. 76145-10

Datum: 10.01.20..
(= Berichtsjahr)

Wir lieferten vereinbarungsgemäß am 10.01.20..:

Menge	Artikel	Gesamtpreis
1	Abfüllanlage für Textilreinigungsmittel	85.000,00 EUR
1	– Rabatt auf den Listenpreis	3.000,00 EUR
1	Transportkosten	2.000,00 EUR
	Nettosumme	84.000,00 EUR
	+ 19 % USt	15.960,00 EUR
	Rechnungsbetrag	99.960,00 EUR

Zahlbar innerhalb von 10 Tagen ab Rechnungsdatum mit 5 % Skonto, innerhalb von 20 Tagen ab Rechnungsdatum ohne Abzug.

Montageservice
VOGEL E.K.
Brüdermannstraße 2
50854 Köln

Mönnigmann GmbH • Mönnigmannstr. 189-191 • 45135 Essen
Color Chemie AG
Maarstraße 67
50858 Köln

RECHNUNG Nr. 42310

Datum: 15.01.20..
(= Berichtsjahr)

Zur Inbetriebnahme der neuen Abfüllanlage für Textilreinigungsmittel haben wir im Januar 20.. folgende Leistungen erbracht:

Menge	Artikel	Gesamtpreis
1	Erstellen eines Betonfundaments für eine neue Maschine	3.000,00 EUR
1	Montagearbeiten der neuen Maschine	2.000,00 EUR
1	Inbetriebnahme	1.000,00 EUR
	Nettosumme	6.000,00 EUR
	+ 19 % USt	1.140,00 EUR
	Rechnungsbetrag	7.140,00 EUR

Zahlbar innerhalb von 10 Tagen ab Rechnungsdatum ohne Abzug.

Annika Müller soll feststellen, in welchem Umfang sich die Anschaffungskosten der Abfüllanlage verändern werden. Darüber hinaus soll sie die Auswirkungen auf die Höhe der Abschreibungsbeträge klären. Die Nutzungsdauer beträgt weiterhin 10 Jahre. Sie orientiert sich an den nachfolgenden Aufgaben und beachtet die Hinweise in der Info-Box.

15 Buchungen in der Anlagenwirtschaft

Anwendungsaufgaben

1. Bei der Möglichkeit eines Skontoabzugs empfiehlt es sich, die Ermittlung der Anschaffungskosten im Hinblick auf zwei Zeitpunkte zu unterscheiden: Zum einen beim Eingang der Rechnung, zum anderen nach erfolgter Bezahlung der Rechnung.

a) Zeitpunkt des Rechnungseingangs: Erstellen Sie zunächst die Buchungssätze für die beiden Rechnungen von S. 200.

		Grundbuch		
Nr.	Buchungssatz		Soll	Haben
①	Buchung des Kaufs der Maschine:			
②	Buchung der Montage usw.:			

b) Kreuzen Sie die zutreffende Aussage an.

Die Summe der Anschaffungskosten bleibt zum Zeitpunkt des Rechnungseingangs bei 90.000,00 EUR, da noch nicht ersichtlich ist, ob die Rechnung der Mönnigmann Maschinenfabrik GmbH tatsächlich innerhalb der Skontofrist gezahlt werden kann.
Die Color Chemie AG plant bereits zum Zeitpunkt des Rechnungseingangs fest damit, die Rechnung der Mönnigmann Maschinenfabrik GmbH innerhalb der Skontofrist zu begleichen. Daher kann sie bereits im Rahmen der Buchung der Eingangsrechnung die Anschaffungskosten in Höhe von 84.000,00 EUR um den Skontoabzug mindern.

c) Erstellen Sie die Buchungssätze für die Bezahlung der beiden Rechnungen. Gehen Sie davon aus, dass die Rechnung der Mönnigmann Maschinenfabrik GmbH innerhalb der Skontofrist erfolgt. Auch die Rechnung des Montageservice Vogel e. K. wird fristgerecht bezahlt. Hier ist allerdings keine Skontomöglichkeit gegeben.

		Grundbuch		
Nr.	Buchungssatz		Soll	Haben
③	Buchung des Rechnungsausgleichs (Maschine):			
④	Buchung des Rechnungsausgleichs (Montage usw.):			

15 Buchungen in der Anlagenwirtschaft

d) Ermitteln Sie die tatsächlichen Anschaffungskosten nach erfolgtem Skontoabzug.

Berechnung zur Ermittlung der tatsächlichen Anschaffungskosten	
Anschaffungskosten zum Zeitpunkt des Rechnungseingangs	
− Anschaffungskostenminderungen (Skontoabzug)	
= aktueller Wert der Anschaffungskosten	

2. Ermitteln Sie nun die Höhe der in diesem Fall anzusetzenden Abschreibungen in Euro und Prozent in den ersten beiden Jahren der Nutzungsdauer. Erstellen Sie hierzu einen verkürzten Abschreibungsplan und notieren Sie auch den erforderlichen Buchungssatz zur Erfassung der Abschreibung im 1. Jahr der Nutzung.

Ermittlung von Abschreibungsbetrag und Abschreibungssatz	
Abschreibung**betrag** in EUR pro Jahr	
Abschreibung**ssatz** in % pro Jahr	

Abschreibungsplan:

Abschreibungsplan für	Abfüllanlage für Textilreinigungsmittel	
Kaufdatum:	Januar 20..	
Anschaffungskosten:		
Nutzungsdauer:	10 Jahre laut AfA-Tabelle	
Abschreibungsmethode:	Lineare Abschreibung	
	Angabe in EUR	**Angabe in %**
Anschaffungskosten aus Januar des 1. Nutzungsjahres		
− Abschreibungsbetrag des 1. Nutzungsjahres		
= Restwert zum 31.12. des 1. Nutzungsjahres		
− Abschreibungsbetrag des 2. Nutzungsjahres		
= Restwert zum 31.12. des 2. Nutzungsjahres		

Erfassung der Abschreibung im 1. Nutzungsjahr:

Grundbuch			
Nr.	Buchungssatz	Soll	Haben
⑤			

15 Buchungen in der Anlagenwirtschaft

3. Berechnen Sie nun den verbleibenden Restwert der Abfüllanlage zum Ende des 1. Nutzungsjahres und erstellen Sie den Buchungssatz, mit dem Sie diesen Restwert in das SBK überführen können.

Berechnung zur Ermittlung des Restwertes zum Ende des 1. Nutzungsjahres	
Anschaffungskosten aus Januar des 1. Nutzungsjahres	.... EUR
− Abschreibungsbetrag des 1. Nutzungsjahres	.... EUR
= **Restwert zum 31.12. des 1. Nutzungsjahres**	.... EUR

Buchung (Schlussbilanz):

	Grundbuch		
Nr.	Buchungssatz	Soll	Haben
⑥			

INFO-BOX

Anschaffungskosten und Minderung durch Skontoabzug

Schritt 1: Ermittlung der Anschaffungskosten

Im Schema zur Ermittlung der Anschaffungskosten (vgl. Kapitel 15.1) haben wir festgehalten, dass ein Skontoabzug zu den sog. Anschaffungspreisminderungen zählt.

Fortsetzung unseres Beispiels:

Es geht wieder um den Kauf des Pkw AUDI A3. Der Listenpreis inklusive der Sonderausstattung beträgt 30.000,00 EUR. Kaufdatum: 15. Januar 20... Wir gehen immer noch davon aus, dass das von uns beauftragte Autohaus die Zulassung des Pkw übernommen hat und uns eine komplette Rechnung über alle o.g. Beträge ausstellt. Der Rechnungsbetrag ist zahlbar in 10 Tagen mit Abzug von 3% Skonto oder aber innerhalb von 30 Tagen ohne Abzug.

Zum Zeitpunkt des Rechnungseingangs lässt sich noch nicht sicher einschätzen, ob die Rechnung des Autohauses tatsächlich innerhalb der genannten Skontofrist gezahlt werden kann. Die Anschaffungskosten betragen zum jetzigen Stand 30.000,00 EUR. Daher buchen wir zunächst den Eingang der Rechnung nach altbekannter Vorgehensweise:

	Grundbuch		
Nr.	Buchungssatz	Soll	Haben
①	0840 Fuhrpark	30.000,00	
	2600 Vorsteuer	5.700,00	
	an 4400 Verbindlichkeiten a. LL		35.700,00

15 Buchungen in der Anlagenwirtschaft

Es folgt der Zeitpunkt des Rechnungsausgleichs: Die Color Chemie AG bezahlt die Rechnung innerhalb der genannten Skontofrist. Die Berechnung des Skontoabzugs und des verbleibenden Überweisungsbetrags stellt sich wie folgt dar:

Berechnung zur Ermittlung des Überweisungsbetrags (brutto)			
Rechnungsbetrag des Autohauses	35.700,00 EUR		
− 3 % Skontoabzug	1.071,00 EUR	→ entspricht 119 % →	100 % ≙ 900,00 EUR 19 % ≙ 171,00 EUR
= verbleibender Überweisungsbetrag	34.629,00 EUR		

Aus den Einkaufsbuchungen für Werkstoffe (vgl. Kapitel 13) ist Ihnen sicherlich noch bekannt, dass ein Rechnungsausgleich unter Abzug von Skonto die Korrektur der Vorsteuer erforderlich macht. Dies ist hier bei den Buchungen im Anlagevermögen ebenso erforderlich. Anders als jedoch bei den Werkstoffen (dort wurde für den Netto-Skontoabzug das Unterkonto „Nachlässe" verwendet) arbeitet man beim Anlagevermögen **nicht mit Unterkonten**. Ebenso wie bei der Buchung der Anschaffungsnebenkosten werden Preisnachlässe direkt auf dem betroffenen Hauptkonto (hier 0840 Fuhrpark) erfasst. Der Buchungssatz der Zahlung lautet:

Grundbuch			
Nr.	Buchungssatz	Soll	Haben
②	4400 Verbindlichkeiten a. LL	35.700,00	
	an 0840 Fuhrpark		900,00
	an 2600 Vorsteuer		171,00
	an 2800 Bank		34.629,00

Wir sehen an dieser Stelle: Das Konto 0840 Fuhrpark hat durch den Rechnungsausgleich eine Wertminderung (Buchung auf der Habenseite) erfahren. Es ist daher erforderlich, die Anschaffungskosten neu zu bestimmen:

Berechnung zur Ermittlung der tatsächlichen Anschaffungskosten	
Anschaffungskosten zum Zeitpunkt des Rechnungseingangs	30.000,00 EUR
− nachträglicher Preisnachlass (Skontoabzug netto)	900,00 EUR
= tatsächliche Anschaffungskosten nach Rechnungsausgleich	**29.100,00 EUR**

Schauen wir uns das betroffene Konto zum aktuellen Zeitpunkt an:

Soll	0840 Fuhrpark		Haben
①	30.000,00	②	900,00
		derzeitiger Saldo	29.100,00

Schritt 2: Ermittlung des Abschreibungsbetrages (des Wertverlustes)

Wir haben bislang festgestellt, dass die Abschreibungen sich auf Grundlage der Anschaffungskosten bestimmen lassen. Dies ist nach wie vor der Fall, nur dass wir nun von verringerten Anschaffungskosten in Höhe von 29.100,00 EUR ausgehen.

Durch den Kauf im Januar haben wir es bereits im 1. Nutzungsjahr mit einer ganzjährigen Abschreibung zu tun.

Ermittlung von Abschreibungsbetrag und Abschreibungssatz			
Abschreibungs**betrag** in EUR pro Jahr	$= \dfrac{\text{Anschaffungskosten}}{\text{Nutzungsdauer in Jahren}}$	$= \dfrac{29.100,00 \text{ EUR}}{6 \text{ Jahre}}$	= 4.850,00 EUR pro Jahr
Abschreibungs**satz** in % pro Jahr	$= \dfrac{100\,\%}{\text{Nutzungsdauer in Jahren}}$	$= \dfrac{100\,\%}{6 \text{ Jahre}}$	= 16,67 % (= 16 $^2/_3$ %)

Sie erkennen: Der Jahresabschreibungsbetrag ändert sich, der Abschreibungssatz bleibt unverändert. Es folgt die Buchung der Abschreibung:

Grundbuch			
Nr.	Buchungssatz	Soll	Haben
③ a)	6520 Abschreibungen auf Sachanlagen	4.850,00	
	an 0840 Fuhrpark		4.850,00

Abschluss des Kontos 6520 Abschreibungen auf Sachanlagen über das GuV-Konto:

Grundbuch			
Nr.	Buchungssatz	Soll	Haben
③ b)	8020 GuV-Konto	4.850,00	
	an 6520 Abschreibungen auf Sachanlagen		4.850,00

Der Abschreibungsplan in verkürzter Form:

Abschreibungsplan für	Pkw, AUDI A3	
Kaufdatum:	15.01.20..	
Anschaffungskosten:	29.100,00 EUR	
Nutzungsdauer:	6 Jahre laut AfA-Tabelle	
Abschreibungsmethode:	Lineare Abschreibung	
	Angabe in EUR	Angabe in %
Anschaffungskosten aus Januar des 1. Nutzungsjahres	29.100,00	
− Abschreibungsbetrag des 1. Nutzungsjahres	4.850,00	16,67
= Restwert zum 31.12. des 1. Nutzungsjahres	24.250,00	
− Abschreibungsbetrag des 2. Nutzungsjahres	4.850,00	16,67
= Restwert zum 31.12. des 2. Nutzungsjahres	19.400,00	
:	:	:

Schritt 3: Ermittlung des Restwertes zum Ende des 1. Nutzungsjahres

Der Restwert am Ende des 1. Nutzungsjahres lässt sich aus dem o. g. Abschreibungsplan ablesen. Der Buchungssatz zur Überführung des Restwertes in das SBK lautet:

Grundbuch			
Nr.	Buchungssatz	Soll	Haben
④	8010 Schlussbilanzkonto	24.250,00	
	an 0840 Fuhrpark		24.250,00

Auf die Darstellung der entsprechenden Konten wird an dieser Stelle verzichtet.

15 Buchungen in der Anlagenwirtschaft

Vertiefende Aufgaben

1. Die BüKo OHG kauft im November des Jahres 01 eine neue Holzbearbeitungsmaschine zum Listenpreis von 50.000,00 EUR. Der Lieferer gewährt einen Rabatt in Höhe von 10 % auf diese Maschine. Hinzu kommen noch Montagekosten in Höhe von 800,00 EUR und Frachtkosten in Höhe von 1.100,00 EUR; alle Beträge verstehen sich zzgl. Umsatzsteuer. Die Zahlungsbedingung lautet: Innerhalb von 10 Tagen mit 5 % Skonto oder 30 Tagen ohne Abzug. Die Nutzungsdauer wird auf 10 Jahre festgelegt.

a) Ermitteln Sie die Anschaffungskosten zum Zeitpunkt des Rechnungseingangs und erstellen Sie den Buchungssatz für den Kauf der Maschine.

b) Die BüKo OHG zahlt die o. g. Rechnung innerhalb von 10 Tagen. Erstellen Sie den Buchungssatz für diesen Zahlungsausgang und ermitteln Sie nun die tatsächliche Höhe der Anschaffungskosten.

c) Zum Ende des Jahres 01 sollen Sie die Abschreibung der Maschine erfassen. Ermitteln Sie den Abschreibungsbetrag und auch den Abschreibungssatz für das Jahr 01 und erstellen Sie auch den entsprechenden Buchungssatz.

d) Stellen Sie fest, mit welchem Restwert die Maschine zum Ende des Jahres 01 in die Schlussbilanz eingeht. Erstellen Sie auch den hierzu erforderlichen Buchungssatz.

2. Die Lothar Lindemann KG kauft im Juni des Jahres 01 eine halbautomatische Spezialmaschine. Folgende Rechnungen (Darstellung in Kurzform) liegen vor:

Rechnung des Maschinenlieferers	
Listenpreis der Maschine	200.000,00 EUR
10 % Rabatt	– 20.000,00 EUR
Frachtkosten	4.500,00 EUR
Montage und Inbetriebnahme	15.000,00 EUR
Nettosumme	… EUR
USt 19 %	… EUR
Bruttosumme	… EUR
Zahlbar innerhalb von 14 Tagen mit 5 % Skonto oder innerhalb von 30 Tagen ohne Abzug.	

Rechnung eines Bauunternehmers	
Erstellen eines Betonfundaments	
Materialkosten	3.500,00 EUR
Arbeitslohn und Maschineneinsatz	2.500,00 EUR
Nettosumme	… EUR
USt 19 %	… EUR
Bruttosumme	… EUR
Zahlbar innerhalb von 20 Tagen ohne Abzug.	

a) Erstellen Sie die beiden Buchungssätze für den Kauf der Maschine (Rechnung des Maschinenlieferers und Rechnung des Bauunternehmens).

b) Erstellen Sie den Buchungssatz für die Bezahlung der beiden Rechnungen. Bei der Rechnung des Maschinenlieferers wird die Skontomöglichkeit ausgenutzt.

c) Ermitteln Sie die tatsächlich zu aktivierenden Anschaffungskosten.

d) Stellen Sie fest, wie hoch die Maschine bei linearer Abschreibung in der Schlussbilanz des Jahres 01 zu bewerten ist. Ermitteln Sie auch die Höhe des Abschreibungsbetrages. Die Nutzungsdauer wird auf 11 Jahre festgelegt.

15.5 Abgang bzw. Verkauf von Anlagevermögen

▶ **Fallsituation:** Kauf und Verkauf einer Verpackungsanlage

Die Color Chemie AG kauft im Juli eine Verpackungsanlage und erhält in diesem Zusammenhang die folgenden Belege:

Datum	Beleg	Beträge	
10.07.	Rechnung der TECHNO GmbH über den Kaufpreis der Verpackungsanlage. Zahlung innerhalb von 30 Tagen ohne Abzug	Netto 19 % USt	25.000,00 EUR 4.750,00 EUR
12.07.	Rechnung der FLOTT KG über den Transport der Verpackungsanlage. Zahlung innerhalb von 20 Tagen ohne Abzug	Netto 19 % USt	200,00 EUR 38,00 EUR
25.07.	Gutschrift von der TECHNO GmbH, da die Verpackungsanlage 10 Tage zu spät geliefert wurde. Verrechnung mit offener Rechnung vom 10.07.	Netto 19 % USt	400,00 EUR 76,00 EUR

Die Verpackungsanlage hat eine Nutzungsdauer von 8 Jahren und soll linear abgeschrieben werden. Am 13. Oktober des 4. Nutzungsjahres kommt eine völlig neue Anlage auf den Markt. Die Color Chemie AG beschließt aus diesem Grunde, die alte Verpackungsanlage zu verkaufen und dafür die neue Variante zu erwerben. Die NERO KG ist bereit, die Anlage zu kaufen.

Die Color Chemie AG erstellt die folgende Rechnung:

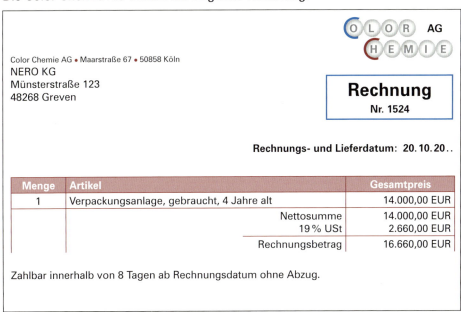

15 Buchungen in der Anlagenwirtschaft

Anwendungsaufgaben

1. Buchen Sie die drei Belege aus der Tabelle auf S. 207 und ermitteln Sie die Anschaffungskosten der Verpackungsanlage.

	Grundbuch		
Nr.	Buchungssatz	Soll	Haben
① a)	Rechnungseingang der TECHNO GmbH:		
① b)	Rechnungseingang der FLOTT KG:		
① c)	Gutschrift der TECHNO GmbH:		
	Summe der Anschaffungskosten		

2. Ermitteln Sie den Abschreibungsbetrag für das 1. Nutzungsjahr und erstellen Sie den Buchungssatz zur Erfassung der Abschreibung.

Abschreibungsdauer im Jahr der Anschaffung	
Abschreibungssatz im Jahr der Anschaffung	
Abschreibungsbetrag im Jahr der Anschaffung	

	Grundbuch		
Nr.	Buchungssatz	Soll	Haben
②			

15 Buchungen in der Anlagenwirtschaft

3. Ermitteln Sie den Buchwert der Verpackungsanlage im Jahr des Verkaufs. Buchen Sie die noch vorzunehmende Abschreibung und auch den Verkauf der Verpackungsanlage. Ermitteln Sie, ob in diesem Falle ein Gewinn oder ein Verlust durch den Verkauf entstanden ist.

Abschreibungsplan für	Verpackungsanlage	
Kaufdatum:		
Anschaffungskosten:		
Nutzungsdauer:	8 Jahre laut AfA-Tabelle	
Abschreibungsmethode:	Lineare Abschreibung	
	Angabe in EUR	
Anschaffungskosten aus Juli des 1. Nutzungsjahres		
− Abschreibungsbetrag des 1. Nutzungsjahres		
= Restwert zum 31.12. des 1. Nutzungsjahres		
− Abschreibungsbetrag des 2. Nutzungsjahres		
= Restwert zum 31.12. des 2. Nutzungsjahres		
− Abschreibungsbetrag des 3. Nutzungsjahres		
= Restwert zum 31.12. des 3. Nutzungsjahres		
− Abschreibungsbetrag des 4. Nutzungsjahres		
= Restwert zum 13.10. des 4. Nutzungsjahres		

Grundbuch			
Nr.	Buchungssatz	Soll	Haben
③ a)	**Buchung der Abschreibung im 4. Nutzungsjahr:**		
③ b)	**Buchung des Verkaufs:**		
③ c)	**Buchung des Anlagenabgangs:**		
	Erfolg (Gewinn/Verlust)		

15 Buchungen in der Anlagenwirtschaft

4. Alternativfall: Buchen Sie den Verkauf der Verpackungsanlage unter der Voraussetzung, dass die NERO KG einen Preis in Höhe von 20.000,00 EUR netto zahlt, und ermitteln Sie den Erfolg.

Grundbuch			
Nr.	Buchungssatz	Soll	Haben
④ a)	**Buchung des Verkaufs:**		
④ b)	**Buchung des Anlagenabgangs:**		
Erfolg (Gewinn/Verlust)			

INFO-BOX

Abgang bzw. Verkauf von Anlagevermögen

▶ Anlagevermögen: Abgang bzw. Verkauf

Der Abgang von Gegenständen des Anlagevermögens tritt in der Regel immer dann ein, wenn alte Anlagen aus Gründen der Rationalisierung erneuert werden. Dieser Vorgang vollzieht sich in drei Schritten:

1. Ermittlung des Buchwertes des abgehenden Vermögensgegenstandes zum Zeitpunkt des Verkaufs
2. Buchung des Verkaufs
3. Ausbuchen des Vermögensgegenstandes aus dem betroffenen Konto

Schritt 1: Ermittlung des Buchwertes zum Zeitpunkt des Verkaufs

Beispiel zur Buchung der Anschaffung:

Wir verwenden hier wieder unser bekanntes Beispiel, den Kauf des Pkw AUDI A3. Kaufdatum war der 21. Mai eines Geschäftsjahres. Die Anschaffungskosten betragen weiterhin 30.000,00 EUR. Der Rechnungsbetrag ist zahlbar in 10 Tagen ohne Abzug.

Der Buchungssatz für die Aktivierung (d. h. für die Aufnahme des Pkw in das Anlagevermögen) lautet unverändert:

Grundbuch			
Nr.	Buchungssatz	Soll	Haben
① a)	0840 Fuhrpark	30.000,00	
	2600 Vorsteuer	5.700,00	
	an 4400 Verbindlichkeiten a. LL		35.700,00

15 Buchungen in der Anlagenwirtschaft

Ermittlung des Buchwertes zum Zeitpunkt des Verkaufs: Am 14. August des übernächsten Jahres entscheidet sich die Color Chemie AG zum Verkauf des Pkw. Der Käufer bietet 15.000,00 EUR netto und zahlt den Kaufpreis sofort in bar.

Sie erinnern sich an das Thema der zeitanteiligen Abschreibung. Die Entscheidung lautete: Der Monat, in dem der Kauf erfolgt, wird mitgerechnet, d. h. mit abgeschrieben.

Beim Verkauf lautet die Regel, dass **bis auf den vorhergehenden Monat** abzuschreiben ist.

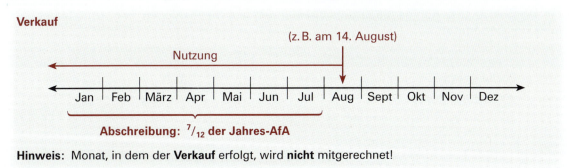

Hinweis: Monat, in dem der **Verkauf** erfolgt, wird **nicht** mitgerechnet!

Auf dieser Grundlage ist die Höhe der Abschreibung nach folgender Berechnung zu bestimmen. **Zur Erinnerung:** Der Abschreibungsbetrag im Jahr der Anschaffung betrug 3.333,33 EUR, der Jahres-Abschreibungsbetrag beträgt 5.000,00 EUR (vgl. Kapitel 15.2).

Ermittlung von Abschreibungsbetrag und Abschreibungssatz zum Zeitpunkt des Verkaufs (Abschreibung bis zum vorhergehenden Monat)			
Abschreibungs**betrag** in EUR im Jahr des Verkaufs (7 Monate Abschreibungsdauer) =	$\dfrac{\text{Jahres-AfA Betrag} \cdot \text{Abschr. Dauer in Monaten}}{12 \text{ Monate}}$ =	$\dfrac{5.000,00 \text{ EUR} \cdot 7 \text{ Mon.}}{12 \text{ Mon.}}$	= 2.916,67 EUR im Jahr des Verkaufs (3. Nutzungsjahr)
Abschreibungs**satz** in % im Jahr des Verkaufs (7 Monate Abschreibungsdauer) =	$\dfrac{\text{Jahres-AfA Satz} \cdot \text{Abschr. Dauer in Monaten}}{12 \text{ Monate}}$ =	$\dfrac{16,67\% \cdot 7 \text{ Mon.}}{12 \text{ Mon.}}$	= 9,72 % im Jahr des Verkaufs (3. Nutzungsjahr)

Werfen wir einen Blick auf den Abschreibungsplan:

Abschreibungsplan für	Pkw, AUDI A3		
Kaufdatum:	21.05.20..		
Anschaffungskosten:	30.000,00 EUR		
Nutzungsdauer:	6 Jahre laut AfA-Tabelle		
Abschreibungsmethode:	Lineare Abschreibung		
	Angabe in EUR	Angabe in %	Nutzungsdauer in Monaten
Anschaffungskosten aus Mai des 1. Nutzungsjahres	30.000,00		
− Abschreibungsbetrag des 1. Nutzungsjahres	3.333,33	11,11 %	8
= Restwert zum 31.12. des 1. Nutzungsjahres	26.666,67		
− Abschreibungsbetrag des 2. Nutzungsjahres	5.000,00	16,67 %	12
= Restwert zum 31.12. des 2. Nutzungsjahres	21.666,67		
− Abschreibungsbetrag des 3. Nutzungsjahres	2.916,67	9,72 %	7
= Buchwert zum 14.08. des 3. Nutzungsjahres	18.750,00		

15 Buchungen in der Anlagenwirtschaft

Die Buchung der Abschreibung im Jahr des Verkaufs lautet:

Grundbuch			
Nr.	Buchungssatz	Soll	Haben
① b)	6520 Abschreibungen auf Sachanlagen	2.916,67	
	an 0840 Fuhrpark		2.916,67

Der Abschluss des Kontos 6520 Abschreibungen auf Sachanlagen wird mit folgendem Buchungssatz erfasst:

Grundbuch			
Nr.	Buchungssatz	Soll	Haben
① c)	8020 GuV-Konto	2.916,67	
	an 6520 Abschreibungen auf Sachanlagen		2.916,67

Schritt 2: Buchung des Verkaufs

Der Verkauf eines Anlagegutes stellt einen umsatzsteuerpflichtigen Vorgang dar, der zu einem Ertrag führt. Dieser Ertrag wird auf dem Konto **5410 Sonstige Erlöse (z. B. aus Anlagenabgängen)** erfasst. Auf Grundlage der Vereinbarung über den Kaufpreis (15.000,00 EUR netto gegen Barzahlung) ergibt sich folgender Buchungssatz:

Grundbuch			
Nr.	Buchungssatz	Soll	Haben
②	2880 Kasse	17.850,00	
	an 5410 Sonstige Erlöse		15.000,00
	an 4800 Umsatzsteuer		2.850,00

Schritt 3: Ausbuchen des Vermögensgegenstandes aus dem betroffenen Konto

Der Pkw steht nun noch immer mit 18.750,00 EUR in den Büchern. Um diesen Betrag aus der Buchführung herauszubekommen, ist eine weitere Buchung erforderlich, die über das Aufwandskonto **6979 Anlagenabgänge** erfasst wird.

Beachte: Es ist übrigens unerheblich, ob der Verkauf über oder unter Buchwert stattfindet – dieses genannte Konto wird in beiden Fällen verwendet.

Grundbuch			
Nr.	Buchungssatz	Soll	Haben
③	6979 Anlagenabgänge	18.750,00	
	an 0840 Fuhrpark		18.750,00

Zusammenfassung der Schritte 1 bis 3 auf den entsprechenden Konten:

Schauen wir uns an, wie sich die gesamte Situation auf den angesprochenen Konten gestaltet: Vorher schließen wir noch die beiden neu hinzugekommenen Konten ab.

	Grundbuch		
Nr.	Buchungssatz	Soll	Haben
④ a)	**Abschluss des Kontos „5410 Sonstige Erlöse":** 5410 Sonstige Erlöse an 8020 GuV-Konto	15.000,00	15.000,00
④ b)	**Abschluss des Kontos „6979 Anlagenabgänge":** 8020 GuV-Konto an 6979 Anlagenabgänge	18.750,00	18.750,00

Soll	0840 Fuhrpark		Haben
AB zu Beg. des. 3. NJ	21.666,67	① b) ③	2.916,67 18.750,00
	21.666,67		21.666,67

Soll	6520 Abschr. auf Sachanlagen		Haben
① b)	2.916,67	① c) GuV	2.916,67
	2.916,67		2.916,67

Soll	2880 Kasse		Haben
②	17.850,00		

Soll	6979 Anlagenabgänge		Haben
③	18.750,00	④ b) GuV	18.750,00
	18.750,00		18.750,00

Soll	4800 Umsatzsteuer		Haben
		②	2.850,00

Soll	8020 GuV		Haben
① c) 6520 ④ b) 6979	2.916,67 18.750,00	④ a) 5410	15.000,00

Soll	5410 Sonstige Erlöse		Haben
④ a) GuV	15.000,00	②	15.000,00
	15.000,00		15.000,00

Soll	8010 SBK		Haben
Fuhrpark	0,00		

Durch Gegenüberstellung der beiden Positionen „5410 Sonstige Erlöse" und „6979 Anlagenabgänge" auf dem GuV-Konto wird deutlich, dass der Pkw mit einem Buchwert in Höhe von 18.750,00 EUR nur einen Erlös in Höhe von 15.000,00 EUR eingebracht hat. Es entsteht in diesem Falle also ein Minus in Höhe von 3.750,00 EUR.

Auf den weiteren Abschluss der Konten wird verzichtet.

15 Buchungen in der Anlagenwirtschaft

Vertiefende Aufgaben

1. Die Lothar Lindemann KG kauft im April des Jahres 01 eine Maschine zum Listenpreis in Höhe von 90.000,00 EUR netto. Der Lieferer der Maschine gewährt einen Rabatt von 15 %. Die Rechnung wird innerhalb der Skontofrist von 14 Tagen mit Abzug von 3 % Skonto per Banküberweisung bezahlt. Zusätzlich sind noch weitere Kosten entstanden: Ein Spediteur berechnet für den Transport 1.295,00 EUR netto mit einem Zahlungsziel von 8 Tagen ohne jeglichen Abzug. Ein Montageunternehmen berechnet 2.500,00 EUR netto für die Aufstellung der Maschine. Das Zahlungsziel beträgt 10 Tage ohne jeglichen Abzug. Die Nutzungsdauer ist auf 12 Jahre festgelegt.

   a) Erstellen Sie die Buchungssätze für den Kauf der Maschine (Rechnung des Maschinenlieferers, Rechnung des Spediteurs und Rechnung des Montageunternehmens).

   b) Erstellen Sie den Buchungssatz für die Bezahlung der Rechnung des Maschinenlieferers. Die Skontomöglichkeit wird genutzt.

   c) Ermitteln Sie die tatsächlich zu aktivierenden Anschaffungskosten.

   d) Stellen Sie fest, wie hoch die Maschine bei linearer Abschreibung in der Schlussbilanz des Jahres 01 zu bewerten ist. Ermitteln Sie auch die Höhe des Abschreibungsbetrages.

   e) Im Dezember des Jahres 03 wird die Maschine weitestgehend durch einen Brand zerstört. Ein Gutachter schätzt den Restwert auf nur noch 3.000,00 EUR. Der unvorhergesehene Wertverlust muss außerplanmäßig abgeschrieben werden. Erstellen Sie einen Abschreibungsplan für die drei Nutzungsjahre und buchen Sie die Abschreibung zum Ende des 3. Nutzungsjahres.

   f) Ein Händler für Schrottmaschinen bietet der Lothar Lindemann KG an, die Maschine aufzukaufen. Er bietet 4.500,00 EUR netto gegen Barzahlung. Erstellen Sie die für den Verkauf erforderlichen Buchungssätze.

2. Die Öko-Tex GmbH verkauft am 13. 10. eines Jahres eine nicht mehr benötigte Maschine. Für die Maschine wurden bei der Anschaffung die folgenden Beträge gezahlt:
   - Kaufpreis: 65.000,00 EUR
   - Transportkosten: 2.000,00 EUR
   - Montage- und Inbetriebnahme: 5.000,00 EUR

   Zum Zeitpunkt des Verkaufs wird die Maschine noch mit einem Buchwert in Höhe von 30.000,00 EUR geführt. Der Käufer ist bereit, 35.000,00 EUR zzgl. USt zu bezahlen und überweist den Betrag noch am 13. 10. auf das Bankkonto der Öko-Tex GmbH.

   a) Erstellen Sie die für den Verkauf insgesamt erforderlichen Buchungssätze.

   b) Alternativfall: Erstellen Sie die für den Verkauf insgesamt erforderlichen Buchungssätze, wenn der Käufer zur Zahlung von 29.750,00 EUR inklusive Umsatzsteuer bereit ist.

   c) Ermitteln Sie den Erfolg, der aus den beiden Situationen entstanden ist.

3. Die Öko-Tex GmbH verkauft am 6. Mai des 5. Nutzungsjahres eine ihrer Spezialnähmaschinen. Zum Zeitpunkt der Anschaffung (im März des 1. Nutzungsjahres) wurden die folgenden Beträge gezahlt:
   - Kaufpreis laut Liste: 2.100,00 EUR netto
   - Transportkosten des Lieferers: 200,00 EUR netto
   - Beide Beträge wurden unter Abzug von 4 % Skonto bezahlt.

   Die Maschine wurde bei einer Nutzungsdauer von 8 Jahren bislang linear abgeschrieben. Der Käufer zahlt direkt am 6. Mai vereinbarungsgemäß 833,00 EUR brutto in bar.

   a) Ermitteln Sie den Buchwert der Nähmaschine zum Zeitpunkt des Verkaufs.

   b) Erstellen Sie die für den Verkauf der Nähmaschine erforderlichen Buchungssätze.

4. Die Lothar Lindemann KG verkauft am 10. Dezember des 9. Nutzungsjahres einen Webautomaten mit einem Zahlungsziel von 10 Tagen ohne Skontomöglichkeit. Die Anschaffungskosten des Webautomaten beliefen sich seinerzeit auf 576.000,00 EUR. Der Kauf erfolgte im Januar des 1. Nutzungsjahres bei einer Nutzungsdauer von 12 Jahren. Der Käufer überweist am 20. 12. vereinbarungsgemäß 172.550,00 EUR brutto.

   a) Ermitteln Sie den Buchwert des Webautomaten zum Zeitpunkt des Verkaufs.

   b) Erstellen Sie die für den Verkauf des Webautomaten erforderlichen Buchungssätze. Der Käufer erhält ein Zahlungsziel von 10 Tagen.

   c) Buchen Sie für den Zahlungseingang am 20. 12.

15.6 Abschreibung nach Leistungseinheiten

▶ **Fallsituation:** Lässt sich der Wertverlust auch auf Grundlage der tatsächlichen Inanspruchnahme ermitteln?

Annika Müller nutzt die Gelegenheit, an einem Meeting zwischen Herrn Hax, dem Leiter des Rechnungswesens, und Herrn Dr. Schmalenbach, dem Vorstandsvorsitzenden der Color Chemie AG, teilzunehmen. In diesem Meeting berichtet Herr Dr. Schmalenbach von schwankender Auslastung der Produktion in den letzten Jahren. Er begründet dies mit verändertem Kaufverhalten der Kunden, aber auch mit der Entwicklung von neuen Produkten, die den Maschinenpark des Unternehmens unterschiedlich stark beanspruchen.

Im Gespräch erhält Herr Hax die Aufgabe, herauszufinden, ob eine weitere Möglichkeit besteht, den Wertverlust von Gegenständen des Anlagevermögens zu erfassen, wenn keine gleichmäßig starke Nutzung möglich ist.

Herr Hax nimmt sich der Aufgabe an und führt das folgende Gespräch mit der Auszubildenden Annika Müller:

Herr Hax:	Frau Müller, wir wollen uns mit einer weiteren Möglichkeit zur Erfassung von Wertverlusten beschäftigen. Ihnen ist die Methode der linearen Abschreibung bekannt.
Annika Müller:	... Wir verteilen die Anschaffungskosten gleichmäßig auf die Nutzungsjahre und schreiben somit einen jährlich gleich hohen Betrag ab.
Herr Hax:	Und genau an der Stelle wollen wir ansetzen. Diese Methode unterstellt, dass eine Maschine oder ein Fahrzeug einer gleichmäßigen Nutzung unterliegt. Herr Dr. Schmalenbach erwähnte bereits, dass dies oftmals nicht der Realität entspricht. Meine Aufgabe an Sie lautet: Informieren Sie sich über die Möglichkeit einer leistungsbezogenen Abschreibung und unterbreiten Sie mir bitte einen Vorschlag für die neu angeschaffte Abfüllanlage. Die erforderlichen Daten habe ich Ihnen notiert.
Annika Müller:	Ich melde mich mit einer Lösung des Problems!

Anwendungsaufgaben

Ihre Mithilfe ist wieder gefragt. Versetzen Sie sich in die Rolle von Annika Müller, die für Herrn Hax einen Vorschlag entwerfen soll, mit dem die Abschreibung der Abfüllanlage auf Grundlage der tatsächlichen Inanspruchnahme erfolgen soll. Orientieren Sie sich an den nachfolgenden Aufgaben und beachten Sie die Hinweise in der Info-Box!

Zur Erinnerung: Die Anschaffungskosten der Abfüllanlage betragen 90.000,00 EUR, die Nutzungsdauer laut Abschreibungstabelle liegt bei 10 Jahren.

Die Arbeitsvorbereitung der Color Chemie AG hat die nebenstehenden Laufzeiten der Abfüllanlage geschätzt.

Nutzungsjahr	Laufzeit in Stunden
1. Jahr	1.900
2. Jahr	1.800
3. Jahr	1.600
4. Jahr	1.700
5. Jahr	1.500
6. Jahr	1.600
7. Jahr	1.400
8. Jahr	1.100
9. Jahr	1.000
10. Jahr	800

15 Buchungen in der Anlagenwirtschaft

1. Ermitteln Sie zunächst die Gesamtlaufzeit der Abfüllanlage während der 10-jährigen Nutzungsdauer.

Gesamte Laufzeit (in Stunden)	

2. Ermitteln Sie den Abschreibungsbetrag je Stunde (Variante 1 der Info-Box).

Abschreibungsbetrag in EUR pro Einheit	

3. Ermitteln Sie auf Grundlage des Ergebnisses aus Aufgabe 2 nun den Abschreibungsbetrag für das 1. und das 2. Nutzungsjahr.

Abschreibungsbetrag in EUR im 1. Nutzungsjahr	
Abschreibungsbetrag in EUR im 2. Nutzungsjahr	

4. Verwenden Sie nun die alternative Berechnungsmöglichkeit der Abschreibungsbeträge für das 1. und das 2. Nutzungsjahr (Variante 2 der Info-Box).

Abschreibungsbetrag in EUR im 1. Nutzungsjahr	
Abschreibungsbetrag in EUR im 2. Nutzungsjahr	

5. Ermitteln Sie nun die weiteren Abschreibungsbeträge für die Nutzungsjahre 3 bis 10 und tragen Sie diese in die Tabelle ein.

Nutzungsjahr	Abschreibungsbetrag in EUR	Nutzungsjahr	Abschreibungsbetrag in EUR
1. Jahr		6. Jahr	
2. Jahr		7. Jahr	
3. Jahr		8. Jahr	
4. Jahr		9. Jahr	
5. Jahr		10. Jahr	

INFO-BOX

Abschreibung nach Leistungseinheiten

Bei beweglichen Wirtschaftsgütern des Anlagevermögens, bei denen es wirtschaftlich begründet ist, kann die sog. Leistungsabschreibung verwendet werden. Die Leistungsabschreibung ist bei einem Wirtschaftsgut begründet, wenn seine Leistung, und somit auch der Verschleiß, starken Schwankungen unterliegt.

15 Buchungen in der Anlagenwirtschaft

Für die Berechnung der jährlichen Leistungsabschreibung ist zunächst die voraussichtliche Leistung des Wirtschaftsgutes während seiner Nutzungsdauer maßgebend. Dies erfolgt in der Regel mit einer Schätzung. Diese Hinweise finden sich im § 7, Absatz 1, Satz 6 des Einkommensteuergesetzes (EStG).

Die Leistung ist in Leistungseinheiten zu messen, bspw.
- bei einer Maschine: die produzierte Stückzahl oder die Anzahl der Arbeitsvorgänge.
- bei einem Fahrzeug: die gefahrene Kilometerleistung.
- alternativ: auch in Arbeitsstunden oder Arbeitstagen.

Bei einer hohen Leistung kann die Leistungsabschreibung in einigen Jahren zu einer deutlich höheren Abschreibung führen, bei einer schwächeren Leistung folglich zu einer geringeren Abschreibung. Die Leistungsabschreibung hat den Vorteil, dass in leistungsschwachen Zeiten weniger Abschreibungen anfallen, sodass das ohnehin wahrscheinlich schwache Jahresergebnis nicht noch zusätzlich mit hohen Abschreibungen belastet wird.

Der Gesamtbetrag der Abschreibung bleibt selbstverständlich – wie auch bei der Methode der linearen Abschreibung – in Summe gleich hoch.

Denn wie sollte es auch anders sein: Abgeschrieben über die Nutzungsdauer wird die Summe der Anschaffungskosten.

Die Höhe der Abschreibung für ein Jahr lässt sich mit folgender Berechnung ermitteln:

Ermittlung des Abschreibungsbetrages

Variante 1:

$$\text{Abschreibungsbetrag in EUR pro Einheit} = \frac{\text{Anschaffungskosten}}{\text{erwartete (geschätzte) Gesamtleistung}}$$

Bei Verwendung dieser Berechnung ist zur Ermittlung des Jahresabschreibungsbetrages anschließend noch eine Multiplikation mit der Jahresleistung erforderlich.

Variante 2:

$$\text{Abschreibungsbetrag in EUR pro Einheit} = \frac{\text{Anschaffungskosten} \cdot \text{Jahresleistung}}{\text{erwartete (geschätzte) Gesamtleistung}}$$

Die Verwendung dieser Berechnung empfiehlt sich immer dann, wenn das Ergebnis zum Abschreibungsbetrag je Einheit mehr als zwei Nachkommastellen aufweist und somit zu Rundungsdifferenzen führen kann.

Vertiefende Aufgaben

1. Die Color Chemie AG hat im Januar des aktuellen Geschäftsjahrs einen neuen Lkw gekauft. Die Anschaffungskosten betragen 400.000,00 EUR. Mithilfe von Erfahrungswerten aus Fahrtenbüchern anderer Lkw werden folgende Kilometerleistungen geschätzt: 1. Jahr = 45.000 km; 2. Jahr = 50.000 km; 3. Jahr = 35.000 km; 4. Jahr = 40.000 km, 5. Jahr = 50.000 km; 6. Jahr = 30.000 km. Ermitteln Sie die Abschreibungsbeträge für die sechs Nutzungsjahre.

2. Die BüKo OHG verfügt über eine Bohrmaschine, deren Anschaffungskosten 126.000,00 EUR betragen und für die während der gesamten Nutzungsdauer eine Kapazität von 1,8 Mio. Teilen prognostiziert wird. Im ersten Jahr der Nutzung werden auf der Maschine 130.000 Teile, im zweiten Jahr der Nutzung 170.000 Teile hergestellt. Ermitteln Sie die Abschreibungsbeträge der beiden Nutzungsjahre.

15 Buchungen in der Anlagenwirtschaft

15.7 Geringwertige Wirtschaftsgüter (Exkurs)

▶ **Fallsituation:** Muss immer über die Nutzungsdauer abgeschrieben werden?

▶ Geringwertige Wirtschaftsgüter

Herr Hax erklärt, dass sich diese Frage sofort mit einem „nicht unbedingt" beantworten lässt. In Unternehmen existieren Wirtschaftsgüter, die z. T. einen geringen Wert aufweisen und daher eine besondere buchhalterische Behandlung ermöglichen. Dies sind die sog. **Geringwertigen Wirtschaftsgüter (GWG)**.

INFO-BOX

Beachten Sie:
Der Begriff «geringwertig» meint nicht, dass es sich um einen minderwertigen Gegenstand handelt, er zielt ausschließlich auf die Anschaffungskosten (netto, also ohne USt) ab.

Geringwertige Wirtschaftsgüter

Das EStG (Einkommensteuergesetz) definiert ein GWG nach folgenden Kriterien:
- Es muss sich um einen Gegenstand des Anlagevermögens handeln,
- dessen Nutzung zeitlich begrenzt ist: er ist also abnutzbar,
- er muss beweglich sein, es darf sich also nicht um ein Gebäude oder Grundstück handeln,
- er muss selbstständig nutzbar sein, es darf also nicht nur in Kombination mit einem anderen Gegenstand nutzbar sein,
- die Anschaffungskosten liegen maximal bei 1.000,00 EUR netto.

Insbesondere die selbstständige Nutzbarkeit wirft immer wieder Fragen auf. Das EStG vermerkt hierzu in § 6: „Ein Wirtschaftsgut ist einer selbstständigen Nutzung nicht fähig, wenn es nach seiner betrieblichen Zweckbestimmung nur zusammen mit anderen Wirtschaftsgütern des Anlagevermögens genutzt werden kann und die in den Nutzungszusammenhang eingefügten Wirtschaftsgüter technisch aufeinander abgestimmt sind."

Der Klassiker: Ein All-in-One-Drucker ist somit selbstständig nutzbar, der reine Drucker also nicht. Dieser kann nur in Verbindung mit einem PC genutzt werden. In diesem Falle erfolgt die Abschreibung übrigens – wie auch bei dem PC – über 3 Jahre.

Es existieren drei Kategorien:

1. Anschaffungs- oder Herstellungskosten bis 250,00 EUR netto

Wahlrechte	Beispiel	Alternative Behandlungsmöglichkeit
• dürfen im Jahr der Anschaffung sofort als Aufwand gebucht werden. • Hierzu muss kein Verzeichnis geführt werden.	Barkauf eines Tischrechners für 80,00 EUR netto. Dieser Kauf wird i. d. R. direkt über das Aufwandskonto „6800 Büromaterial" erfasst.	Abschreibung über die vorgeschriebene Nutzungsdauer laut AfA-Tabelle.

Beispielhafte Buchung für den Kauf des Tischrechners (80,00 EUR netto) und Erfassung als direkter Aufwand:

Grundbuch			
Nr.	Buchungssatz	Soll	Haben
①	Buchung des Kaufs: 6800 Büromaterial 2600 Vorsteuer an 2880 Kasse	80,00 15,20	95,20
②	Abschluss des Kontos „6800 Büromaterial": 8020 GuV-Konto an 6800 Büromaterial	80,00	80,00

15 Buchungen in der Anlagenwirtschaft

2. Anschaffungs- oder Herstellungskosten von 250,01 EUR bis 800,00 EUR netto

Wahlrechte	Beispiel	Alternative Behandlungsmöglichkeit
• dürfen im Jahr der Anschaffung in voller Höhe abgeschrieben werden. • Dazu sind sie jedoch in einer Liste zu führen.	Barkauf eines Tablets für 450,00 EUR netto. Dieses wird zunächst auf dem Konto „0890 GWG" erfasst und am Ende des Jahres in voller Höhe über das Konto „6540 Abschreibungen auf GWG" verbucht.	Abschreibung über die vorgeschriebene Nutzungsdauer laut AfA-Tabelle **oder** Poolabschreibung über 5 Jahre wählen (siehe hierzu Kategorie 3)

Beispielhafte Buchung für den Kauf des Tablets (450,00 EUR netto) und Erfassung als GWG mit Sofortabschreibung im Jahr der Anschaffung:

	Grundbuch		
Nr.	Buchungssatz	Soll	Haben
①	**Buchung des Kaufs:** 0890 GWG 2600 Vorsteuer an 2880 Kasse	450,00 85,50	535,50
②	**Abschreibung am Ende des Jahres:** 6540 Abschreibungen auf GWG an 0890 GWG	450,00	450,00

3. Anschaffungs- oder Herstellungskosten von 800,01 EUR bis 1.000,00 EUR netto

Wahlrechte	Beispiel	Alternative Behandlungsmöglichkeit
• Alle Käufe eines Jahres in diesen Betragsgrenzen werden in einen Sammelpool gestellt, der einheitlich über 5 Jahre abgeschrieben wird. Der Zeitpunkt des Kaufs innerhalb eines Jahres spielt dabei keine Rolle. • Eine Liste ist nicht zu führen.	Barkauf einer hochwertigen Schreibtischkombination im Wert von 900,00 EUR netto. Diese wird zunächst auf dem Konto „0891 GWG-Pool Jahr 20.." erfasst. Zum Ende des Jahres, in dem der Gegegenstand gekauft wurde, und auch für die nächsten 4 Jahre werden alle Gegenstände dieses Pools mit jeweils $\frac{1}{5}$ (also 20 %) über das Konto „6541 Abschreibung auf GWG-Pool Jahr 20.." verbucht.	Abschreibung über die vorgeschriebene Nutzungsdauer laut AfA-Tabelle.

Beispielhafte Buchung für den Kauf des Tablets (450,00 EUR netto) und den Kauf der Schreibtischkombination und Erfassung als GWG-Pool mit 20-prozentiger Abschreibung pro Jahr:

	Grundbuch		
Nr.	Buchungssatz	Soll	Haben
①	**Buchung zum Kauf des Tablets:** 0891 GWG-Pool Jahr 20.. 2600 Vorsteuer an 2880 Kasse	450,00 85,50	535,50
②	**Buchung zum Kauf des Schreibtisches:** 0891 GWG-Pool Jahr 20.. 2600 Vorsteuer an 2880 Kasse	900,00 171,00	1.071,00

15 Buchungen in der Anlagenwirtschaft

Grundbuch			
Nr.	Buchungssatz	Soll	Haben
③	**Im GWG-Pool des Jahres 20.. befindet sich nun ein Gesamtwert in Höhe von 1.350,00 EUR. Dieser wird pro Jahr mit jeweils 20 % abgeschrieben:**		
	6541 Abschreibung auf GWG-Pool 20..	270,00	
	an 0891 GWG-Pool Jahr 20..		270,00

Wichtig: Folgende Regelungen haben immer Gültigkeit für ein Wirtschaftsjahr!

- Entscheidet sich der Unternehmer bei den Wirtschaftsgütern zwischen 250,00 EUR und 1.000,00 EUR für die Poolabschreibung über 5 Jahre, dann ist dieses Vorgehen für alle Güter in dieser Betragsgrenze zwingend vorgeschrieben. Eine Sofortabschreibung einzelner Wirtschaftsgüter ist dann nicht mehr zulässig.
- Entscheidet sich der Unternehmer für die Sofortabschreibung bei den Wirtschaftsgütern bis 800,00 EUR, können andere Gegenstände in der Wertkategorie 800,01 EUR bis 1.000,00 EUR nicht mehr über den fünfjährigen Sammelpool abgeschrieben werden. Dann bleibt nur die Abschreibung über die vorgegebene Nutzungsdauer.

15.8 Aktivierungspflichtige Eigenleistungen (Exkurs)

▶ **Fallsituation:** Wenn die eigenen Mitarbeiter besondere Leistungen erbringen

▶ Aktivierungspflichtige Eigenleistungen

Erstellt die Color Chemie AG als großer Industriebetrieb Sachanlagen für den eigenen Betrieb (z. B. durch den werkseigenen Werkzeug- oder Maschinenbau) oder werden Großreparaturen durchgeführt, die die Nutzungsdauer einer Anlage verlängern, so entstehen hierfür Aufwendungen. Gleiches gilt übrigens auch, wenn eigene Mitarbeiter bspw. beim Aufbau einer neu gekauften Maschine mithelfen, um diese in einen betriebsbereiten Zustand zu versetzen.

Die o. g. Aufwendungen entstehen bspw. für verwendete Materialien oder Löhne und mindern somit den Gewinn und – wie Sie wissen – die gewinnabhängigen Steuern. Der Gesetzgeber hat jedoch erkannt, dass diese Tätigkeiten allesamt dazu beitragen, den Wert einer Anlage zu erhöhen bzw. dazu dienen, eine Anlage überhaupt erst bilden zu können (letzteres bei Selbsterstellung).

Da die **Aufwendungen gewinnmindernd** sind, entsteht die Forderung, dass sie in diesem Zusammenhang zum Ausgleich als **Ertrag (Konto 5300 – Aktivierte Eigenleistungen)** gebucht werden müssen. Diese Herstellungskosten der Eigenleistung müssen, sofern die Nutzungsdauer 1 Jahr übersteigt, aktiviert und anschließend über die betriebsgewöhnliche Nutzungsdauer abgeschrieben werden.

Beispiel:

Bei der Installation der Abfüllanlage der Color Chemie AG waren die eigenen Mitarbeiter an der Inbetriebnahme beteiligt. Die Leistungen, die sie erbracht haben, werden mit 2.000,00 EUR beziffert. Es entsteht daher die Forderung, diese Eigenleistung zu buchen und den Wert zu aktivieren, d. h.: Die Anschaffungskosten der Abfüllanlage erhöhen sich hierdurch. **Die Aktivierung dieser Eigenleistung wird mit folgendem Buchungssatz erfasst:**

Grundbuch		
Buchungssatz	Soll	Haben
0700 Maschinen	2.000,00	
an 5300 Aktivierte Eigenleistungen		2.000,00

Reflexion und Zusammenfassung

▸ **Concept-Map: Abschreibungskreislauf**

Erstellen Sie sich eine **Concept-Map** zur Zusammenfassung der Informationen zum Thema Abschreibungskreislauf. Mögliche Begriffe: Anschaffungskosten, Wertverlust, Nutzungsdauer, Abschreibungsarten, Geringwertige Wirtschaftsgüter.

▶ Concept-Map

Verdeutlichen Sie Zusammenhänge mit Farben, Linien oder Symbolen. Ein Beispiel für eine Concept-Map finden Sie auf S. 229.

Wissen

Fertigkeiten

Sozialkompetenz

Selbstständigkeit

16 Anzahlungen

16.1 Unterscheidung der Fälle

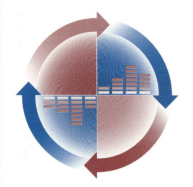

▶ **Fallsituation:** Wozu werden Anzahlungen erhoben?

Anzahlungen (auch Vorauszahlungen genannt) spielen in den Geschäftsbeziehungen zwischen Unternehmen eine bedeutende Rolle. Grundsätzlich gilt, dass sie umsatzsteuerpflichtig sind, sodass der Unternehmer, der eine Anzahlung erhält, eine Anzahlungsrechnung mit ausgewiesener Umsatzsteuer zu erstellen hat. Unterschieden werden demnach die sogenannten **erhaltenen** Anzahlungen und die sogenannten **geleisteten** Anzahlungen. Letztere werden übrigens noch einmal unterschieden, dazu später weitere Ausführungen.

Anwendungsaufgaben

1. Die Gründe, aus denen Anzahlungen erhoben werden, sind vielschichtig. Notieren Sie zunächst die relevanten Anlässe (alternativ: Fallbeispiele).

   Anzahlungen werden i. d. R. vereinbart bei:

   - _____
   - _____
   - _____
   - _____

2. Die zuvor genannten Anlässe, zu denen Anzahlungen erhoben werden, lassen sich in drei Kategorien unterscheiden. Unterscheiden Sie diese drei Kategorien und ermitteln Sie aus dem Industriekontenrahmen (IKR) die entsprechenden Kontonummern. Beachten Sie hierzu auch die Hinweise aus der Info-Box.

   Anzahlungen werden unterschieden in:

   - _____ Kontonummer _____
   - _____ Kontonummer _____
   - _____ Kontonummer _____

 INFO-BOX

Anzahlungen

Aus erhaltenen und geleisteten Anzahlungen entstehen aufseiten der Geschäftspartner einerseits Rechte, andererseits Pflichten.

- Geleistete Anzahlungen auf Sachanlagen stellen eine Forderung auf Lieferung und Leistung dar. Sie gehören zum Anlagevermögen und werden daher in der Schlussbilanz eines Geschäftsjahres aktiviert, d. h., sie werden in der Schlussbilanz auf der Aktivseite ausgewiesen.
- Geleistete Anzahlungen auf Vorräte stellen eine Forderung auf Lieferung und Leistung dar. Sie gehören zum Umlaufvermögen und werden daher in der Schlussbilanz eines Geschäftsjahres aktiviert, d. h., sie werden in der Schlussbilanz auf der Aktivseite ausgewiesen.
- Erhaltene Anzahlungen auf Bestellungen stellen eine Schuld auf Lieferung und Leistung dar. Sie gehören zu den kurzfristigen Verbindlichkeiten und werden daher in der Schlussbilanz eines Geschäftsjahres passiviert, d. h., sie werden in der Schlussbilanz auf der Passivseite ausgewiesen.

16.2 Geleistete Anzahlungen auf Vorräte und erhaltene Anzahlungen auf Bestellungen[1]

▶ **Fallsituation:** Wie ist aus Lieferanten- und Kundensicht zu buchen, wenn bei einem Auftrag eine Anzahlung vereinbart wird?

Der Color Chemie AG liegt ein größerer Auftrag der Lothar Lindemann KG vor. Dieser Großauftrag beinhaltet die Lieferung von Farben. Die Daten für diesen Auftrag lauten: Nettowarenwert = 125.000,00 EUR, 19 % Umsatzsteuer = 23.750,00 EUR, Bruttowarenwert = 148.750,00 EUR. Mit der Lothar Lindemann KG wird eine Anzahlung in Höhe von 20 % auf den Bruttowarenwert vereinbart. Diese Anzahlung ist direkt bei Auftragserteilung am 08.02.20.. fällig. Die Lieferung der Farben ist für den 03.05.20.. vorgesehen.

Anwendungsaufgaben

Sie sollen für den o.g. Sachverhalt die erforderlichen Buchungen vornehmen. Diese sollen sowohl aus Sicht des liefernden Unternehmens, der Color Chemie AG, als auch aus Sicht des Kunden, der Lothar Lindemann KG erfolgen. Beachten Sie hierzu die Hinweise in den jeweiligen Teilaufgaben. Für die Erstellung der Buchungssätze erhalten Sie zusätzlich den nachfolgenden Auszug aus dem Kontenrahmen:

0700 Maschinen	0900 Geleistete Anzahlungen auf Sachanlagen
2300 Geleistete Anzahlungen auf Vorräte	2400 Forderungen a. LL.
2600 Vorsteuer	2800 Bank (Guthaben bei Kreditinstituten)
4300 Erhaltene Anzahlungen auf Bestellungen	4400 Verbindlichkeiten a. LL.
4800 Umsatzsteuer	5000 Umsatzerlöse für eigene Erzeugnisse
6020 Aufwendungen für Hilfsstoffe	8010 Schlussbilanzkonto

1. Ermitteln Sie zunächst den Gesamtbetrag (Bruttobetrag) der Anzahlung, die am 08.02.20.. fällig ist.

Auftragswert, netto	
Vereinbarte Netto-Anzahlung i.H.v. 20 % auf den o.g. Auftragswert	
zzgl. 19 % USt	
Höhe der Brutto-Anzahlung, fällig am 08.02.20..	

2. Rechtzeitig vor dem 08.02.20.. verschickt die Color Chemie AG die Rechnung über die vereinbarte Anzahlung an die Lothar Lindemann KG. Erstellen Sie die für die Anzahlung erforderlichen Buchungssätze. Beachten Sie folgende Hinweise.

Schritt 1:
Eine Anzahlungsrechnung stellt einen umsatzsteuerpflichtigen Vorgang dar, der beim Rechnungsversender als Umsatzsteuer, beim Rechnungsempfänger als Vorsteuer erfasst wird. Da die Zahlung i.d.R. kurzfristig erfolgt, wird von einem direkten Zahlungseingang (Lieferer) bzw. einem direkten Zahlungsausgang (Kunden) ausgegangen.

---

[1] **Hinweis:** Der Fall „Geleistete Anzahlungen auf Sachanlagen" wird in der vertiefenden Aufgabe 1 behandelt.

16 Anzahlungen

Grundbuch der Color Chemie AG			
Nr.	Buchungssatz	Soll	Haben
①	Eingang der Anzahlung		

Grundbuch der Lothar Lindemann KG			
Nr.	Buchungssatz	Soll	Haben
①	Ausgang der Anzahlung		

3. Nach erfolgter Lieferung verschickt die Color Chemie AG mit Rechnungsdatum vom 03.05.20.. die Schlussrechnung an die Lothar Lindemann KG. Fälligkeit: Sieben Tage ab Rechnungsdatum. Erstellen Sie die hierzu erforderlichen Buchungssätze. Beachten Sie folgende Hinweise.

Schritt 2:

An dieser Stelle wird – auch wenn es zunächst undurchsichtig wirkt – der Ausgang der Rechnung beim Lieferer bzw. der Eingang der Rechnung beim Kunden so gebucht, als hätte keine Anzahlung stattgefunden. Es wird also zunächst der volle Auftragswert der Lieferung als Rechnungsausgang (beim Lieferer) bzw. Rechnungseingang (beim Kunden) mit Zahlungsziel erfasst.

Schritt 3:

Nun erfolgt die Verrechnung der geleisteten Anzahlung. Hierzu sind Korrekturen der Anzahlungsbuchung erforderlich:

- Die Anzahlung der Lothar Lindemann KG reduziert die Forderung der Color Chemie AG, die sich auf Grundlage der zuvor in Schritt 2 erfolgten Buchung ergibt.
- Gleiches gilt für die Umsatzsteuer- bzw. Vorsteuerposition aus Schritt 2.
- Zu guter Letzt muss die Anzahlung aus Schritt 1 ausgebucht werden.

Grundbuch der Color Chemie AG			
Nr.	Buchungssatz	Soll	Haben
②	Rechnungsausgang der Farben:		
③	Verrechnung der Anzahlung:		

Grundbuch der Lothar Lindemann KG			
Nr.	Buchungssatz	Soll	Haben
⑤	Rechnungseingang der Farben:		
⑤	Verrechnung der Anzahlung:		

4. Sieben Tage ab Rechnungsdatum sind vergangen, sodass die Zahlung des Restbetrags fällig ist. Erstellen Sie die hierzu erforderlichen Buchungssätze. Beachten Sie folgende Hinweise.

Schritte 4:

Die Erstellung des Buchungssatzes für den Zahlungseingang des Restbetrags bei der Color Chemie AG bzw. für den Zahlungsausgang des Restbetrags bei der Lothar Lindemann KG sollte Ihnen nun keine Schwierigkeiten mehr bereiten.

Hilfestellung: Notieren Sie hier noch einmal die relevanten Beträge.

Auftragswert, brutto	
− Anzahlung, brutto	
= Restbetrag, brutto	

Grundbuch der Color Chemie AG			
Nr.	Buchungssatz	Soll	Haben
⑥	Zahlungseingang Restbetrag		

Grundbuch der Lothar Lindemann KG			
Nr.	Buchungssatz	Soll	Haben
⑥	Zahlungsausgang Restbetrag		

16 Anzahlungen

5. Ergänzende Aufgabe: Die Buchungen der Schritte 3 und 4 können zusammengefasst werden. Notieren Sie diese Buchungssätze.

	Grundbuch der Color Chemie AG		
Nr.	**Buchungssatz**	**Soll**	**Haben**
⑤			

	Grundbuch der Lothar Lindemann KG		
Nr.	**Buchungssatz**	**Soll**	**Haben**
⑤			

6. Ergänzende Aufgabe: Angenommen, zwischen dem Tag der Anzahlung und dem Tag der Lieferung der Farben findet der Abschluss des Geschäftsjahres (zum 31.12.20..) statt. Notieren Sie die Buchungssätze, die sich hieraus für die beiden Unternehmen ergeben.

	Grundbuch der Color Chemie AG		
Nr.	**Buchungssatz**	**Soll**	**Haben**
⑥			

	Grundbuch der Lothar Lindemann KG		
Nr.	**Buchungssatz**	**Soll**	**Haben**
⑥			

Vertiefende Aufgaben

1. Die Color Chemie AG hat zu Beginn des Berichtsjahres eine Abfüllanlage für Reinigungsmittel in Auftrag gegeben. Die Lieferung der Abfüllanlage ist für April des Berichtsjahres vorgesehen. Mit dem Lieferer wurde eine Anzahlung in Höhe von 25 % des Auftragswertes vereinbart. Es liegen die nachfolgenden Daten vor.

Auftragswert, netto	84.000,00 EUR
19 % Umsatzsteuer	15.960,00 EUR
Auftragswert, brutto	99.960,00 EUR
Zahlungsvereinbarung	25 % des Auftragswertes sind als Anzahlung bis zum 01.03.20.. zu leisten.
	Der Restbetrag ist innerhalb von 20 Tagen ab Rechnungsbetrag fällig.

Sie sollen für den o. g. Sachverhalt die erforderlichen Buchungen vornehmen. Beachten Sie hierzu die Hinweise in den jeweiligen Teilaufgaben. Für die Erstellung der Buchungssätze erhalten Sie zusätzlich den nachfolgenden Auszug aus dem Kontenrahmen:

0700 Maschinen	0900 Geleistete Anzahlungen auf Sachanlagen
2300 Geleistete Anzahlungen auf Vorräte	2400 Forderungen a. LL.
2600 Vorsteuer	2800 Bank (Guthaben bei Kreditinstituten)
4300 Erhaltene Anzahlungen auf Bestellungen	4400 Verbindlichkeiten a. LL.
4800 Umsatzsteuer	5000 Umsatzerlöse für eigene Erzeugnisse
6020 Aufwendungen für Hilfsstoffe	8010 Schlussbilanzkonto

a) Ermitteln Sie zunächst den Gesamtbetrag (Bruttobetrag) der Anzahlung, die am 01.03.20.. fällig ist.

Auftragswert, netto	
Vereinbarte Netto-Anzahlung i. H. v. 25 % auf den o. g. Auftragswert	
zzgl. 19 % USt	
Höhe der Brutto-Anzahlung, fällig am 01.03.20..	

b) Rechtzeitig vor dem 01.03.20.. schickt der Lieferer eine Rechnung über die vereinbarte Anzahlung. Erstellen Sie den hierzu erforderlichen Buchungssatz für die am 01.03.20.. fällige Anzahlung.

Grundbuch der Color Chemie AG			
Nr.	Buchungssatz	Soll	Haben
①			

16 Anzahlungen

c) Nach erfolgter Lieferung geht am 15.04.20.. die Schlussrechnung des Lieferers ein. Erstellen Sie die hierzu erforderlichen Buchungssätze.

Grundbuch der Color Chemie AG			
Nr.	Buchungssatz	Soll	Haben
②			
③			

d) Zwanzig Tage nach Eingang der Schlussrechnung ist die Zahlung des Restbetrags fällig. Erstellen Sie den hierzu erforderlichen Buchungssatz.

Grundbuch der Color Chemie AG			
Nr.	Buchungssatz	Soll	Haben
④			

e) Ergänzende Aufgabe: Die Buchungen der Schritte 3 und 4 können auch zusammengefasst werden. Notieren Sie diesen Buchungssatz.

Grundbuch der Color Chemie AG			
Nr.	Buchungssatz	Soll	Haben
④			

f) Ergänzende Aufgabe: Angenommen, zwischen dem Tag der Anzahlung und dem Tag der Lieferung der Maschine findet der Abschluss des Geschäftsjahres (zum 31.12.20..) statt. Notieren Sie den Buchungssatz, der sich hieraus für die geleistete Anzahlung ergibt.

Grundbuch der Color Chemie AG			
Nr.	Buchungssatz	Soll	Haben
④			

Hinweis zu den Reflexionen und Zusammenfassungen mithilfe einer Concept-Map

Die **Anfertigung einer Concept-Map** regt dazu an, bestimmte Themengebiete zusammenzufassen. Damit Sie wissen, wie Sie mit diesem Aufgabentyp umgehen müssen, wird diese Aufgabe im Folgenden am Beispiel „Unternehmen untersuchen" exemplarisch gelöst.

Arbeitsauftrag:

Erstellen Sie sich eine Concept-Map zur Zusammenfassung der Informationen zum Thema „Unternehmen untersuchen". Die folgenden Begriffe sollten Sie dabei mindestens berücksichtigen:

- Standortwahl,
- Unternehmensgröße,
- Zielsetzung,
- Art der erbrachten Leistung,
- Wirtschaftssektoren,
- Verwendungszweck der Leistung,
- Wertschöpfungsprozess.

Verdeutlichen Sie die Zusammenhänge der Begriffe mit Farben, Linien oder Symbolen. Ergänzungen sind erwünscht.

Musterlösung: Concept-Map zum Thema „Unternehmen untersuchen"

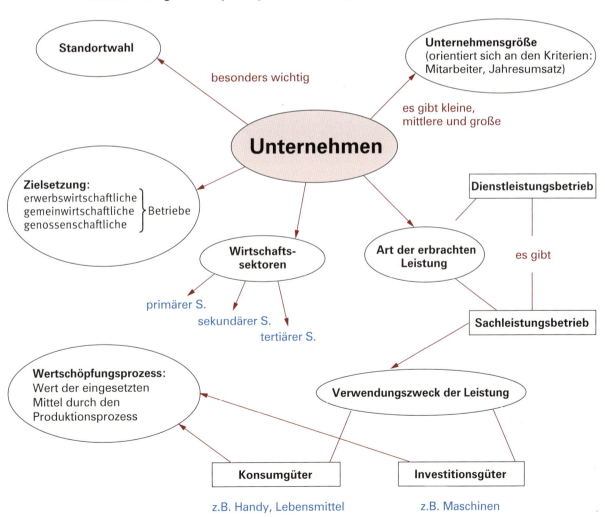

Stichwortverzeichnis

A

Abgang von Anlagevermögen 207
abnutzbare Anlagegüter 184
Abschluss der Bestandskonten 43
Abschluss der Erfolgskonten 61, 66
Abschluss des GuV-Kontos 62, 66
Abschlussgliederungsprinzip 75
Abschreibungen 176
Abschreibungen auf Sachanlagen 184
Abschreibungen (außerplanmäßig) 184, 196, 198
Abschreibungen (linear) 184
Abschreibung nach Leistungseinheiten 215
Abschreibungskreislauf 181
Abschreibungsplan 186
Absetzung für Abnutzung (AfA) 185
AfA-Tabelle 185
Aktiva 28
aktivierungspflichtige Eigenleistungen 220
Aktivkonten 41
Aktiv-Passiv-Mehrung 37
Aktiv-Passiv-Minderung 37
Aktivseite 28
Aktivtausch 37
Anfangsbestand 42
Anfangsbilanz 42
Anlagevermögen (AV) 25, 184
Anschaffungskosten 145, 153, 182, 203
Anschaffungskostenprinzip 182
Anschaffungsnebenkosten 183
Anschaffungspreisminderungen 183
Anzahlungen 222
Aufbewahrungsfristen 19
Aufwandskonten 61
aufwandsorientierte Buchungen 115, 119
Aufwendungen 55, 59
Aufwendungen für Vorprodukte 112
Aufwendungen für Waren 112
Aufzeichnungspflicht 16
außerplanmäßige Abschreibungen 184, 196, 198

B

Bareinkaufspreis 145
Belege 43
Bestandsfortschreibung 102
Bestandskonten 41
Bestandsmehrung 119, 128
Bestandsminderung 120, 130
bestandsorientierte Buchungen 102, 148
Bestandsveränderungen an fertigen und unfertigen Erzeugnissen 126
Bestandsvergleich 105
Betriebsstoffe 25
Betriebsvergleich 17
Bewertungsmaßstäbe 153, 182
Bezugskosten 147
Bezugspreis 145
Bilanz 17, 28, 37
Bilanzgleichung 29
Bilanzklarheit 19
Bilanzsumme 28
Bruttoverfahren 146
Buchführung 17
Buchführungspflicht 16
Buchinventur 22
Buchungen im Absatzbereich 162, 169
Buchungen im Beschaffungsbereich 141
Buchungen in der Anlagenwirtschaft 176
Buchungssatz 44

D

Dispositionsfunktion 16
Dokumentationsfunktion 16

E

Eigenkapital 24, 55, 59
Einstandspreis 145
Erfolg 17, 59
Erfolgsermittlung 113
Erfolgskonten 59, 61
Erinnerungswert 186
Eröffnungsbilanz 42
Eröffnungsbilanzkonto 52
Erträge 55, 59
Ertragskonten 61

F

Faulhaber 232
fertige Erzeugnisse 126
Forderungen aus Lieferungen und Leistungen 25
Frachtkosten 172
Fremdbauteile 108, 111
Fremdkapital 25

G

geringwertige Wirtschaftsgüter (GWG) 218
Geschäftsfälle 36, 44
Geschäftsjahr 21
Gewinn 59, 113
Gewinn- und Verlustrechnung (GuV) 62
GoB 19
Grundbuch 44
Grundsätze ordnungsmäßiger Buchführung (GoB) 16, 19
Gutschrift 154
GuV-Konto 61
GWG 218

H

Haben 42
Habenbuchung 44
Handelsgewerbe 16
Handelswaren 108, 111
Hauptbuch 44
Hilfsstoffe 25

I

Industriekontenrahmen (IKR) 75
Informationsfunktion 17
Inventar 24
Inventur 21
Inventurmethode 104
Inventurvereinfachungsverfahren 23
Istkaufmann 16

J
Journal 44
Just in time 115, 119

K
Kalenderjahr 21
Kaufmann 16
kaufmännische Zinsformel 159
Kontenbezeichnungen 76
Kontenform 28
Kontenklasse 76
Kontenordnungssytem 75
Kontenplan 75
Kontenrahmen 75
Kontensumme 43
Kontonummern 76
Kontrollfunktion 16
körperliche Inventur 22
Kosten- und Leistungsrechnung 17
Kundenskonto 170

L
Lagerleistung 128
Leistungsabschreibung 216
Liefererbonus 155
lineare Abschreibung 184

M
Mängelrüge 154, 171
Materialverbrauch 102, 104, 115
Mehrungen 42
Mehrwert 85
Mehrwertsteuer 83
Minderungen 42
Mittelherkunft/Finanzierung 29
Mittelverwendung/Investierung 29

N
Nachlässe 146, 154
Nettoverfahren 146
nicht abnutzbare Anlagegüter 184
Niederstwertprinzip 198

P
Passiva 28
Passivkonten 41
Passivseite 28
Passivtausch 37
permanente Inventur 23
planmäßige Abschreibung 184
Planungsrechnung 17
Preisnachlass 149, 154, 170
Prinzip der Fälligkeit 26, 28
Prinzip der steigenden Liquidität 26, 28

R
Rechenschaftslegungsfunktion 17
Rechnungsausgang 169
Rechnungseingang 146
Rechnungswesen 16
Reinvermögen 24
Reklamationen 154
Restwert 186
Rohgewinn 113
Rohstoffe 25
Rücksendungen 155, 170

S
Saldo 43
Schlussbestand 42
Schlussbilanzkonto 43
Schulden 24
Selbstkosten 57
Skontoabzug 146, 199, 203
Skontrationsmethode 102
Sofortrabatte 146
Soll 42
Sollbuchung 44
Statistik 17
Steuerschuldner 83
Steuerträger 83
Stichprobeninventur 23
Stichtagsinventur 23

T
T-Konto 42

U
Umlaufvermögen (UV) 25
Umsatzleistung 127
Umsatzsteuer 82
Umsatzsteuerzahllast 84, 88, 96
unfertige Erzeugnisse 126

V
Verbindlichkeiten 24
Verbindlichkeiten aus Lieferungen und Leistungen 25
Verkauf von Anlagevermögen 207
verlegte Inventur 23
Verlust 59
Vermögen 24
Verrechnungsverbot 19
Vertriebsprovisionen 172
Vorauszahlungen 222
Vorprodukte 108, 111
Vorsteuer 83
Vorsteuerüberhang 93, 96

W
Waren 108, 111
Wareneinsatz 113
Werkstoffverbräuche 102, 119
Werteabfluss 59
Wertezufluss 59
Wertveränderungen in der Bilanz 37
Wertverlust 184

Z
Zahlungsziel 25
zeitanteilige Abschreibungen 188, 192
Zeitvergleich 17
Zieleinkaufspreis 145

Aus unserem Programm:

¬ Götte | Götte | Hölscher | Keiser

Wertschöpfungsprozesse analysieren und beurteilen

| Konzeption | Die Themenkreise werden mithilfe exemplarischer, didaktisch reduzierter **Fallsituationen** und **Anwendungsaufgaben** erarbeitet. Dadurch erfolgt eine Verknüpfung von Handlungs- und Fachsystematik. Der Einsatz von **Modellunternehmen** unterstützt die Anschauung, erleichtert die inhaltliche und **mehrperspektivische** Auseinandersetzung und bietet einen exemplarischen Fundus an konkreten betrieblichen Handlungssituationen.

Ergänzt werden die Anwendungsaufgaben durch **vertiefende Übungsaufgaben**. Inhaltliche Grundlage für die Erarbeitung der Anwendungs- und vertiefenden Aufgaben bilden neben den Fallsituationen die **Info-Boxen**. Fachsystematische Zusammenhänge werden hier anschaulich erklärt.

| Inhalt | **Aufgaben und Ziele** der KLR | **Vollkostenrechnung** (Ergebnistabelle, Zuordnung von Kosten, Zuschlagskalkulation mithilfe der Kostenstellenrechnung, BAB – einfach, erweitert, mehrstufig; Ermittlung der Gemeinkostenzuschlagssätze und der tatsächlichen Selbstkosten eines Erzeugnisses [Kostenträgers], Zuschlagskalkulation auf Normalkostenbasis und Ermittlung von Kostenüber- und Kostenunterdeckung, Angebotskalkulation als Vorkalkulation, Nachkalkulation als Kontrolle der Angebotskalkulation, Maschinenstundensatz, Äquivalenzziffern-/Divisionskalkulation) | **Teilkostenrechnung** (Entscheidung bei Annahme eines Zusatzauftrags mithilfe der Deckungsbeitragsrechnung, Bestimmung von Gewinnschwellenmenge und Preisuntergrenzen, relativer Deckungsbeitrag).

Merkur-Nr. 1032

¬ Götte | Götte | Hölscher | Keiser | Vortmeier

Betriebswirtschaftliche Prozesse

Unternehmen als komplexes wirtschaftliches und soziales System | Abwicklung eines Kundenauftrages

Merkur-Nr. 1034

| Konzeption | Die Themenkreise werden mithilfe exemplarischer, didaktisch reduzierter **Fallsituationen** und **Anwendungsaufgaben** erarbeitet. Dadurch erfolgt eine Verknüpfung von Handlungs- und Fachsystematik. Der Einsatz von **Modellunternehmen** unterstützt die Anschauung, erleichtert die inhaltliche und **mehrperspektivische** Auseinandersetzung und bietet einen exemplarischen Fundus an konkreten betrieblichen Handlungssituationen.

Ergänzt werden die Anwendungsaufgaben durch **vertiefende Übungsaufgaben**. Inhaltliche Grundlage für die Erarbeitung der Anwendungs- und vertiefenden Aufgaben bilden neben den Fallsituationen die **Info-Boxen**. Fachsystematische Zusammenhänge werden hier anschaulich erklärt.

| Inhalt | Das Unternehmen, seine Leistungen, seine Ziele und seine Anspruchsgruppen | Mitarbeiterinnen und Mitarbeiter im Unternehmen | Rechtsordnung als Rahmenbedingung für unternehmerische Entscheidungsprozesse | Rechtsform der Unternehmung als Rahmenbedingung für unternehmerische Entscheidungsprozesse | Kundenauftragsbearbeitung | Beschaffungsentscheidungen zur Ausführung des Kundenauftrages | Bestellentscheidungen | Wareneingang, Schlechtleistung und Nicht-Rechtzeitig-Lieferung | Lagerung und Auslieferung der Erzeugnisse | Zahlungsabwicklung.